X.media.press

Uwe Pfeifer

FotoWare
Color Factory

System installieren –
Funktionen optimal nutzen

Mit 175 Abbildungen

 Springer

Uwe Pfeifer
u.pfeifer@gmx.de

Bibliografische Information der Deutschen Nationalbibliothek
Die Deutsche Nationalbibliothek verzeichnet diese Publikation in der Deutschen
Nationalbibliografie; detaillierte bibliografische Daten sind im Internet über
http://dnb.d-nb.de abrufbar.

ISSN 1439-3107
ISBN 978-3-540-37463-3 Springer Berlin Heidelberg New York

Springer ist ein Unternehmen von Springer Science+Business Media
springer.de

Satz: Druckfertige Daten des Autors
Herstellung: LE-TEX, Jelonek, Schmidt & Vöckler GbR, Leipzig
Umschlaggestaltung: KünkelLopka Werbeagentur, Heidelberg
Gedruckt auf säurefreiem Papier   33/3180 YL   –   5 4 3 2 1 0

Vorwort

Der allgemeine Rationalisierungsdruck betrifft die Verlagsbranche genauso
wie alle anderen Bereiche der Wirtschaft. Gilt es eine große Menge an
Abbildungen zu bearbeiten, stellt sich die Frage nach Automatisierung der
Abläufe. Mit Color Factory von FotoWare ist eine solche automatisierte
Bildverarbeitung möglich. Im vorliegenden Buch werden Arbeitsweise und
Konfiguration detailliert erklärt.

In dieses Werk flossen meine Erfahrungen mit Color Factory ein, die ich
bei Untersuchungen für meine Diplomarbeit gesammelt habe. Hauptgegenstände waren Leistungsfähigkeit und Wirtschaftlichkeit dieser Applikation. Im Nachhinein entschloss ich mich meine Erkenntnisse, die auch
für einen erweiterten Personenkreis interessant sind, mit diesem zu teilen
und dieses Buches zu verfassen. Damit liegt die erste Publikation in Buchform über Color Factory vor.

Davon ausgehend, dass der Leser dieses Buches bereits Grundkenntnisse
in Bildbearbeitung und Adobe Photoshop hat, verzichtete ich auf die Erläuterung gebräuchlicher Fachbegriffe. Begriffe wie »USM«, »Farbraum« oder
»Histogramm« werden als bekannt vorausgesetzt. Mit dem Begriff »Kanal«
ist der »Prozesskanal« in Color Factory gemeint. Wenn es um die Kanäle *in
Bildern* geht, wird explizit der Begriff »Farbkanal« verwendet.

Noch erwähnt werden sollte, dass »Color Factory« von FotoWare nicht
mit »ColorFactory« von Linotype-Hell, einer Scansoftware, in Zusammenhang steht. Letztgenannter Begriff ist heute eine eingetragene Marke der
Heidelberger Druckmaschinen AG.

Folgende Personen haben durch ihr Wirken dieses Buch erst ermöglicht.
Ich danke Kay Peters von FotoWare für die zur Verfügung gestellten Programme und die Unterstützung dieses Buchprojekts. Des Weiteren danke
ich Dorothea Glaunsinger und Hermann Engesser (Springer-Verlag Heidelberg) sowie Michael Reinfarth und Monika Riepl (LE-TeX Leipzig) für
Betreuung, Beratung und ihre Geduld.

Mein besonderer Dank gilt **Dr. Gerhard Heinze** für die Beantwortung
meiner Fragen und die kritische Durchsicht des Manuskripts, durch die
der Inhalt sehr gewonnen hat.

Uwe Pfeifer   *Leipzig, im Frühjahr 2007*

Inhalt

Einleitung 

1.1 FotoWare

Die Firma FotoWare bietet Produkte für die Verwaltung, Bearbeitung und
Archivierung von Bildern an, die modular aufeinander aufbauen. Das
Grundmodul bildet FotoStation, ein Programm zur Sichtung, Bearbeitung,
Betextung und Organisation von Bildarchiven. Um es herum lassen sich
weitere Programme gruppieren, die mit ihm zusammenarbeiten.
Das sind unter anderem:
- Index Manager für Bildarchivierung, Archivsuche, Volltextindizierung
- Distribution Manager für den Dateitransfer
- FotoWeb für die Veröffentlichung von Bildern im Inter- oder Intranet
- FotoXStream für Echtzeit-Bildverarbeitung in QuarkXPress
- Color Factory für die Bildverarbeitung

1.2 Color Factory

Color Factory ist eine Software für Bildverwaltung und -bearbeitung, mit
der die Nutzer einen Großteil der damit verbundenen Aufgaben automatisiert bewältigen können. Es handelt sich dabei um eine Serverapplikation, die somit nicht auf jedem Arbeitsplatz installiert sein muss, aber
dem gesamten nutzungsberechtigten Personenkreis zur Verfügung steht.
Voraussetzung ist eine entsprechende Netzwerkkonfiguration. Für den
Anwender genügt der Zugriff auf einen einzigen freigegebenen Ordner.
Der Nutzer legt lediglich eine zu bearbeitende Datei in einen Hotfolder.
Das Programm überwacht diesen Ordner, erkennt wenn Daten darin abgelegt werden und bearbeitet diese nach den eingestellten Vorgaben (siehe
dazu Kapitel 2.1).

Das Programm bietet neben vielen Verwaltungsfunktionen eine automatische Bildrepro und -optimierung auf hohem Niveau, das unter anderem durch eine leistungsfähige 16 Bit Image Engine gewährleistet wird. Ist
zusätzlich Adobe Acrobat installiert, kann außerdem auf in PDF-Dokumenten eingebettete Abbildungen zugegriffen und verarbeitet werden. Als
Serverapplikation ist Color Factory äußerst flexibel, ermöglicht Multipro-
zessor-Nutzung und paralleles Ausführen mehrerer Prozesse. Da nicht alle
Aufträge dieselbe Dringlichkeit haben, können Prioritäten für bestimmte
Aufgaben/Workflows festgelegt werden. Color Factory ist in drei Versionen
erhältlich, die in ihrem Funktionsumfang differieren. Mehr dazu in Kapitel
1.2.1 und im Anhang.

Systemvoraussetzungen

Systemvoraussetzungen:
- PC mit min. 1 GHz-Prozessor
- 1 GB Arbeitsspeicher
- 1 GB freier Festplattenspeicher (NTFS-Dateisystem)
- Betriebssystem: Windows 2003 Server
- Apple QuickTime, vollständige Installation
- FotoWare Hardware Lock (Dongle) am Rechner, inkl. installiertem Aladdin HASP-Treiber (wird von FotoWare gestellt)
- Adobe Acrobat (nur für PDF-Verarbeitung)

Dies sind nur die Mindestanforderungen, die Color Factory stellt. Theoretisch reicht ein einfacher PC, der im Netzwerk eingebunden ist und auf dem die notwendigen Freigaben erteilt wurden. Die Dimensionierung eines Color Factory-Servers ist natürlich von den Gegebenheiten, Einsatzzwecken und Ansprüchen abhängig. Notfalls kann das Programm auch lokal auf einem Laptop laufen. Momentane Versionen sind zwar auch noch auf Windows 2000 und XP lauffähig, werden aber daraufhin nicht mehr getestet. Windows 2003 Server ist das Betriebssystem der Wahl. 64-Bit-Betriebssysteme und virtuelle Server werden nicht unterstützt. Darunter fallen auch Versionen von Windows Vista. Grundsätzlich ist für eine performante Arbeit in einer Produktionsumgebung ein Server-Betriebssystem erforderlich.

1.2.1 Funktionsumfang

nur Pixelbilder, keine Vektorgrafiken

Color Factory bearbeitet ausschließlich Pixelbilder und gibt nur Daten in pixelorientierten Formaten aus. Vektorgrafiken können zwar geöffnet, müssen aber in Pixeldaten umgewandelt werden, damit eine Bearbeitung möglich ist. Bilder in PDF-Dokumenten lassen sich extrahieren oder die gesamte Seite kann als Bild gerechnet werden.

Funktionsumfang

Color Factory erledigt folgende Aufgaben:
- Sortieren nach bestimmten Kriterien (Dateinamen, Farbräumen, Auflösung, etc.)
- Konvertieren in andere Dateiformate
- Konvertieren/Verarbeiten von PDF-Dokumenten, Raw-Daten, Photo-CD-Bildern und animierten GIFs
- Erstellen von Thumbnails und Previews
- Lesen, Schreiben und Auswerten von IPTC-Informationen (zusätzliche Textinformationen zum Bild im Datei-Header)

– Color Management (Konvertieren in andere Farbräume,
  Anwenden von ICC-Profilen)
– Bearbeitung von Kontrast, Tonwertkurven (vor oder nach Color
  Management) und Farbton/Sättigung
– Ändern der Auflösung (mit oder ohne Änderung der Pixelzahl),
  Beschneiden, Spiegeln, Rotieren
– Übernahme von Einstellungen aus einer vorgeschalteten FotoStation
  (z. B. Beschnitt)
– Unscharf Maskieren und Entfernen von Staub und Kratzern
– Einfügen von Wasserzeichen, Textblöcken, Logos, Rahmen
– Füllen der Fläche außerhalb eines Beschneidungspfades
– Automatisches Drucken/Proofen
– Automatisches Generieren von Dateinamen

Bei Color Factory kann man – je nach gewünschtem Funktionsumfang **Drei Versionen von Color Factory**
– zwischen drei Versionen wählen: »Small Office«, »Professional« und
»Enterprise«. Die Enterprise-Version beherrscht, im Gegensatz zu den
beiden anderen Ausgaben, den Umgang mit PDF. Das heißt, sie kann Bilder aus PDFs extrahieren. Ebenso verarbeitet sie Vektor-Daten, die auf
Wunsch gerastert werden, und zieht aus animierten GIFs Einzelbilder.
Die Small-Office-Version kann weder mit diesen Dateiformaten noch mit
CMYK-Daten etwas anfangen. Des Weiteren funktioniert sie nur einge-
schränkt z. B. in den Bereichen Farbe/Kontrast, Pixeländerung und Bild
ID. Der genaue Funktionsumfang jeder Programmversion ist der Tabelle
im Anhang zu entnehmen.

1.2.2 Einsatzgebiete

Jedes Unternehmen, egal welcher Größe und Branche, das in größerer **Zielgruppe**
Stückzahl Bilder be- und verarbeitet, ist ein potentieller Anwender von
Color Factory. Dabei steht die Anzahl der genutzten Color-Factory-Funk-
tionen und die zu verarbeitenden Bilder im direkten Zusammenhang mit
dem Erreichen der Rentabilitätsschwelle. Sind für den Anwender weniger
Programmfunktionen von Interesse, müssen mehr Bilder bearbeitet wer-
den, damit sich der Einsatz rechnet. Eine pauschale Aussage, dass sich
Color Factory ab n Bildern pro Jahr lohnt, ist nicht möglich. Zu sehr ist die
Rentabilität von den gegebenen und avisierten Produktionsverhältnissen
abhängig. Wer täglich nur 10 Bilder bearbeiten muss und vom Fach ist,
benötigt keine Unterstützung durch eine automatische Bildrepro. Ist das
Bildaufkommen wiederum so hoch, dass die Personalkosten unvertretbar

wären, kommt man nicht ohne maschinelle Unterstützung aus. Ein Zeitungshaus beispielsweise, bei dem täglich tausende Bilder eingehen, das daraus 100 für die Veröffentlichung auswählen und bearbeiten lassen muss, kann mit Color Factory Personalkapazitäten einsparen, deren Arbeitskraft und Kreativität in neue innovative Produkte des Unternehmens einfließen kann.

Voraussetzungen für automatische Repro

Für automatische Bildoptimierung sollten bestimmte Voraussetzungen erfüllt sein. Neben einer Mindestzahl an Abbildungen sollte das Bildmaterial in seiner ursprünglichen Beschaffenheit und Qualität möglichst homogen sein, bzw. aus einer überschaubaren Anzahl von Quellen stammen. Je nach Herkunft, Motivgruppe oder technischen Eigenschaften kann dann jeweils ein eigener Workflow aufgebaut werden.

Ist das Bildmaterial sehr unterschiedlich, kann meist trotzdem ein Teil der möglichen Aufgaben gemeinsam abgearbeitet werden. Viele zeitaufwendige Routinetätigkeiten lassen sich durch Automatisierung stark vereinfachen. Bilder lassen sich anhand von Kriterien wie Auflösung oder Kontrast automatisch sortieren und darauf abgestimmt bearbeiten. Sind Bilder von ihren technischen Parametern her identisch, benötigen aber motivbedingt eine differenzierte Behandlung, muss dann doch manuell sortiert werden. Automatische Bildbearbeitung (und -sortierung) ist heute noch nicht fehlerfrei möglich. Jeglicher Automatisierungslösung fehlt die »künstliche Intelligenz«, um Bildinhalt und Bildaussage in Abhängigkeit vom Kontext zweifelsfrei zu bewerten. Eine Beurteilung nach rein technischen Kriterien ist aber kein Problem.

1.3 Verbindung mit FotoStation

FotoStation als »Schaltzentrale des Workflows«

In einem Workflow mit FotoWare-Produkten bildet FotoStation das Frontend für die anderen Programme, die im Hintergrund ihren Dienst versehen. FotoWare selbst bezeichnet FotoStation als »Digital Asset Management Workstation« für das Management von Bild- und Multimedia-Archiven – die Schaltzentrale der FotoWare-Produkte. Neben der Sichtung, Archivierung und Recherche können einfache Aktionen mit diesem Programm ausgeführt werden. Dazu gehören u. a. die Vergabe von Dateinamen, Korrektur von Größe/Auflösung, Schärfen und Dateiversand. Von den vielen Möglichkeiten dieses Programms bildet die Datenverwaltung den Schwerpunkt. Einige Tätigkeiten, die man Color Factory nicht automatisch erledigen lassen möchte, kann man mit FotoStation manuell ausführen (z. B. heikle Farbkorrekturen bei schwierigen Bildmotiven). Umgekehrt ist es aber auch möglich, bestimmte Einstellungen bei der Sichtung des Materials zu treffen, z. B. Festlegen des Beschnitts (»Softcrop«), die dann Color Factory ausführt.

Wie bei Color Factory ist von FotoStation ebenfalls nicht nur eine Version erhältlich. Diese sind »FotoStation Pro« und »FotoStation Classic«. Sie unterscheiden sich durch die vorhandenen Bildbearbeitungsoptionen, die in der Classic-Version zum Teil fehlen.

Erste Schritte 

2.1 Arbeitsweise

Color Factory versieht als Applikation auf Windows-Servern im Hintergrund seinen Dienst. Auf diese Weise bleiben die Arbeitsplatzrechner der Mitarbeiter von rechenintensiven, aber gleichzeitig standardisierbaren Aktionen verschont. Zum Betrieb des Service wird neben dem installierten Programm ein Hardware-Dongle benötigt. Sind Software und Treiber korrekt installiert und der Hardwareschutz von Color Factory gefunden, erscheint im Systemtray das Symbol (*Zahnrad*), bzw. ein zusätzliches Fenster. Dieses Fenster (**Abb. 2.1**) gibt Auskunft über den momentanen Betriebsstatus.

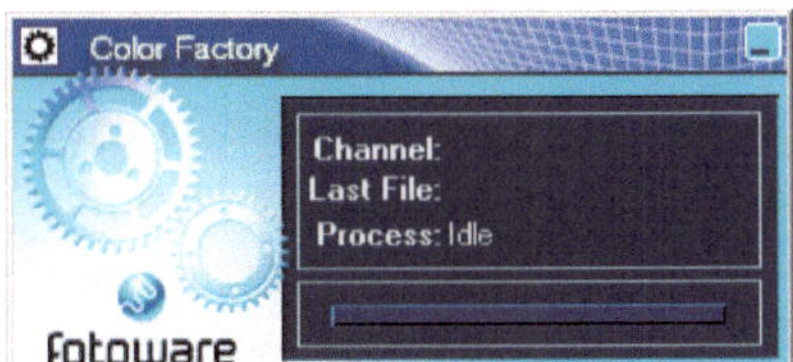

Abb. 2.1. Das Statusfenster des aktiven Dienstes, links: direkt nach dem Hochfahren, rechts: beim Verarbeiten der Datei P2250367.tif (im Kanal 01_Normalisierung)

Color Factory basiert auf Verarbeitungskanälen, die jeweils aus einem Ein- und einem Ausgangsordner sowie frei konfigurierbaren Bearbeitungsanweisungen bestehen. Das Anlegen und Konfigurieren dieser Kanäle geschieht über die Administration Console (**Abb. 2.2**). Zusammenfassbare Arbeitsschritte werden in einem gemeinsamen Kanal integriert und hinsichtlich der zu erwartenden Bilddaten konfiguriert. Jedem Kanal ist ein bestimmter Hotfolder zugewiesen, der als Eingangsordner fungiert. Sämtliche Hotfolder der Konfiguration werden vom aktiven Service überwacht und abgearbeitet. Treten während der Bearbeitung der Datei keine Probleme auf, wird sie im Ausgangsordner abgelegt, der wiederum der Eingangsordner eines anderen Kanals sein kann. Auf diese Weise ist ein geschachtelter Workflow, mit oder ohne Unterbrechungen (z. B. für manuelle Bearbeitungsschritte), realisierbar. Zusammengehörige Kanäle (z. B. *eines* Workflows) können (und sollten) für eine überschaubarere Organisation in Gruppen zusammengefasst werden. Eine Datei, die sich nicht verarbeiten lässt, wird in einen der Ordner für fehlerhafte oder unbekannte Dateien verschoben.

Die Nutzer von Color Factory müssen sich nicht mit der Bedienung dieses Programms befassen. Die einzigen Aufgaben für sie sind lediglich das Einstellen der zu bearbeitenden Daten in den jeweiligen Eingangsordner auf dem Server und das Abholen der fertigen Bilder aus dem Ausgangsordner. Die Einweisung ließe sich folglich bis auf die Bekanntgabe der betreffenden Ordner, die Erklärung der ausgeführten Bearbeitungsschritte und die Benennung des zuständigen Mitarbeiters reduzieren. Nur die Administration des Dienstes ist Aufgabe eines geschulten, in Color Factory versierten Reprofachmanns.

Prioritäten

Weil nicht alle Aufgaben gleichbedeutend sind, ermöglicht Color Factory eine von drei Prioritätsstufen für jeden Kanal einzustellen (nur in der Enterprise-Version verfügbar). Wenn für mehrere Kanäle zeitgleich Daten eintreffen, werden die Aufträge in als »wichtiger« eingestuften Kanälen vorrangig abgearbeitet. Bei großem Datenaufkommen kann eine Gewichtung sinnvoll sein, ebenso die Einrichtung eines Kanals, der kurz vor Redaktionsschluss »Last-minute-Fotos« bevorzugt abarbeitet.

Konfigurationsdateien in XML

Sämtliche Einstellungen der Kanäle, der Features und Color Factory global werden in Konfigurationsdateien gespeichert. Es handelt sich dabei um Text-Dateien mit einer XML-Syntax. Einfache Einstellungen könnten somit auch mittels Text-Editor in der jeweiligen »Instanz« geändert werden. Ein weiterer Vorteil ist die Portierbarkeit der Einstellungen – entweder um das Programm auf einem anderen Rechner zu installieren oder um sich mit einem Problem an den FotoWare-Support zu wenden.

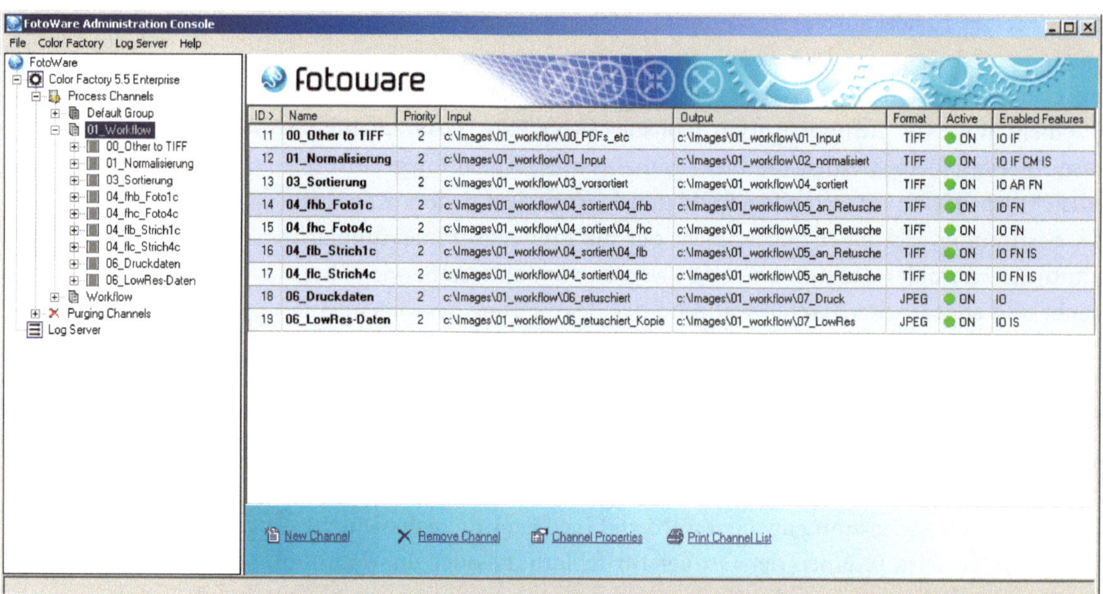

ID >	Name	Priority	Input	Output	Format	Active	Enabled Features
11	00_Other to TIFF	2	c:\Images\01_workflow\00_PDFs_etc	c:\Images\01_workflow\01_Input	TIFF	ON	IO IF
12	01_Normalisierung	2	c:\Images\01_workflow\01_Input	c:\Images\01_workflow\02_normalisiert	TIFF	ON	IO IF CM IS
13	03_Sortierung	2	c:\Images\01_workflow\03_vorsortiert	c:\Images\01_workflow\04_sortiert	TIFF	ON	IO AR FN
14	04_fhb_Foto1c	2	c:\Images\01_workflow\04_sortiert\04_fhb	c:\Images\01_workflow\05_an_Retusche	TIFF	ON	IO FN
15	04_fhc_Foto4c	2	c:\Images\01_workflow\04_sortiert\04_fhc	c:\Images\01_workflow\05_an_Retusche	TIFF	ON	IO FN
16	04_flb_Strich1c	2	c:\Images\01_workflow\04_sortiert\04_flb	c:\Images\01_workflow\05_an_Retusche	TIFF	ON	IO FN IS
17	04_flc_Strich4c	2	c:\Images\01_workflow\04_sortiert\04_flc	c:\Images\01_workflow\05_an_Retusche	TIFF	ON	IO FN IS
18	06_Druckdaten	2	c:\Images\01_workflow\06_retuschiert	c:\Images\01_workflow\07_Druck	JPEG	ON	IO
19	06_LowRes-Daten	2	c:\Images\01_workflow\06_retuschiert_Kopie	c:\Images\01_workflow\07_LowRes	JPEG	ON	IO IS

Abb. 2.2. Die Administration Console nach dem Öffnen und Anklicken der Gruppe 01_Workflow. Übersicht über die angelegten Kanäle, die in der Gruppe 01_Workflow zusammengefasst sind

2.2 Installation, Inbetriebnahme, Arbeitsumgebung

2.2.1 Installation

Für den Betrieb von Color Factory muss eine Reihe von Installationen vorgenommen werden. Dies sind im Einzelnen:
- QuickTime-Installation
- Color-Factory-Installation
- HASP-Treiber für den Hardware-Dongle
- Hardware-Dongle
- Adobe Acrobat 7 (oder höher) für die Verarbeitung von PDF-Dokumenten mit Color Factory Enterprise*

Ein herkömmliches Setup führt durch alle Punkte der Color-Factory-Installation. Man muss als Administrator angemeldet sein, die Lizenzbestimmungen akzeptieren, einen Installationsordner wählen und sich für eine Installationsart (vollständig oder benutzerorientiert) entscheiden. Standardmäßig schlägt die Installationsroutine den Ordner C:\FotoWare vor. Auf dem Desktop werden am Ende der Installation zwei Verknüpfungen angelegt, die entweder die »Adminstration Console« oder den »Log Viewer« starten (**Abb. 2.3**).

Abb. 2.3. Desktop-Icons

Color Factory benötigt für einen korrekten Betrieb bestimmte Routinen und Bibliotheken von QuickTime 6.4. Deswegen sollte vor der Color-Factory-Installation Apples QuickTime 6.4 installiert werden, welches auf der Color-Factory-CD mitgeliefert wird. Außerdem steht registrierten Anwendern auf der FotoWare-Website QuickTime in der Version 6.4 zur Verfügung. Es ist eine Vollinstallation notwendig, keine Minimal- oder benutzerdefinierte Installation. QuickTime Pro ist nicht erforderlich. Nach erfolgreicher Installation deaktiviert man in den Voreinstellungen alle automatischen Internetzugriffe, wie zum Beispiel den Update-Check.

QuickTime

Der Dongle-Treiber der Firma Aladdin kann ebenfalls von der Website (www.fotoware.com) heruntergeladen werden (empfohlen: Version 4.99). Dessen Setup installiert ohne weitere Auswahlmöglichkeiten nach Bestätigung des »Einrichtungszustandes« den Treiber (**Abb 2.4**). Mit einem ebenfalls auf der CD und auf der Website verfügbaren Test-Programm (hasptest.exe) lässt sich überprüfen, ob der Treiber korrekt installiert ist (**Abb 2.5**). Falls nicht, wird man nach dem Systemstart von einer Fehlermeldung begrüßt (**Abb 2.6**).

Dongle-Treiber

---

* Acrobat muss *vor* Color Factory installiert sein, damit es von Color Factory erkannt wird.

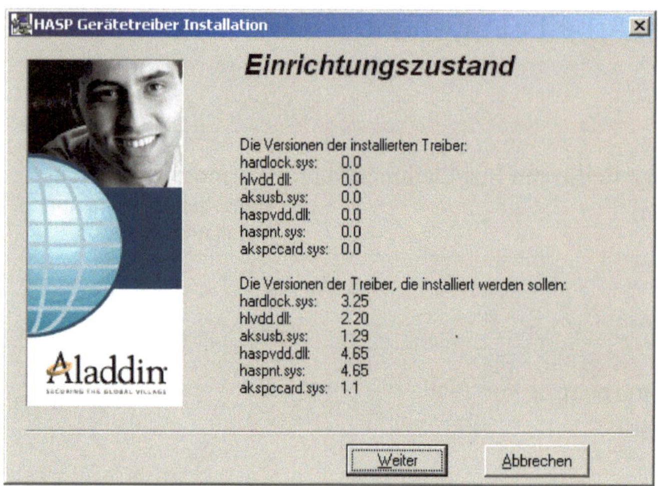

Abb. 2.4. Installation des Dongle-Treibers

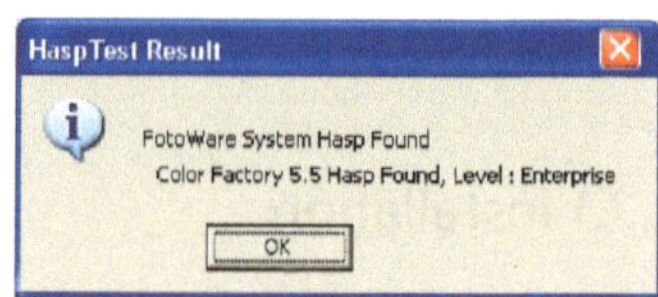

Abb. 2.5. Erfolgreicher HASP-Test

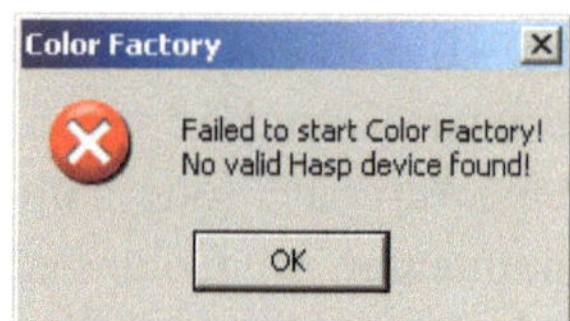

Abb. 2.6. Fehlerhafte Dongle-Installation

Probleme bei der QuickTime-Installation

Während die Installation des Dongle-Treibers in der Regel problemlos verläuft, kann es bei der QuickTime-Installation und -Konfiguration zu Schwierigkeiten kommen. Eine Fehlermeldung erhält man nicht. Lediglich über die Log-Datei, einzusehen über den Log Viewer, kommt man der Ursache näher. Man erfährt, dass es sich um ein QuickTime-Problem handelt, aber nicht um welches genau. Ein Problem können eventuell gesetzte Häkchen bei den erlaubten Internet-Verbindungen sein. Auf jeden Fall ist es ratsam, QuickTime *vor* Color Factory zu installieren.

Prinzipiell könnte man die Color-Factory-Installation auf einem zweiten Rechner »spiegeln«, um Änderungen an der Konfiguration vorzunehmen ohne gleich den Betrieb der Hauptinstallation zu beeinflussen. Das kann sinnvoll sein, wenn neue Konfigurationen entworfen werden. Dabei arbeitet aber nur die Color-Factory-Installation, an deren Rechner der Dongle gesteckt ist. Sollen also »Neuentwicklungen« mit einigen Bildern getestet werden, muss der Dongle umgesteckt werden – wovon aufgrund des damit verbundenen Verschleisses abzuraten ist. Des Weiteren wäre in diesem Fall der reguläre Color-Factory-Server deaktiviert. Stattdessen können auch die Konfigurationsdaten des jeweiligen Kanals auf den Hauptrechner übertragen und dort nebenbei getestet werden.

Es ist zu beachten, dass pro Rechner nur ein FotoWare-Dongle zulässig ist. Werden bereits andere FotoWare-Serverprogramme auf dem Rechner benutzt (z. B. Index Manager), muss das bei der Bestellung von Color Factory angegeben werden. Daraufhin bekommt man einen gemeinsamen Dongle für alle eingesetzten FotoWare-Server-Programme.

2.2.2 Inbetriebnahme

Nach dem ersten Aufruf der »Administration Console« wird man vom Start-Assistenten empfangen, mit dessen Hilfe die ersten (und grundlegenden) Einstellungen von Color Factory vorgenommen werden (**Abb 2.7– 2.11**). Ohne bestimmte Einstellungen ist der Dienst nicht lauffähig.

»Startup Wizard«

Die erste Frage des Wizards gilt dem Basis-Ordner. Das ist der Ordner, in dessen Unterordnern die Ein- und Ausgabeordner liegen. Andere Ordner können später ebenfalls genutzt werden. Vom Programm wird die Bezeichnung »Images« vorgeschlagen, in dem wiederum die Unterordner »Images to do« und »Images done« automatisch angelegt werden. Der Images-Ordner kann im nächsten Schritt für Windows und MacOS freigegeben werden. »Ordner/Volume« einen eigenen Namen zu geben, ist möglich.

Basis-Ordner

Essentiell ist die Eingabe eines gültigen Windows User Accounts. Werden hier keine oder falsche Einstellungen getroffen, kann der Dienst nicht gestartet werden – was mit einer entsprechenden Fehlermeldung während der Windows-Anmeldung quittiert wird (**Abb 2.12**). Wird Color Factory nur lokal verwendet, kann das Feld »Domain« leer bleiben. Der angegebene Benutzer muss auf jeden Fall die notwendigen Berechtigungen für Dateizugriffe besitzen. Außerdem muss es ein Nutzerkonto sein, das nicht mit einem »leeren« Passwort geschützt ist.

Windows User Account

Allerdings lauert hier ein Fallstrick. Der Name des Nutzerkontos darf seit seiner Erst-Einrichtung nicht im Menü »Benutzerkonten« der Systemsteuerung geändert worden sein. Falls doch, wird der Dienst seine Arbeit verweigern, weil der ursprüngliche Nutzername an entscheidender Stelle nicht abgeändert wurde. In diesem Fall gibt man entweder einen anderen Account an oder korrigiert in der Windows-Systemsteuerung den Namen des Accounts. Wenn nach der Installation von Color Factory der betreffende Kontoname geändert werden soll, muss dies in der »Computerverwaltung« geschehen. Natürlich müssen geänderte Accounts und Passwörter auch auf der Karteikarte »User Account« angegeben werden. Sind die Grundeinstellungen abgeschlossen, kann der erste Kanal eingerichtet werden (**Abb. 2.13–2.18**).

Anlegen des ersten Kanals

Der nächste Punkt des Startup Wizards ist das Anlegen des ersten Kanals. Dabei wird mit der Vergabe des Namens für den neuen Kanal begonnen. Da es sich hierbei um den ersten Kanal der Installation handelt, ist die Option »Übernahme der Einstellungen eines existierenden Kanals« ausge-

Anlegen des ersten Kanals

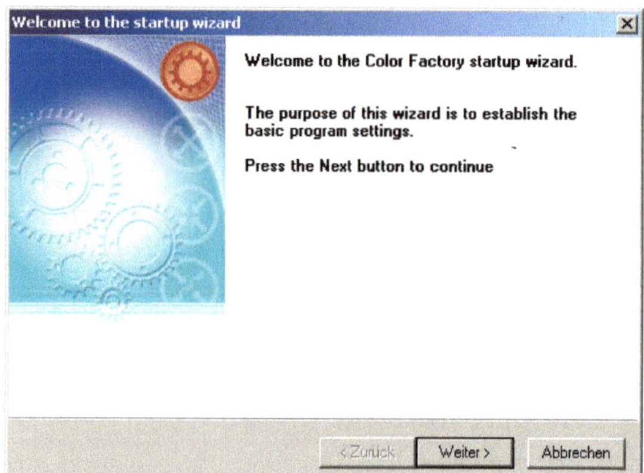

Abb. 2.7. Willkommen beim Startup Wizard

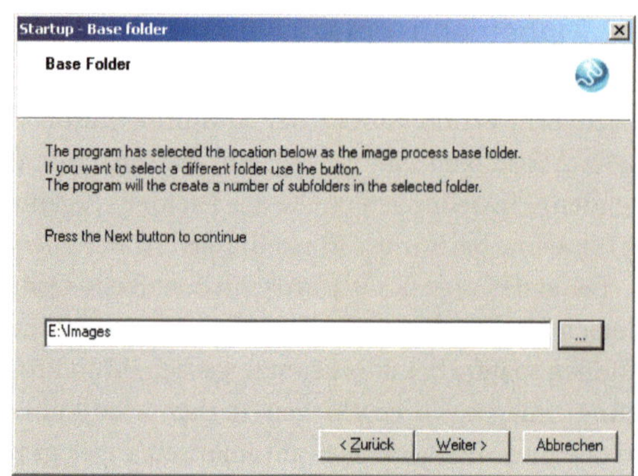

Abb. 2.8. Festlegen des Basis-Ordners

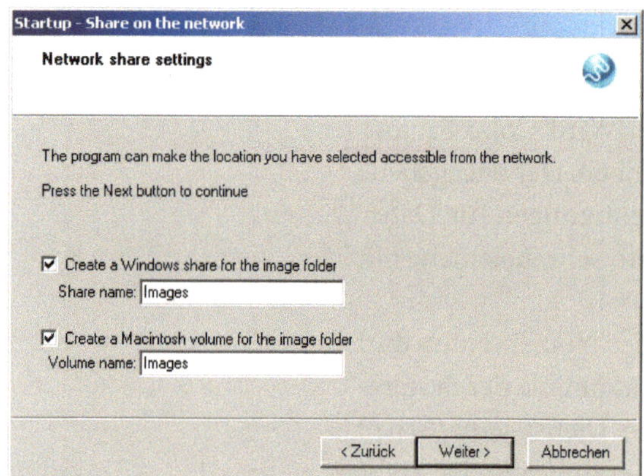

Abb. 2.9. Netzwerkfreigabe des Basisordners

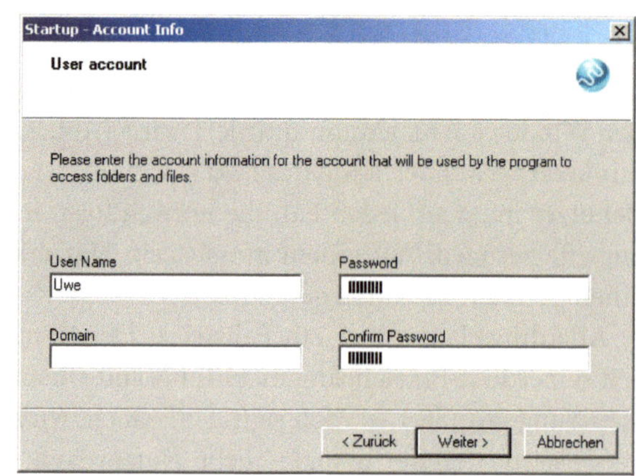

Abb. 2.10. Festlegen des Benutzerkontos

Abb. 2.11. Startup Wizard fertig

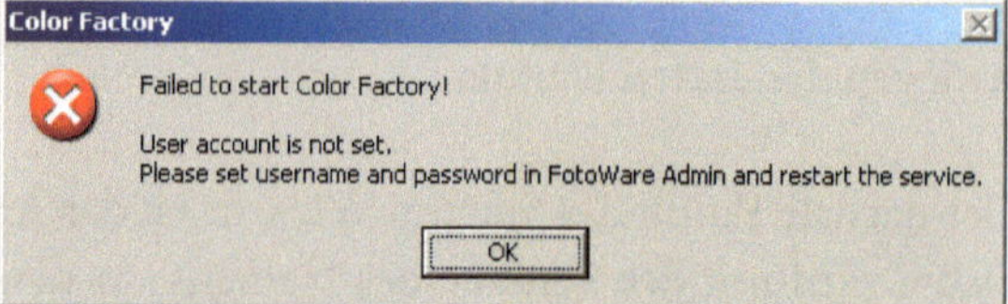

Abb. 2.12. Fehlermeldung bei falschem User Account

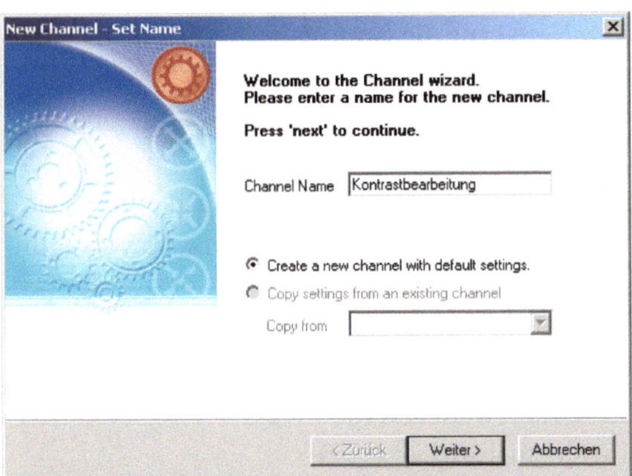

Abb. 2.13. Kanaleinrichtung: Namensvergabe

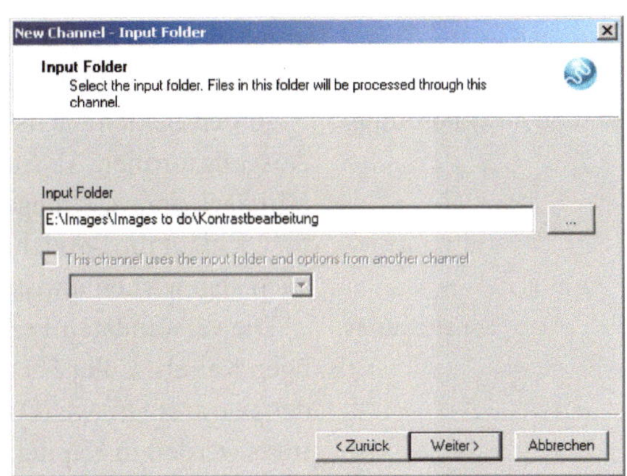

Abb. 2.14. Festlegen des Eingangsordners

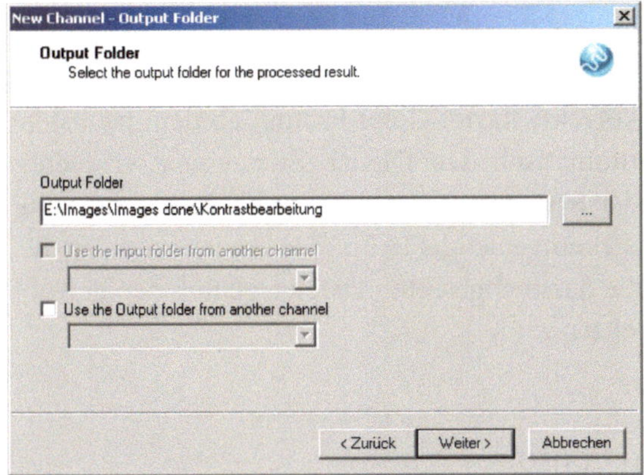

Abb. 2.15. Festlegen des Ausgabeordners

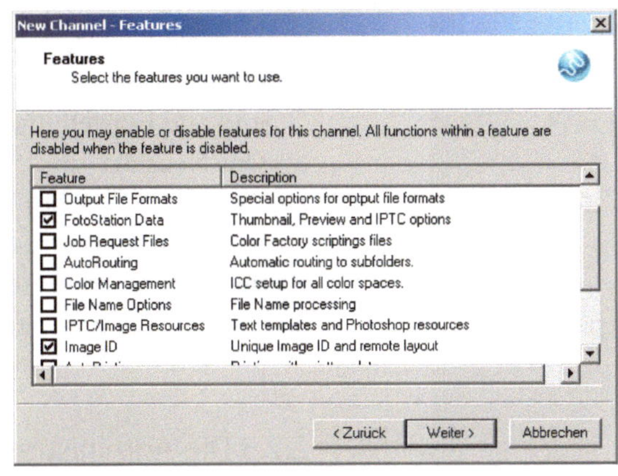

Abb. 2.16. Auswahl der Kanalfeatures

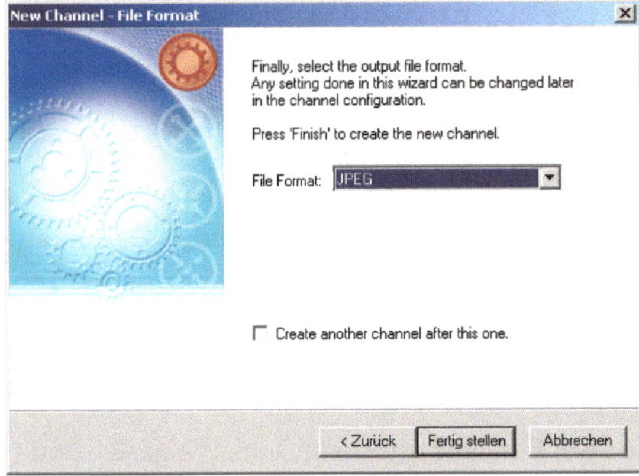

Abb. 2.17. Auswahl des Ausgabeformats

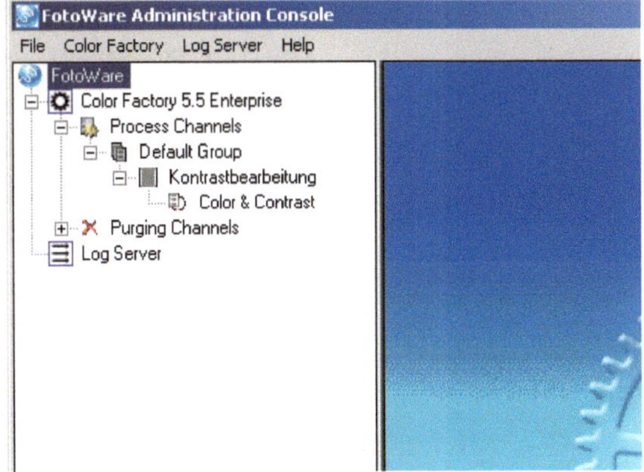

Abb. 2.18. Admin Console nach dem Anlegen des ersten Kanals (Ausschnitt)

graut. Hier im Beispiel soll ein Kanal für die Kontrastbearbeitung angelegt und entsprechend benannt werden (**Abb. 2.13–2.18**).

Ein- und Ausgangsordner
In den beiden nächsten Fenstern benennt man den Eingangs- und den Ausgangsordner. Als Standard werden sie in den jeweiligen Unterordnern (»Images done«, »Images to do«) des Image-Ordners angelegt. Color Factory schlägt die Bezeichnung des Kanals gleich als Ordner vor. Davon kann auch abgewichen und ein anderer Pfad benannt werden.

Kanalfeatures
Die verwendeten Features sind die elementaren Bestandteile des jeweiligen Kanals. Color Factory schlägt an dieser Stelle immer die Aktivierung der Features »Image ID« und »FotoStation Data« vor. Alle verfügbaren Features werden in Kapitel 3 einzeln ausführlich erklärt.

Ausgabeformat
Abgeschlossen wird das Anlegen eines Kanals mit der Auswahl des Dateiformats. Wenn man möchte, kann man direkt im Anschluss einen weiteren Kanal anlegen. Damit die Einstellungen erhalten bleiben, müssen sie noch gespeichert werden. Die Konfigurationen werden im Ordner C:\ Fotoware\Color Factory 5.5\Configuration abgelegt.

Sind alle Einstellungen korrekt, startet Color Factory ab dem nächsten System-Neustart immer automatisch den Dienst. Zum einen wird dies am Symbol (Zahnrad) in der Systemtray angezeigt (**Abb. 2.19**) und zum anderen wird das Statusfenster eingeblendet (**Abb. 2.1**). Ab jetzt werden die Hotfolder überwacht und die darin abgelegten Dateien gemäß den getroffenen Einstellungen verarbeitet.

Abb. 2.19.
Das Color-Factory-Icon (links) in der Systemtray

2.2.3 Die Administration Console

Schaltzentrale von Color Factory
Die Administration Console ist die Schaltzentrale der Color-Factory-Installation. Sie wird entweder durch Doppelklick auf das Desktop-Icon oder über das Kontext-Menü des Color-Factory-Symbols in der Systemtray gestartet. Die Menüleiste enthält unter anderem die Befehle, um die Konfiguration zu sichern, neue Kanäle und Kanalgruppen anzulegen, den Color-Factory-Service sowie den Log Server zu starten/stoppen.

Die Admin Console ist auch für die Verwaltung weiterer FotoWare-Produkte, die auf dem Rechner zum Einsatz kommen, zuständig. Das ist an der Baumstruktur erkennbar. »FotoWare« ist das Wurzelelement, darunter sind die Programme sowie der Log Server angeordnet. Bei Klick auf »Color Factory« kann man zunächst die globalen Einstellungen dieser Applikation konfigurieren.

Die Admin Console ist in zwei Bereiche unterteilt. Links zeigt der Konsolenbaum die Organisation der installierten Programme an (im vorliegenden Fall nur Color Factory), von dem sich die Kanalarten, Kanalgrup-

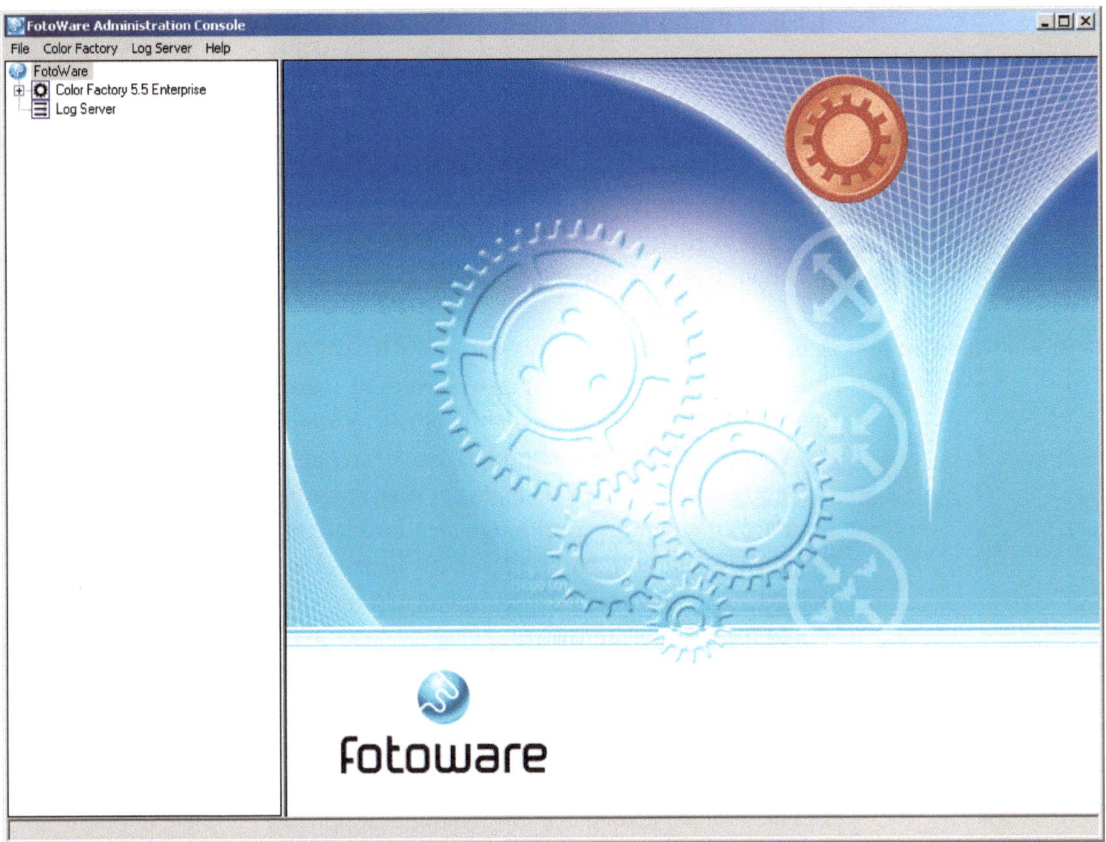

Abb. 2.20. Die Administration Console

pen, Kanäle und deren Features abzweigen. Rechts sind die Menüs des jeweiligen Zweiges dargestellt. Im unteren Teil des rechten Fensters sind je nach angeklicktem Element Menüs für die Konfiguration angeordnet. Klickt man auf die Elemente »Process channels« oder »Purging channels« bekommt man einen Überblick über alle jeweils darin angelegten Kanäle und deren grundlegende Parameter. Davon zweigen sich die Kanalgruppen ab, die wiederum die Prozesskanäle enthalten. Bei Anwahl einer Gruppe werden nur die zugehörigen Kanäle angezeigt (**Abb. 2.20**). Ist der Kanal angeklickt, sind im rechten Teil der Admin Console die Menüs für die Kanal-Grundeinstellungen eingeblendet. Vom Kanal selbst gehen dann nur noch die aktivierten Features ab.

Globale Einstellungen von Color Factory

Unter den »Global Options« von Color Factory sind folgende Menüs angeordnet:
- Global Folders
- User Account
- Process environment
- About Color Factory

Allgemeine Optionen von Color Factory

Unter den »Global Folders« kann der Basisordner geändert werden, der bereits mit dem Startup Wizard festgelegt wurde. Es kann vorkommen, dass eine Datei nicht bearbeitet/geöffnet werden kann. Um diese aus dem Workflow zu entnehmen, um z. B. Fehler in nachgelagerten Prozessschritten zu vermeiden, wird sie nicht im Ausgangsordner des Kanals abgelegt, sondern in einen der zwei möglichen Ordner für fehlerhafte Objekte verschoben. Diese können hier ebenfalls benannt werden. Dabei wird unterschieden, ob eine Datei defekt/unvollständig ist oder in einem unbekannten Format gespeichert wurde.

Im nächsten Reiter kann man den ebenfalls bereits eingestellten User Account modifizieren. Weitere Informationen dazu in Kapitel 2.2.2.

Unter »Process environment« (**Abb. 2.21**) lässt sich die Anzahl der gleichzeitig möglichen Prozesse einstellen, die von der Zahl der Prozessoren des Color-Factory-Servers abhängt. Die Formel hierzu lautet:

$$\text{Prozesse} = \text{CPUs} \cdot 2 + 1.$$

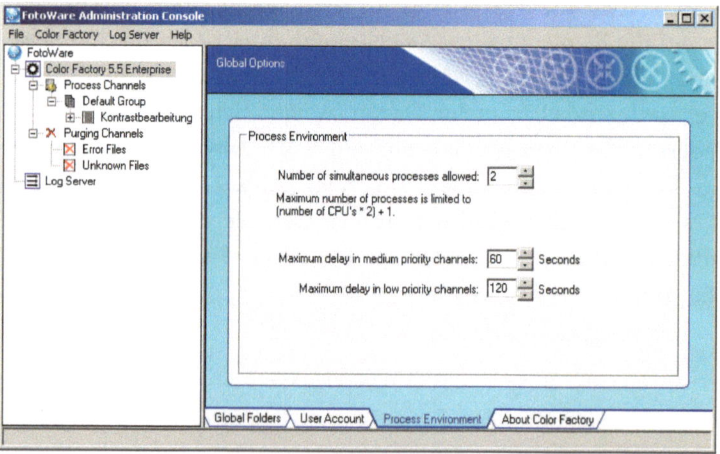

Abb. 2.21. Einstellung der Prozessumgebung

Da für jeden einzelnen Kanal eine individuelle Prioritätsstufe (1–3) festgelegt werden kann, macht es Sinn, zeitbezogene Auswirkungen der jeweiligen Stufe zu beschreiben. Während die Objekte der Eingangsordner der Kanäle mit der höchsten Stufe sofort bearbeitet werden, können für die mittlere und die niedrigste Stufe Zeiträume benannt werden, die eine Datei bis zu ihrer Bearbeitung ausharren muss.

Im letzten Reiter erhält man neben Copyright-Informationen auch Auskunft über die verwendete Programmversion.

Kanalübersicht

Unter dem Knoten Color Factory des Konsolenbaums verzweigen sich die Prozess- und die Löschkanäle. Hierarchisch unterhalb der Prozesskanäle befinden sich die Kanalgruppen, die wiederum die einzelnen Kanäle mit ihren aktiven Features enthalten. Analog dazu sind die Löschkanäle organisiert, für die keine Zuordnung in Gruppen vorgesehen ist.

Klickt man auf den Knoten der Prozesskanäle oder auf den Knoten einer Kanalgruppe, bekommt man einen Überblick über alle vorhandenen Prozesskanäle oder die Kanäle der jeweiligen Gruppe. Im unteren Bereich sind die Schaltflächen für das Erstellen und Löschen eines Kanals angeordnet sowie die Möglichkeiten, direkt zu seiner Konfiguration zu wechseln und eine Liste der Kanäle auszudrucken. Diese Funktionen sind auch über

Kanalliste

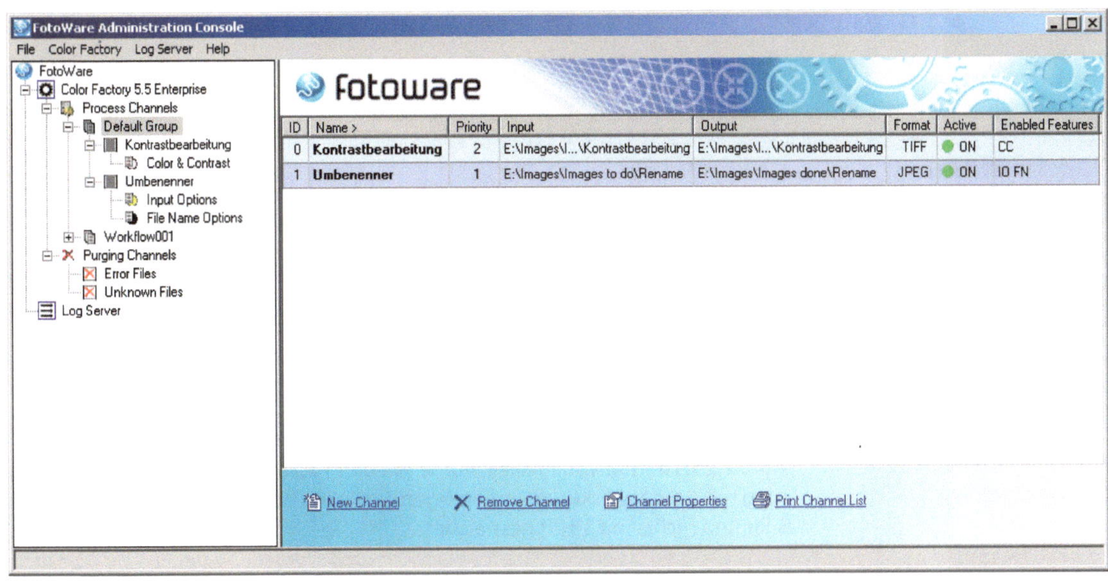

Abb. 2.22. Die Kanalliste einer Gruppe

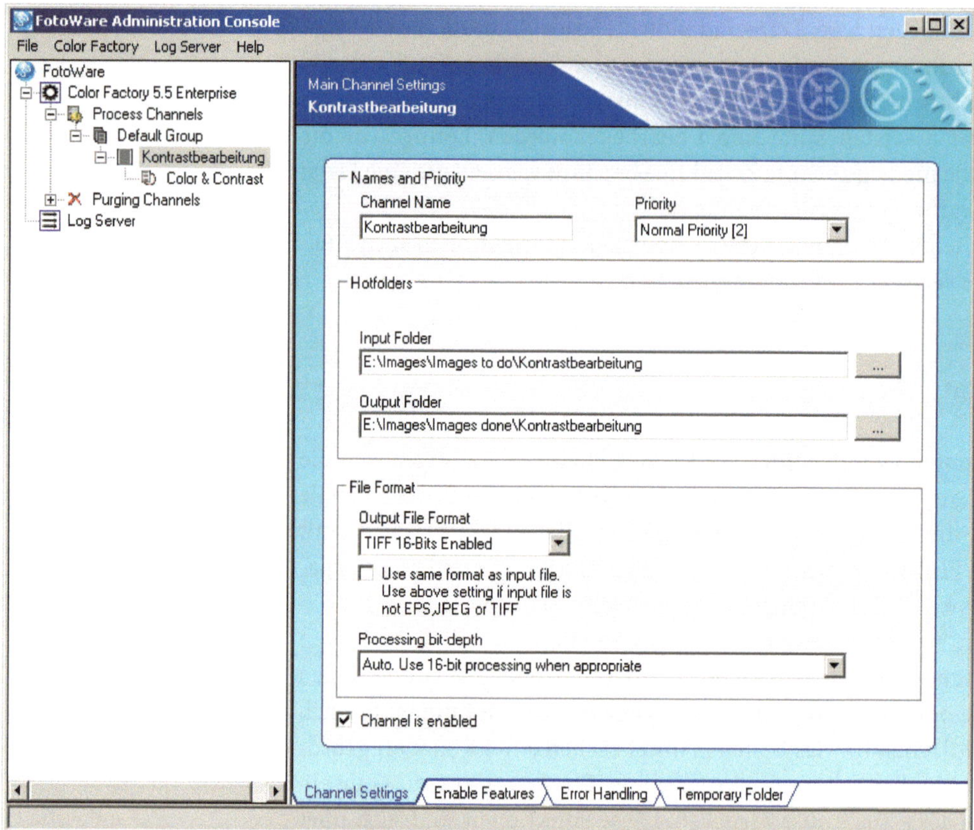

Abb. 2.23. Grundeinstellungen eines Kanals

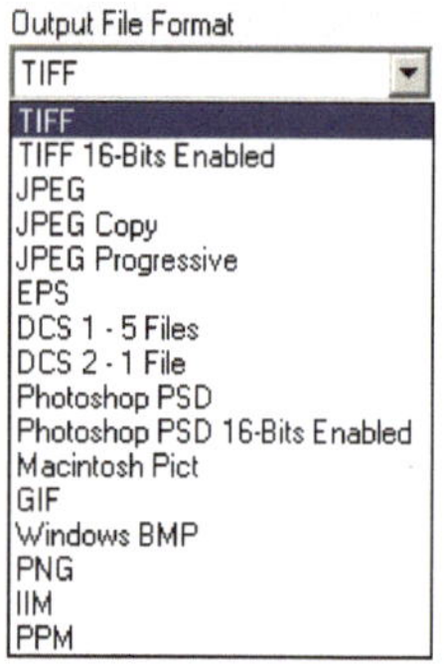

Abb. 2.24. Dateiformate von Color Factory

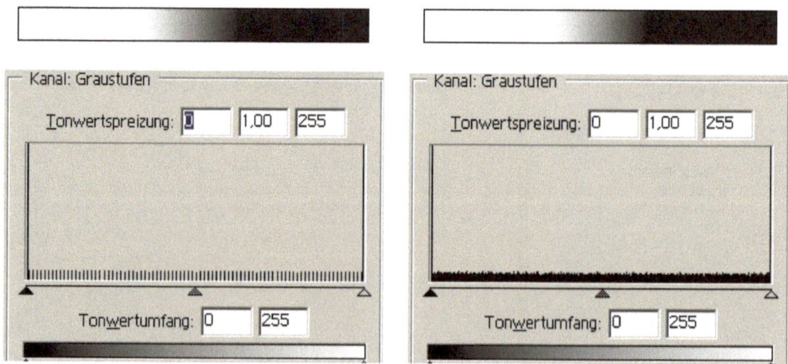

Abb. 2.25. Ein Grauverlaufskeil wurde in Color Factory einer Kontrastbearbeitung mit Gradationskurven unterzogen. Im linken Beispiel wurde die Datei mit 8 Bit und rechts mit 16 Bit gespeichert

einen Klick der rechten Maustaste auf entsprechender Position verfügbar. Die Kanalliste zeigt zu jedem Kanal dessen wichtigsten Parameter der Grundeinstellungen (**Abb. 2.22**).

2.2.4 Kanaleinstellungen

Grundeinstellungen

In Color Factory wird zwischen Prozesskanälen und Löschkanälen unterschieden. Bevor die Löschkanäle beschrieben werden, soll auf die allgemeinen Einstellungen der Prozesskanäle eingegangen werden. Grundsätzlich ist für jeden Prozesskanal (**Abb. 2.23**) einzustellen:

Prozesskanäle

- Kanalname
- Priorität
- Ein- und Ausgangsordner
- Status: aktiv/inaktiv
- Dateiformat
- Farbtiefe

Da die ersten vier Stichpunkte keiner Erklärung bedürfen, soll gleich auf die beiden Letzten eingegangen werden. Color Factory kann die in **Abb. 2.24** aufgeführten Formate schreiben. Des Weiteren kann eingestellt werden, dass jede bearbeitete Datei ihr ursprüngliches Format behält, solange es sich um TIFF, JPEG oder EPS handelt. Ansonsten wird die Datei im eingestellten Format geschrieben. Bei den Formaten JPEG, PICT und IIM kann die Qualitätsstufe der JPEG-Kompression gewählt werden, bei EPS- und DCS-Dateien die Codierung und die Bildschirmdarstellung/Vorschau.

Dateiformate

Günstig ist die Möglichkeit, Bilder in eine Farbtiefe von 16 Bit umzurechnen und zu bearbeiten, was der Bildqualität bei bestimmten Bearbeitungsschritten (z.B. bei Kontraständerungen) gut tut. Es ist einstellbar, ob 8 Bit oder 16 Bit verwendet oder die vorhandene Farbtiefe beibehalten werden soll. 16 Bit verbessert zwar die Bildqualität bei kritischen Motiven, erhöht aber die Bearbeitungszeit und die Dateigröße. Letztendlich sollte der Qualitätsanspruch über diese Einstellung entscheiden. Die **Abb. 2.25** vergleicht die Histogramme eines Grauverlaufs, die nach der Bearbeitung in 8 Bit und in 16 Bit gespeichert wurden. Das linke Histogramm zeigt, im Gegensatz zum rechten, deutlich Tonwertverluste, die bei anderen Motiven als Farbabrisse zu sehen wären. Wichtig ist, dass für diesen Prozesskanal (sowie für alle nachgelagerten) ein Dateiformat gewählt wird, das eine Tiefe von 16 Bit pro Farbkanal schreiben kann.

16-Bit-Bearbeitung

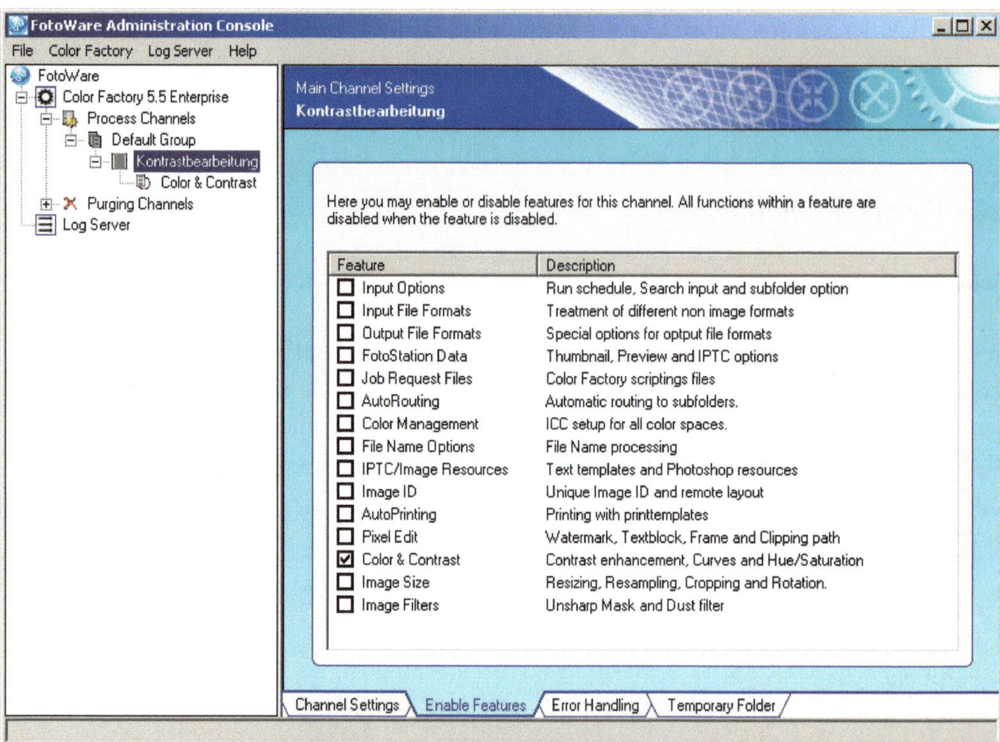

Abb. 2.26. Die Features von Color Factory

Kanalfeatures

Im zweiten Reiter der Kanaleinstellungen werden die Funktionen ausgewählt, die der Kanal ausführen soll (**Abb. 2.26**). Die genaue Beschreibung des Funktionsumfangs und der Konfiguration der Features erfolgt in Kapitel 3.

Kanalspezifische Ordner

individuelle Fehlerordner In manchen Anwendungsfällen ist es sinnvoll, von den global definierten Fehlerordnern abzuweichen und kanal-individuelle Fehlerordner anzulegen. Ist eine Datei kleiner als eine bestimmte Mindestgröße, kann in vielen Anwendungsfällen von einer fehlerhaften Datei ausgegangen werden. Eine Datei gilt als »zu klein«, wenn sie eine Mindestgröße unterschreitet oder aus zu wenigen Zeilen besteht (**Abb. 2.27**).

Temporäre Ordner Bei Bedarf kann ein definierter Ordner für temporäre Dateien des Kanals eingerichtet werden (**Abb. 2.28**). Während der Bearbeitung werden temporäre Dateien geschrieben und danach in den Ausgabeordner verschoben.

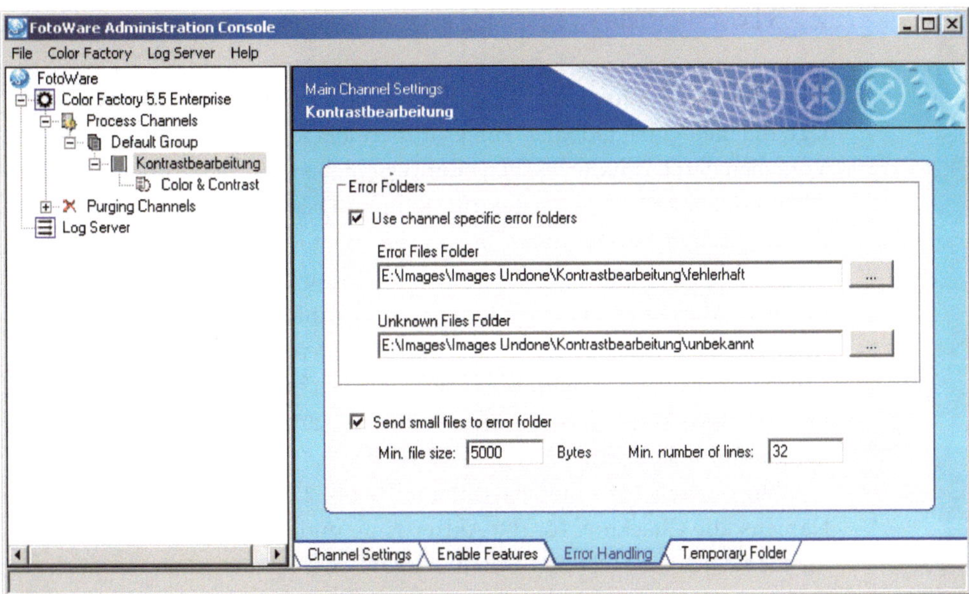

Abb. 2.27. Einstellungen der Fehlerordner

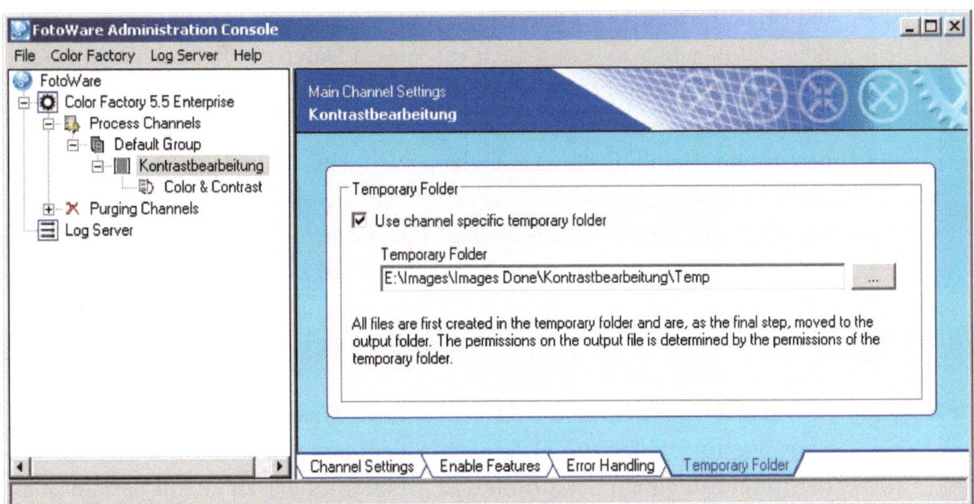

Abb. 2.28. Einstellung des Ordners für temporäre Dateien

Falls an dieser Stelle kein Ordner spezifiziert wird, nutzt Color Factory den Temp-Ordner von Windows. Daher dürfen für den Windows-Temp-Ordner keine Reglementierungen gelten, die sich negativ auf den Betrieb von Color Factory auswirken. Verwenden die Nutzer von Color Factory Macintosh-Rechner, müssen sowohl die Temp-Ordner als auch die Ein- und Ausgangsordner auf einem NTFS-Volume liegen. Falls nicht, gehen durch die Bearbeitung die Mac-Dateiressourcen verloren.

2.2.5 Löschkanäle

Nach der Installation sind in der Admin Console zwei Löschkanäle angelegt, die die beiden globalen Fehlerordner überwachen und nach gesetzten Vorgaben deren Inhalte löschen oder verschieben können. Aufgrund dieser Wahlmöglichkeit wäre der Begriff ›Reinigungskanal‹ präziser – was auch der englischen Bezeichnung entspräche. Weitere Löschkanäle, die nicht nur die Ordner für fehlerhafte und unbekannte Dateien überwachen, sind möglich. Man kann beliebige weitere Löschkanäle einrichten. Oft benutzt wird ein Löschkanal, der Bilder nach einer vorgegebenen Anzahl von Tagen (z. B. 60 Tage) löscht. Bei Bildern von Nachrichtenagenturen erreicht man auf diese Weise, dass die alten (uninteressanten) Bilder die Festplatten nicht unnötig belegen.

Obligatorisch für einen Löschkanal (**Abb. 2.29**) ist die Eingabe eines Namens, die Checkbox für die Aktivierung und die Angabe des zu beräumenden Ordners. Ob der Inhalt vorhandener Unterordner sowie leere Ordner gelöscht werden, kann man ebenfalls verfügen.

Löschen oder Verschieben

Für die Arbeit dieses Kanals lassen sich Kriterien festlegen. Das beginnt damit, ob Dateien gelöscht oder in einen anderen Ordner transferiert werden. Das ist sinnvoll, wenn auch von diesen Daten ein Backup erstellt werden soll. Dateiattribute können – wenn gewünscht – ignoriert werden.

In der Praxis ist eine Regelung nützlich, die erst löscht, wenn eine bestimmte Anzahl Dateien aufgelaufen ist. Alternativ dazu kann eine oder mehrere Datei(en) entfernt werden, wenn sie sich seit einem definierten Zeitraum (in Tagen oder Minuten) im Ordner befindet. In Kombination dieser beiden Kriterien wird gelöscht, sobald eines erfüllt ist. Auch die Reihenfolge der Löschung/Verschiebung ist einstellbar – älteste oder neueste Dateien zuerst, ausgehend vom Datum des letzten Zugriffs, der letzten Änderung oder der Erstellung.

Zeitplan

Auf den beiden nächsten Karteikarten lässt sich ein Zeitplan für Löschvorgänge und Filter für Dateinamen definieren. Dateien können entweder immer in einem bestimmten Zeitintervall oder zu einem bestimmten Zeitpunkt stündlich, täglich, wöchentlich oder monatlich entfernt werden (**Abb. 2.30**). Ein Löschkanal scannt im eingestellten Zeitintervall den konfigurierten Ordner, um zu ermitteln, ob Dateien die Löschkriterien erfüllen. Die entsprechenden Dateien werden dann aus dem Ordner entfernt.

Um bei großen Datenbeständen die Serverlast durch diese Scan- und Löschprozesse nicht unnötig zu erhöhen, sollte das Intervall möglichst groß eingestellt werden. Eine sinnvolle Einstellung ist z. B. die Löschung einmal pro Tag. Diese Löschung kann am besten nachts erfolgen, nachdem ein Backup-Prozess die Daten vorher gesichert hat.

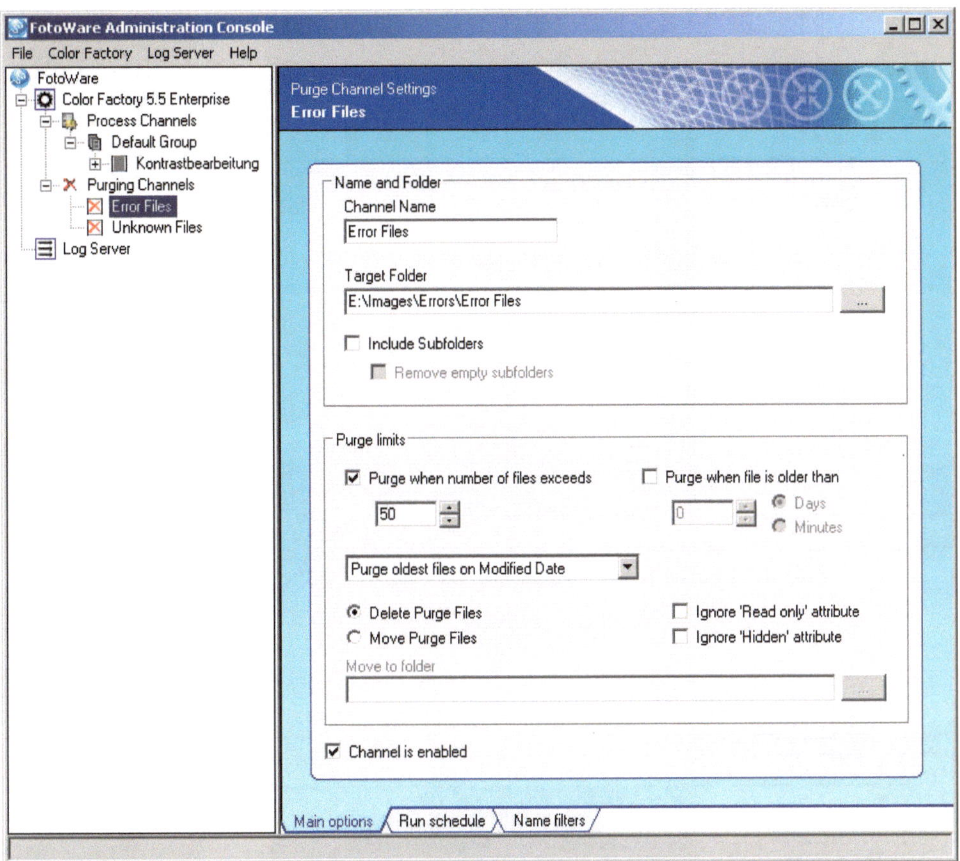

Abb. 2.29. Grundeinstellungen eines Löschkanals

Eine weitere Präzisierung des Löschkanals ist mit der Aktivierung von Filtern für Dateinamen (**Abb. 2.31**) möglich. Zwei Filter stehen zur Verfügung. Zum einen kann man nach bestimmten Mustern in Dateinamen oder Extensions suchen und bei Übereinstimmung löschen. Zum anderen ist eine Erweiterung dieses Filters mit dem Einschließen/Ausschließen bestimmter Dateiformate/Extensions möglich. Wenn Color Factory eine bestimmte Extension vorfindet, wird die Datei entweder auf jeden Fall oder keinesfalls gelöscht. Es wird somit die Möglichkeit eingeräumt, bestimmte Dateitypen nicht zu löschen. Man kann auch explizit Mac-Dateitypen »übergehen«. Beispielsweise können Photoshop-Dateien (»8BIM«) ignoriert werden. Dabei muss der Punkt weggelassen werden, da dies sonst von Color Factory als gewöhnliche Extension interpretiert wird.

Namensfilter

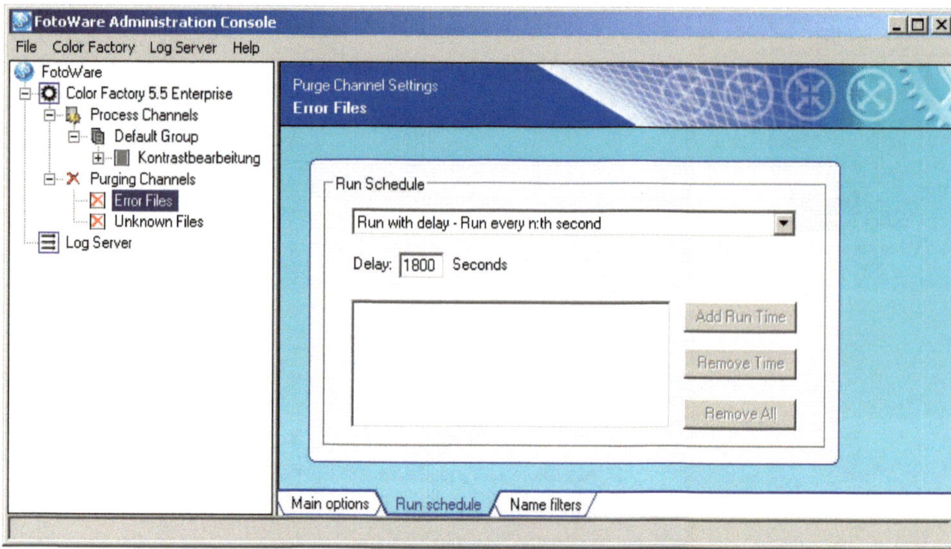

Abb. 2.30. Festlegen eines Zeitplans für Löschvorgänge

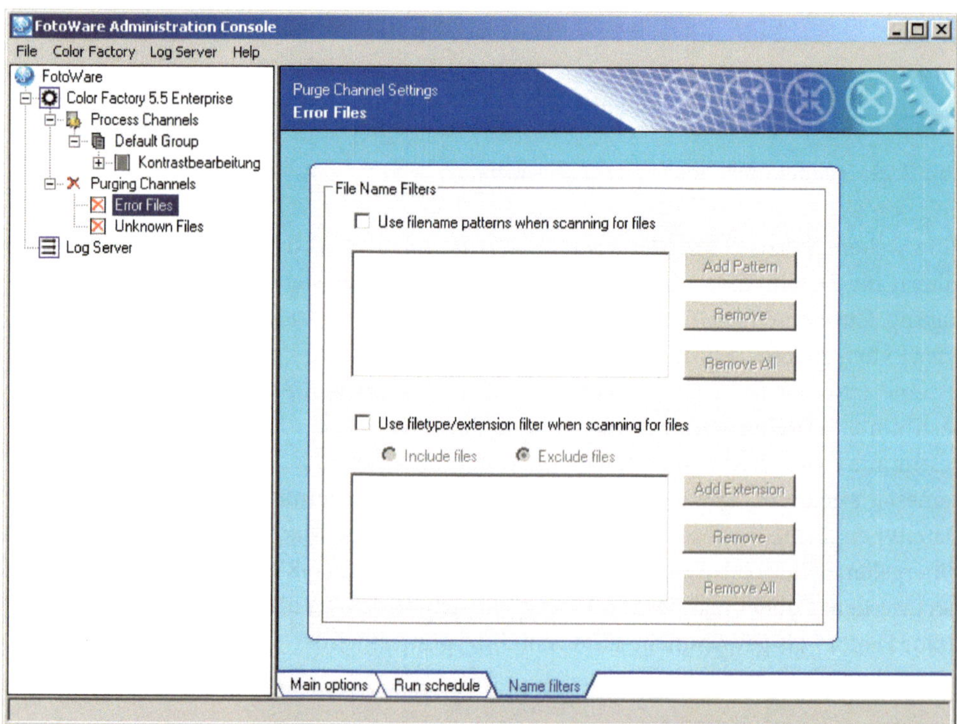

Abb. 2.31. Festlegen von Namensfiltern für Löschvorgänge

2.3 Der Log Server

Alle Vorgänge in den FotoWare-Programmen können aufgezeichnet werden. Diese Protokollierung übernimmt der Log Server, der ebenfalls über
die Admin Console konfiguriert wird. Festgehalten wird zum Beispiel jeder
Start des Services, jede bearbeitete Datei einschließlich des ausführenden
Kanals und jedes Neuladen der Konfiguration.

Bei der Konfiguration des Log Servers wird zunächst festgelegt, ob überhaupt protokolliert werden soll sowie in welcher Log-Datei und an welchem Speicherort dies erfolgt. Darüber kann definiert werden, ob immer in
dieselbe Datei geschrieben wird oder ob täglich eine neue Protokoll-Datei
begonnen werden soll. Bei Erreichen einer bestimmten Dateigröße können
die ältesten Einträge überschrieben werden (**Abb. 2.32**).

Einige der protokollierten Ereignisse sind für den Administrator von
erhöhter Wichtigkeit und erfordern dessen Aufmerksamkeit (Karteikarte
»Alerts«). Sind bestimmte Bedingungen erfüllt, können E-Mails mit vorde-
finiertem Inhalt, in Abhängigkeit von Brisanz (»Event level«), Vorkomm-
nis (»Event code«) und Häufung (»Event value«), an jeweils individuelle
Empfänger gesandt werden. Um eine E-Mail versenden zu können, muss
eine E-Mail-Adresse sowie der dazugehörige SMTP-Server angegeben werden. Diese Einstellungen werden auf der Karteikarte für Alarmmeldungen
getroffen (**Abb. 2.33** und **2.34**).

E-Mail-Benachrichtigung

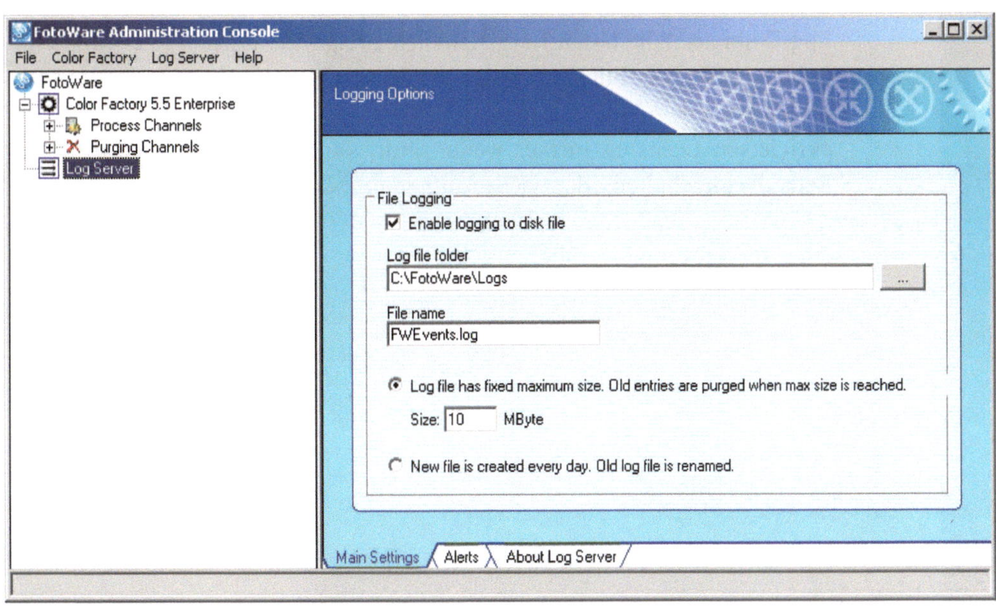

Abb. 2.32. Grundeinstellung des Log Servers

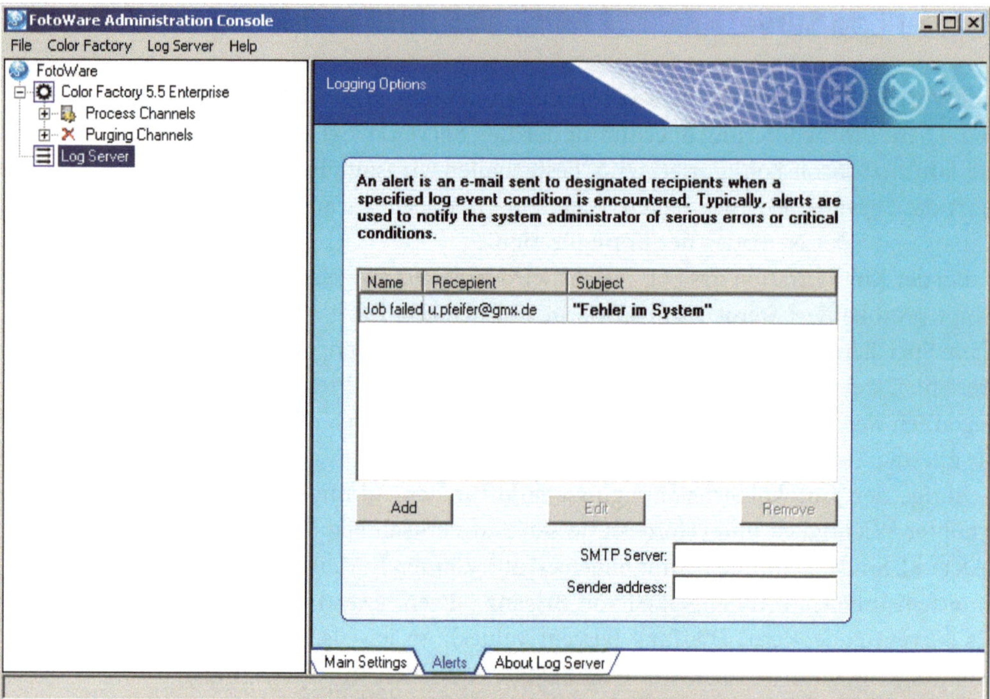

Abb. 2.33. E-Mail-Benachrichtigung bei bestimmten Systemereignissen

Anzeige des Protokolls   Um sich die erzeugte Log-Datei anzusehen, klickt man auf das Desktop-Symbol des Log Viewers (**Abb. 2.3**) und gibt im sich öffnenden Fenster die Log-Datei an. Alle darin festgehaltenen Ereignisse werden nun angezeigt (**Abb. 2.35**). Über Filter lässt sich auswählen, welche Vorkommnisse ausgeblendet sein sollen (Button »Edit Filters«). Da die Protokollierung bei aktivierten Diensten immer weiter läuft, kann sie mit »Start|Stop Auto Refresh« angehalten oder wieder aufgenommen werden.

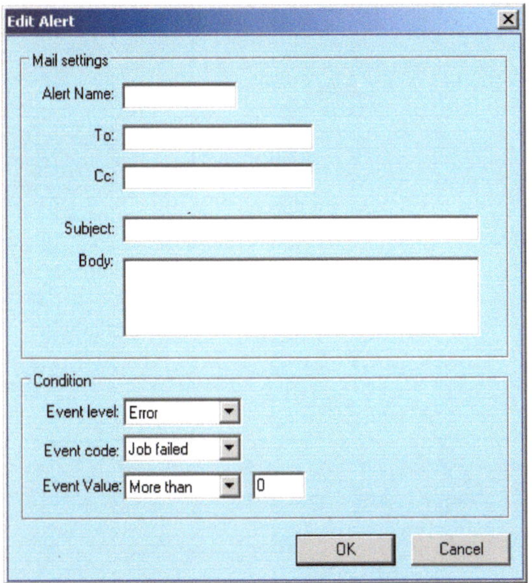

Abb. 2.34. Konfiguration einer E-Mail-Benachrichtigung

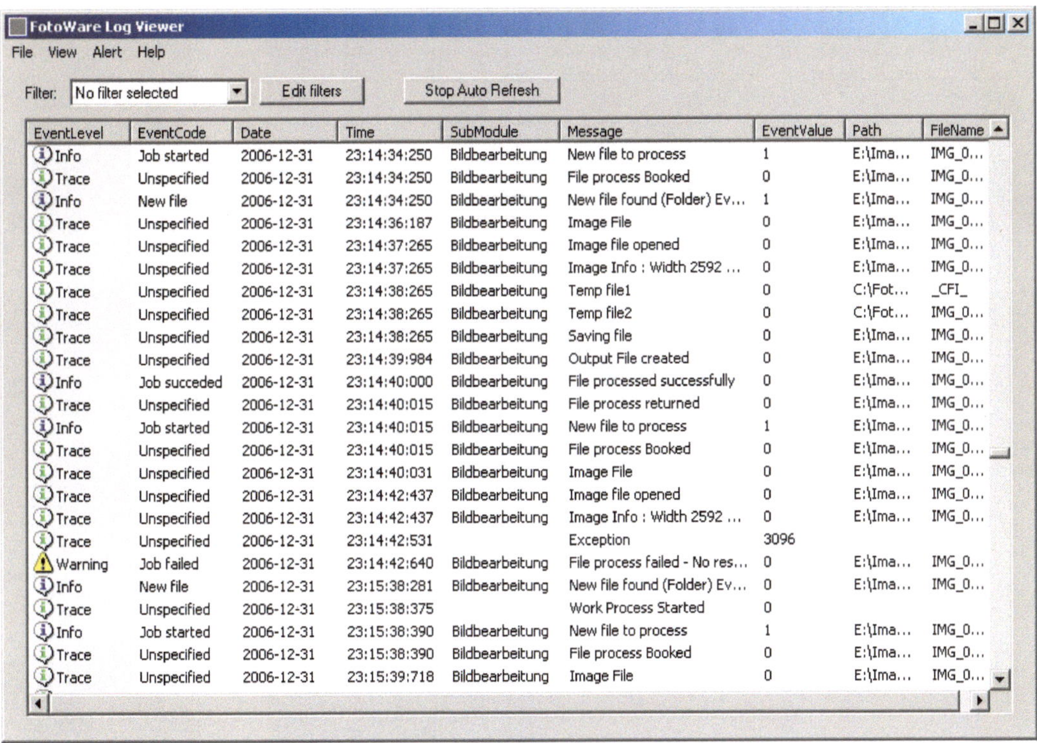

Abb. 2.35. Der Log Viewer zeigt alle protokollierten Ereignisse an

Die Funktionen von Color Factory 3

3.1 Reihenfolge der Arbeitsschritte

Alle Funktionen eines Kanals lassen sich im Karteikartenreiter »Enable Features« ein- und ausschalten (**Abb. 2.19**). Artverwandte Funktionen sind in einem Feature zusammengefasst, wobei aber nicht alle Optionen eines Features eingeschaltet und benutzt werden müssen. In einem Kanal sind mehrere Features miteinander kombinierbar. Bestimmte Aufgaben lassen sich nicht in einem Fall zusammenlegen, da sie sich unter Umständen widersprechen. Zu den Kanaleinstellungen sei auf Kapitel 2.2 verwiesen.

Tabelle 3.1: Die Funktionen von Color Factory	
Feature	**Bedeutung**
Input Options	Bearbeitung nach Zeitvorgabe und Suchergebnissen, Unterordner-Optionen
Input File Formats	Behandlung von Dateien aufgrund ihres Farbraumes, von Photo-CD-, RAW-, PDF-, Vektor- und Movie-Dateien
Output File Formats	Ausgabeoptionen von EPS/DCS, JPEG-Qualität und IIM-Optionen
FotoStation Data	Erstellung von Miniaturen/Vorschauen für die Ansicht in FotoStation; Automatischer Beschnitt; Generierung von Low-Res Offline-Dateien
Job Request Files	Schnittstelle zwischen FotoXStream und Color Factory, Verarbeitung von Scriptdateien (Job-Request-File, XML-Dateien von Funkinform und CCI)
AutoRouting	Automatische Sortierung von Dateien nach bestimmten Kriterien in unterschiedliche Ausgabeordner
Color Management	Farbraumänderungen, Zuweisung von ICC-Profilen in Abhängigkeit vom Farbraum, auch speziell für Thumbnails/Vorschaubilder
File Name Options	Dateinamenverarbeitung und -vergabe bei der Datei-Ausgabe
IPTC/Image Options	Lesen und Schreiben von IPTC-Daten in IPTC-Felder, Text-Dateien, Datenbanken oder in den Dateinamen
Image ID	Vergabe und Auswertung eines eindeutigen Identifikators, u. a. für Remote Layout
AutoPrinting	Automatisches Drucken
Pixel Edit	Einfügen eines Wasserzeichens oder eines Textes; Anlegen eines Rahmens; Freistellen anhand eines Beschneidungspfades
Color & Contrast	Kontrastbearbeitung mittels verschiedener Methoden; Einstellen von Gradationskurven (global oder individuell für jeden Kanal) und Hue, Saturation, Luminance
Image Size	Ändern von Bildgröße und Auflösung; Vergrößern und Beschnitt der Bildfläche; Drehen und Spiegeln
Image Filters	Unscharf Maskieren; Filter gegen Staub und Kratzer

Die Verarbeitungs-
sequenz bestimmt die
Kanalkonfiguration

Color Factory arbeitet innerhalb eines Kanals nach einer bestimmten Reihenfolge, die von den Entwicklern des Programms so festgelegt wurde.
Für den Entwurf eines Workflows ist die Kenntnis dieser Abfolge relevant,
da sich daraus ergibt, welche Features in einem Kanal zusammengefasst
werden können. Möchten Sie eine bestimmte Reihenfolge bei der Bildbearbeitung einhalten, können bestimmte Funktionen nicht in einem Kanal
zusammengefasst werden. Würde man alle Funktionen aktivieren, ergäbe
sich die in **Tabelle 3.2** dargestellte Reihenfolge. Aus diesen und Gründen
des Datenhandlings muss die Bearbeitung oft in mehreren, nacheinander-
geschalteten Kanälen erfolgen.

Tabelle 3.2: Prozess-Sequenz der Bildverarbeitung	
Position	**Arbeitsschritt**
1.	Datei öffnen
2.	Auslesen der Bild-ID
3.	IPTC-Bearbeitung: Konvertierung und Entnahme
4.	Bearbeitung der Tonwertkurven *vor* dem Color Management (nur CMYK-Daten)
5.	Color Management für CMYK-Daten
6.	Ausführen des in FotoStation definierten Beschnitts
7.	Drehen, Spiegeln
8.	Größenänderung
9.	Andere Bildbearbeitungsoptionen (Wasserzeichen, Textblock, etc.)
10.	Kontrastbearbeitung
11.	Unscharf Maskierung und Entstörungsfilter
12.	Bearbeitung der Tonwertkurven *vor* dem Color Management (für RGB- und Graustufenbilder)
13.	Color Management für Nicht-CMYK-Daten
14.	Bearbeitung der Tonwertkurven *nach* Color Management
15.	Einstellung von Farbort/Sättigung/Luminanz (HSL)
16.	Automatisches Routing und Generierung der Dateinamen
17.	IPTC-Bearbeitung: Templates und Export
18.	Generierung der Bild-ID
19.	Erstellung von LowRes-Daten für Layout
20.	Automatisches Drucken/Proofen
21.	Generierung der Datei
22.	Generierung des Thumbnails und der Vorschau
23.	Ablegen der Datei im Ausgangsordner

3.2 Die Features im Detail

3.2.1 Input Options

Die Einstellungen der »Input Options« sind – neben denen der »Input File Formats« – aufgrund ihrer Möglichkeiten für viele Kanäle von Belang. Dieses Kanalfeature ermöglicht:
- Einstellung eines Zeitintervalls für die Kanalaktivität
- Bearbeiten einer Datei mit Verzögerung
- Berücksichtigung von Unterordnern
- Erhaltung von Datum und Uhrzeit (Übergabe an ausgegebene Datei)
- Kopieren der unbearbeiteten Dateien in einen bestimmten Ordner, ggf. auch mit neuem Datum
- Erhalten der Macintosh-Ressource
- Virus-Prüfung von JPEG-Dateien (Reparaturversuch, Verschieben)
- Verwendung des Suchergebnisses des Index Managers als Eingang

Run Schedule

Für manche Kanäle ist es sinnvoll, wenn man konkret angeben kann, welche zeitlichen Kriterien erfüllt sein müssen, damit ein Kanal aktiv ist. Diese Einstellungen können Sie auf der Karteikarte »Run Schedule« treffen (**Abb. 3.1**).

zeitabhängige Kanalaktivität

Die wohl gebräuchlichste Option ist »Run always«, die nach dem erstmaligen Einschalten dieses Features in einem Kanal vorgegeben ist. Soll der Kanal ohne jegliche zeitliche Einschränkung arbeiten, wird diese Ein-

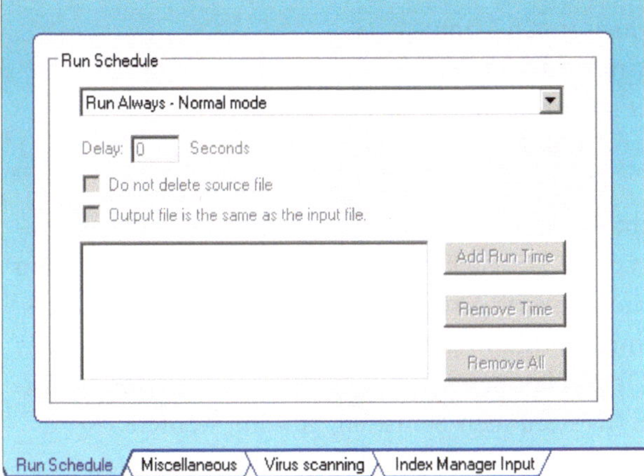

Abb. 3.1. Input Options: Festlegung einer zeitabhängigen Bearbeitung

stellung so belassen. Dateien werden sofort, bzw. bei erhöhtem Datenaufkommen nach Freiwerden von Ressourcen, bearbeitet.

»Einmalige« Kanalaktivität   Interessanter sind die Möglichkeiten, den Einsatz des Kanals zeitlich zu reglementieren. Eine Alternative ist es, einen Kanal nur »einmalig« zu aktivieren. In der Praxis heißt das, eine oder mehrere Dateien werden in den Eingangsordner eines inaktiven Kanals abgelegt. Er darf erst dann aktiviert werden, wenn alle zu bearbeitenden Dateien im Eingangsordner liegen. Während der Abarbeitung dürfen keine weiteren Dateien hinzugefügt werden. Danach ist der Kanal für weitere Dateien geschlossen. Diese Funktion ist z. B. dann sinnvoll, wenn eine Datei nach bestimmten Auto-Routing-Optionen aussortiert wurde und explizit aus dem Workflow entnommen werden soll. Für diese Option kann zusätzlich festgelegt werden, ob die Datei im Eingangsordner nicht gelöscht werden soll (Checkbox »Do not delete source file«). Außerdem lässt sich verfügen, dass die Datei des Eingangsordners überschrieben wird und somit gleichzeitig Output-Ordner ist (Checkbox »Output file is the same as the input file«). Der im Kanal angegebene Ausgangsordner wird dabei übergangen. Beide Optionen sind gleichzeitig anwählbar. Das ist nützlich, wenn Sie ein vorhandenes Archiv bearbeiten möchten, welches aber an Ort und Stelle verbleiben soll oder wenn Sie bestimmte Operationen ausführen möchten.

Aktivierung in Intervallen   Die nächste Option ist die Aktivierung eines Kanals in einem Intervall. Das heißt, der Eingangsordner wird immer nach einer definierten Zeitspanne (»alle n Sekunden«) überprüft, ob Dateien vorhanden sind. Falls dies zutrifft, werden sie gemäß den Kanaleinstellungen verarbeitet.

Abschließend verfügt die Funktion »Run Schedule« über vier Optionen, um einen konkreten Zeitpunkt für die Aktivierung des Kanals festzulegen. Diese sind:

Aktivierung ...
- stündlich zu einer bestimmten Minute,
- täglich zu einer bestimmten Stunde,
- wöchentlich zu einer bestimmten Stunde eines Tages,
- monatlich zu einer bestimmten Stunde eines Tages.

Der Kanal arbeitet dann die in dem Moment im Eingangsordner befindlichen Dateien ab und ist danach wieder inaktiv. Damit dies zutrifft, sind ein korrekt gesetztes Datum und eine korrekte Systemzeit notwendig. Stattdessen können Sie auch einen Zeitraum definieren, wie lange der Kanal aktiv ist. Je nach gewählter Option können 5–55 Minuten (in 5-Minuten-Schritten) oder 1–12 Stunden (in 1-Stunden-Schritten) gewählt werden.

Miscellaneous

Auf dem zweiten Karteikartenreiter befinden sich weitere Optionen, die sich nicht einem bestimmten Bereich zuordnen lassen (**Abb. 3.2**). Der erste Punkt ist die Bearbeitung einer Datei mit Verzögerung (Checkbox »Wait until file stops growing«). Das heißt, eine Datei wird erst bearbeitet, nachdem sie sich bereits seit einer definierten Zeitspanne von »n« Sekunden im Eingangsordner befindet. Dies ist sinnvoll, wenn der Eingangsordner via FTP bestückt wird und somit die Datei nicht von Beginn an vollständig vorliegt. Ist erst ein Teil der Datei übertragen, würde der Service bereits auf sie zugreifen, als fehlerhaft erkennen und die Bearbeitung verweigern. Dies wird mit dieser Option verhindert.

Legt man die unbearbeiteten Dateien nicht direkt in den Eingangsordner, sondern in einen Unterordner, muss man bei »Include Subfolders« das Häkchen setzen. Falls dies nicht geschieht, werden die Inhalte der Unterordner schlicht ignoriert. Sollen die bearbeiteten Dateien im Ausgangsordner auch wieder in der ursprünglichen Unterordnerstruktur abgelegt werden, muss das Häkchen bei »Mirror subfolder structure« gesetzt werden. Auf Wunsch löscht Color Factory die entleerten Unterordner des Eingangsordners (»Remove empty folders«).

Falls für spätere Arbeitsschritte relevant, kann der bearbeiteten Datei das Datum und die Uhrzeit der unbearbeiteten Datei übergeben werden. Ein Häkchen bei »Copy file date from input file to output file« genügt. Dies

Bearbeitung mit kurzer Verzögerung

Einbeziehung von Unterordnern

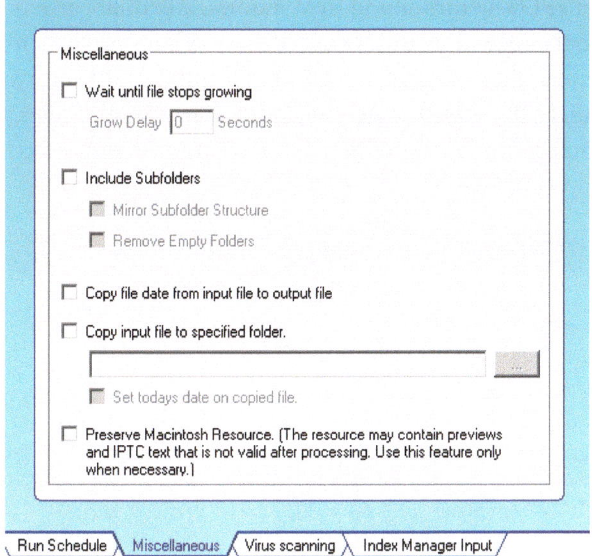

Abb. 3.2. Input Options: Verschiedene Einstellungen

bietet sich an, wenn im Kanal die Dateien z. B. lediglich in ein anderes Format konvertiert oder mittels Template (siehe dazu Kap. 3.2.9) Textfelder
ausgefüllt werden sollen. Gehen die Bearbeitungsschritte nicht zu sehr in
die Tiefe, muss nicht in jedem Fall Datum und Uhrzeit geändert werden,
um den Bearbeitungsschritt nachvollziehen zu können. Manchmal ist es
günstiger, Datum und Uhrzeit der Originaldatei beizubehalten.

Vorheriges Umkopieren in einen anderen Ordner Um die Daten des Eingangsordners sichern zu können, besteht die
Möglichkeit, diese unbearbeitet in einen spezifischen Ordner zu kopie-
ren (»Copy input file to specified folder«). Dieser Ordner kann wiederum
der Eingangsordner eines anderen Kanals sein. Datensicherung kann ein
Grund für die Anwendung dieser Option sein. Datum und Uhrzeit der
umkopierten Eingangsdaten können Sie bei Bedarf auf die aktuellen Werte
zum Zeitpunkt der Bearbeitung setzen lassen.

Macintosh-Spezifika Stammen die Originaldateien zuletzt von einem Macintosh-Rechner,
bzw. wurden systemspezifische IPTC-Daten oder Previews mitgesichert,
können diese an die ausgegebene Datei übergeben werden. Aufgrund von
möglichen Inkompatibilitäten ist es allerdings nicht ratsam, diese Option
zu nutzen, sondern nur wenn dies unbedingt erforderlich ist. Besser ist es,
Previews mit den Eigen-Funktionen von Color Factory neu zu erzeugen.

Virus scanning

JPEG-Virus »MS04-028« Seit 2004 ist der JPEG-Virus »MS04-028« im Umlauf. Er nutzt eine
Sicherheitslücke bei der JPEG-Verarbeitung in Windows. Als Bildbearbei-
tungswerkzeug ist es naheliegend, speziell nach diesem Virus zu suchen
(**Abb. 3.3**). Nach weiteren unerwünschten Objekten sucht Color Factory
nicht, ersetzt folglich nicht den heutzutage obligatorischen Virenscanner.
Wird eine infizierte Datei gefunden, wird diese in den Unterordner »Infec-

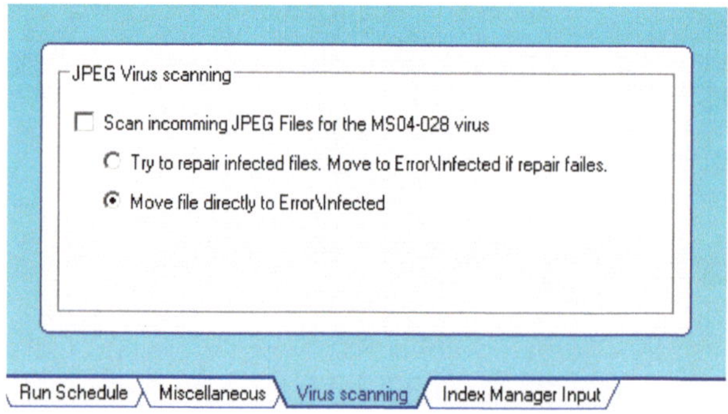

Abb. 3.3. Input Options: Virus scanning

ted« des Fehlerordners verschoben. Auf Wunsch versucht Color Factory vorher den Schädling aus der Datei zu entfernen, diese wie eingestellt zu bearbeiten und auszugeben. Der Virenscan ist generell ratsam, wenn Daten aus unterschiedlichen und unsicheren Quellen stammen. Optimalerweise wird er im ersten Kanal, den die Bilddaten überhaupt passieren, aktiviert. Für alle nachfolgenden Kanäle ist dies natürlich nicht mehr notwendig – solange nicht auch an nachfolgenden Stellen des Workflows eine Gelegenheit zur Infizierung besteht.

Index Manager Input

Setzen Sie neben Color Factory den Index Manager von FotoWare ein, können dessen Suchergebnisse als Entscheidungskriterium herangezogen werden, inwieweit eine Datei bearbeitet wird (**Abb. 3.4**).

Nutzung des Index Managers beim Dateneingang

Aufgabe des Index Managers ist es, Archive zu indizieren. Zu diesem Zweck erzeugt er eine Datei, in der alle Bilder mit ihren Eigenschaften (z. B. IPTC-Feld-Inhalte) verzeichnet sind. Wenn sie aktualisiert wird, signalisiert dies der Color Factory, dass sie wiederum eine Suchanfrage an den Index Manager starten kann. Diese Anfrage kann durch ein Kriterium (oder mehrere in Kombination) präzisiert werden. Erfüllt eine Datei aus dem Index das Kriterium, wird sie bearbeitet. Bedingung für diese Funk-

---

Infobox: JPEG-Virus MS04-028

Im September 2004 tauchte der erste Virus auf, der sich in JPEG-Bildern verbarg. Dabei handelte es sich nicht um ein reines Skript, das sich mit den Suffixen »jpg« oder »jpeg« tarnt, sondern um eine echte Bilddatei, in der sich der Schadcode befindet. Dabei wird eine Schwachstelle bei der Verarbeitung von JPEG-Bildern genutzt, die einen Buffer-Overflow verursacht. Bei dieser Gelegenheit ist es möglich, Schadcode auf den Rechner zu schmuggeln. Dabei reicht es vollkommen aus, das Bild nur im Internet Explorer betrachten zu wollen. Der Windows Explorer stürzt bereits ab, wenn noch nicht mal die Vorschau angezeigt wurde. Brisant ist weiterhin, dass Baukästen kursieren, mit denen sich auch ohne Programmierkenntnisse präparierte Bilder erstellen lassen. Obwohl die Hersteller von Anti-Virenprogrammen darauf reagierten, war und ist der wirksamste Schutz die Installation des Patches von Microsoft.

Quellen:
- »Erste präparierte JPEG-Bilder zur Windows-Sicherheitslücke im Umlauf« vom 17.09.2004, http://www.heise.de/security/news/meldung/51197
- »JPEG-Exploits per Mausklick für jedermann [3.Update]« vom 24.09.2004, http://www.heise.de/newsticker/meldung/51459
- »Microsoft Security Bulletin MS04-028« (Stand 14.12.2004), http://www.microsoft.com/germany/technet/sicherheit/bulletins/ms04-028.mspx

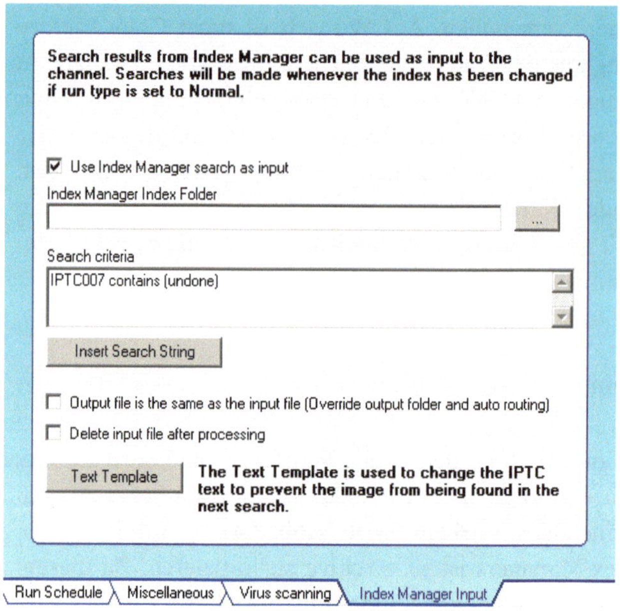

Abb. 3.4. Input Options: Nutzung des Index Managers. In der hier gezeigten Konfiguration erfüllen die Bilder das Kriterium, die im IPTC-Feld #007 (»Status«) die Zeichenkette »undone« aufweisen

tion ist die Pfadangabe des Index-Ordners. Suchkriterien können technische Parameter der Datei oder der Inhalt beliebiger IPTC-Felder sein.

Mit zwei Checkboxen kann das Überschreiben der Output-Daten und das Löschen der Input-Daten festgelegt werden. »Output file is the same as input file« überschreibt die gelesenen Daten. Entscheiden Sie sich für diese Option, wird der reguläre Ausgabe-Ordner des Kanals ignoriert. Dasselbe gilt für alle aktivierten AutoRouting-Optionen des Kanals.

»Delete input file after processing« löscht die gelesenen Daten nach deren Bearbeitung. Normalerweise geschieht dies im Kanal nach erfolgreicher Bearbeitung automatisch. Verwenden Sie aber ein Index Manager Archiv als Input, müssen Sie die Löschung der Input-Daten explizit anweisen. Beide Checkboxen schließen sich aus und können folglich nicht gemeinsam gesetzt werden.

Um zu vermeiden, dass bereits bearbeitete Dateien erneut erfasst werden, wird in einem bestimmten IPTC-Feld auf Wunsch Text eingefügt. Findet Color Factory eine Datei, bei der jenes IPTC-Feld ausgefüllt ist, wird die Datei ignoriert. Diesbezügliche Einstellungen treffen Sie im Menü »Text Template«, dessen Konfiguration wie die des Features »IPTC/Image Resources« abläuft (siehe Kap. 3.2.9 »IPTC/Image Resources: General Text Template«).

3.2.2 Input File Formats

Unterschiedliche Dateien benötigen unter Umständen Bearbeitungs-schritte, die im aktuellen Kanal nicht erfolgen. Daher können durch dieses Feature bestimmte Dateien aufgrund ausgewählter Eigenschaften von der Verarbeitung ausgeschlossen werden. Das heißt, sie werden entweder bearbeitet, unbearbeitet oder nur ohne pixelverändernde Operationen bearbeitet ausgegeben oder aussortiert.

Datenformate

Bei folgenden Daten können Sie wählen*:
- in Abhängigkeit vom Farbraum (Graustufen, RGB/Lab, CMYK)
- Daten von Photo-CDs
- Daten von Digitalkameras:
  Raw-Daten allgemein, Kodak-Kameras speziell
- PDF-Dokumente: Konvertieren, Bearbeiten, Rendern von Gesamtsei-ten, Extrahieren der enthaltenen Bilder
- Bitmap-Daten
- Vektor-Daten
- Film-Dateien

Für die meisten Datenformate können folgende Optionen gewählt werden, die abhängig vom Dokumententyp notwendig sind.

Optionen für bestimmte Daten/Datenformate

- »Normal Processing«: Bearbeitung der Daten gemäß den für den Kanal getroffenen Einstellungen.
- »No Pixel Processing«: Die Werte der Pixel bleiben unverändert. Ledig-lich die Kanalfeatures kommen zum Einsatz, die diese unberührt lassen. Das sind zum Beispiel die Betextung von IPTC-Feldern, das Erstellen von Previews/Thumbnails, die Sortierung mittels AutoRouting oder die Vergabe eines neuen Dateinamens. Nicht ausgeführt werden beispiels-weise die Einstellungen der Features »Color & Contrast« (Kontrast- und Farbbearbeitung) oder »Image Filters« (Schärfen und Kratzer entfer-nen).
- »Ignore. Process in other channel«: Ist diese Option ausgewählt, wird die Datei, auf die das Kriterium zutrifft, nicht bearbeitet und verbleibt unangetastet im Eingangsordner.
- »Copy original file to the output folder«: Die Datei bleibt ebenfalls gänz-lich unbearbeitet, wird aber nicht im Eingangsordner belassen, sondern in den Ausgangsordner des Kanals verschoben. Sollte sich durch einge-

---

* Der tatsächliche Funktionsumfang hängt von der verwendeten Ausgabe von Color Factory ab. Die letzten vier Punkte der Aufzählung sind z.B. nur in Color Fac-tory Enterprise verfügbar. Den genauen Funktionsumfang finden Sie im Anhang.

stellte AutoRouting-Optionen ein anderer Ausgangsordner ergeben, so wird dieser nicht benutzt.

– »Treat file as unknown«: Die Datei wird ohne weitere Analyse und Bearbeitung in den Ordner für unbekannte Daten verschoben. Unter Umständen ist dies irreführend, da das Format in einigen Fällen erkannt wurde. Vektor-Formate können auf diese Weise aussortiert werden, wobei der Unknown-Ordner dadurch zu einem Sammelbecken für Vektor-Daten wird.

– »Copy the original file to the output folder, using all features«: Die Daten bleiben unverändert, lediglich die Features werden angewendet, die mit diesen Formaten möglich sind. Dazu gehören je nachdem Umbenennungen, Einfügen von Text-Informationen oder Berechnungen von Thumbnails/Previews – sofern die entsprechenden Features aktiviert sind.

– »Render a bitmap file if possible«: Falls es mit der jeweiligen Datei möglich ist, wird eine Strichzeichnung gerechnet. Dazu muss in das Feld »Image Size« eine Auflösung angegeben und eine Maßangabe ausgewählt werden.

Images

Optionen für Farbräume »Images«, die erste Karteikarte der »Input File Formats« (**Abb. 3.5**), gestattet eine vom Farbraum abhängige Bildbearbeitung. Für Graustufen-, CMYK- und RGB-/Lab-Bilder kann jeweils explizit angegeben werden, ob sie bearbeitet werden oder unverändert bleiben sollen. Beim Grad der Bearbeitung kann zwischen vollständiger Bearbeitung, also mit allen Features des Kanals, oder teilweiser Bearbeitung (nur Arbeitsschritte ohne Änderungen an den Pixelwerten) gewählt werden. Nicht zu bearbeitende Bilder können im Eingangsordner belassen oder in den Ausgangsordner verschoben werden. Daraus ergeben sich praktische Anwendungsmöglichkeiten. So kann beispielsweise ein Ordner die Quelle für mehrere Bearbeitungskanäle sein und dabei bestimmte Daten außer Acht lassen. Ein Kanal, der ausschließlich für Farbkorrekturen zuständig ist, kann somit einfarbige Bilder ignorieren und diese einem anderen Kanal überlassen, der speziell für Graustufenbilder eingerichtet wurde – und umgekehrt. Eine solche Sortierung ist ebenfalls über das AutoRouting-Feature realisierbar, wird aber in diesem Fall durch diese »Input File Options« überflüssig. Damit wird ein Arbeitsschritt eingespart, der weitere Zeit und Performance gekostet hätte.

Optionen für Photo-CDs Der zweite Punkt von »Images« befasst sich mit dem Umgang von Photo-CD-Daten. Diese haben die Eigenschaften, dass sie medienneutral

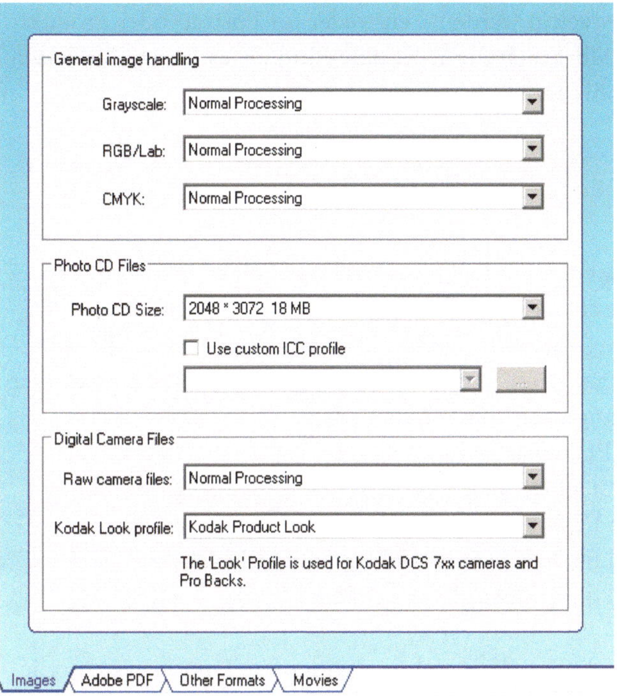

Abb. 3.5. Input File Formats: Festlegen der Verarbeitung

und in mehreren Auflösungsstufen vorhanden sind sowie in einem proprietären Format geschrieben werden. An dieser Stelle können Sie eingeben, in welcher Größe das »Photo« eingelesen werden und ob ein bestimmtes Profil zur Anwendung kommen soll. Sollten für das zu bearbeitende Bild nur kleinere Größen verfügbar sein, wählt Color Factory automatisch die größtmögliche.

In der dritten Gruppe spezieller Bild-Features finden die Raw-Daten aus der Digitalfotografie Beachtung. Für ihre Bearbeitung gibt es drei Varianten, in denen auch den Besonderheiten dieser Daten Rechnung getragen werden kann. Zum Wesen von Raw-Dateien gehört es, dass die Informationen des Kamera-Sensors ohne jegliche Bearbeitung durch die Kamera-Elektronik geschrieben werden. Abhängig von ihrem beabsichtigten Einsatz-Zweck müssen sie aufbereitet oder – als Analogie dazu – »entwickelt« werden. Color Factory ermöglicht Ihnen die Auswahl zwischen »normaler Bearbeitung« (wie im Kanal eingestellt) oder einer Bearbeitung, die die Pixel unverändert lässt. Des Weiteren kann das geeignetste (bezogen auf die Pixelanzahl: größte) vorhandene JPEG-Bild davon als Input verarbeitet werden.

Optionen für Raw-Daten

Color Factory unterstützt speziell Kameras der Reihe DCS 7xx von Kodak, sowie die Pro-Rückteile. Sind vorher die Bildmotive bekannt, kann das »Look-Profil« festgelegt werden – entweder für Porträt- oder Produkt-Aufnahmen. Die Bildbearbeitung wird daraufhin abgestimmt. Bei diesen Profilen werden jeweils andere Farbanteile betont.

Adobe PDF

PDF-Verarbeitung

Für die Verarbeitung von PDF-Dokumenten birgt Color Factory eine Reihe von Funktionen, die auch eine Reihe von Änderungen *innerhalb* des PDF-Dokuments erlauben (**Abb. 3.6**). Pro Kanal können Sie eine von fünf Alternativen für den Umgang mit PDF-Dateien wählen, die, je nach gewählter Option, genauer konfiguriert werden können:
- Process/Convert PDF files
- Render a bitmap of a PDF page
- Extract images in PDF file through the channel
- Copy the original file to the output folder, using all features
- Copy the original file to the unknown folder

»Process/Convert PDF files« lässt sich in drei weitere Optionen untergliedern, die auch in Kombination aktiviert werden können:
- Split PDF into a separate PDF file for each page
- Do in-place color management and image processing
- Convert PDF to PostScript/EPS

Aufteilen in Einzelseiten

Unter **Process/Convert PDF Files** besteht zunächst die Möglichkeit, ein mehrseitiges Dokument in Einzelseiten aufzuteilen und diese abzuspeichern (**Abb. 3.7**). Der Dateiname wird in diesem Fall beibehalten, aber um die jeweilige Seitenzahl erweitert. Zusätzlich kann ein Präfix (voreingestellt: »_page«) vergeben werden. Alternativ dazu kann eine bereits vorhandene (Seiten)-Zahl im Dateinamen ersetzt werden. Es ist somit sichergestellt, dass jede einzelne Seite einen eigenen Dateinamen erhält und folglich keine Datei überschrieben wird.

Bildbearbeitung innerhalb des PDFs

Naheliegend ist der Gedanke, im PDF eingebettete Bilddaten nicht erst zu extrahieren und separat zu speichern – was das Programm ebenfalls beherrscht – sondern gleich innerhalb des PDFs zu bearbeiten (**Abb. 3.8**). Das umfasst das Color Management und die Korrektur von Bildern. Dieses Feature ist zum Beispiel für Unternehmen interessant, die von Laien mehr oder weniger »druckfertige« Daten in Form eines PDFs erhalten (z. B. »Camera Ready«-Produktion in Verlagen). Die darin eingebundenen Bilder können auf diesem Weg aufgewertet oder – im Extremfall – gar erst druckfähig gemacht werden. Das ist z. B. der Fall, wenn das PDF

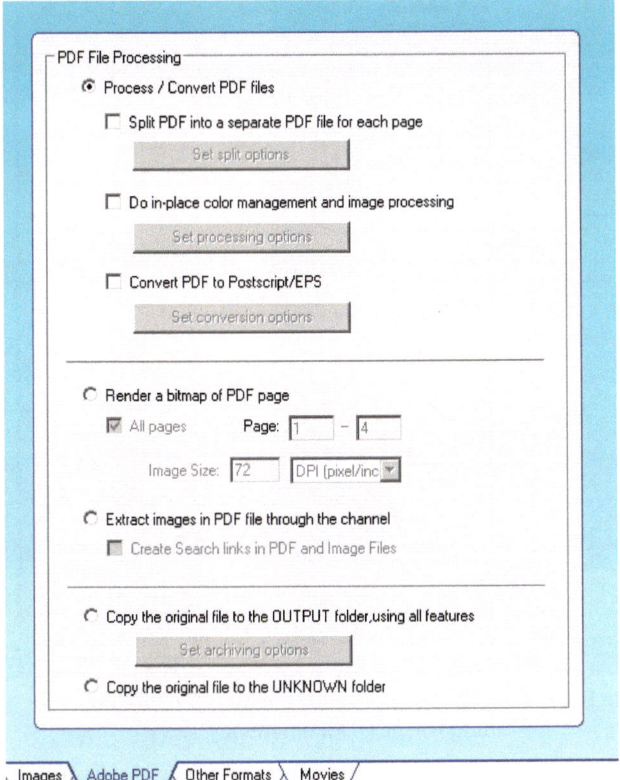

Abb. 3.6. Input File Formats: Umgang mit PDF-Dokumenten

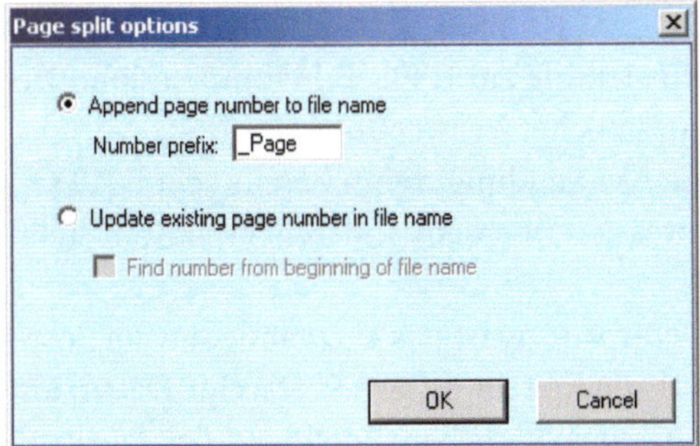

Abb. 3.7. Input File Formats: Optionen zum Splitten von PDF-Dokumenten

aus MS Word geschrieben wurde, das bekanntlich keine CMYK-Daten ausgibt.

Für die Bearbeitung innerhalb eines PDFs kann man einige Punkte genauer spezifizieren. Die Farbbearbeitung bezieht sich nicht nur auf die Bilder, sondern auch auf Text und Vektor-Objekte. Ob schwarze, graue oder farbige Objekte miteinbezogen werden, kann ausgewählt werden. Für

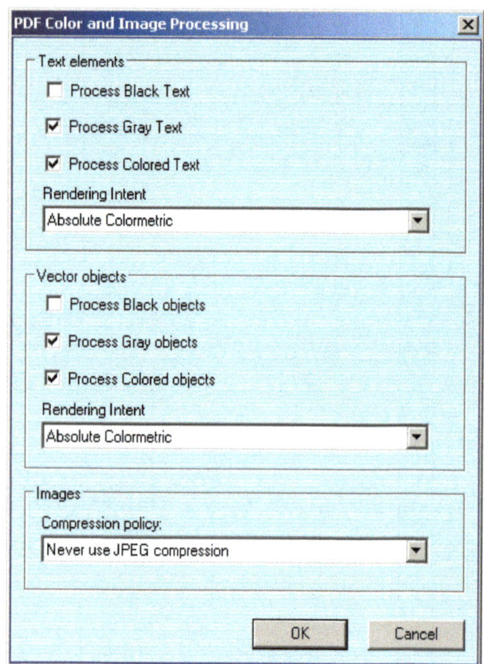

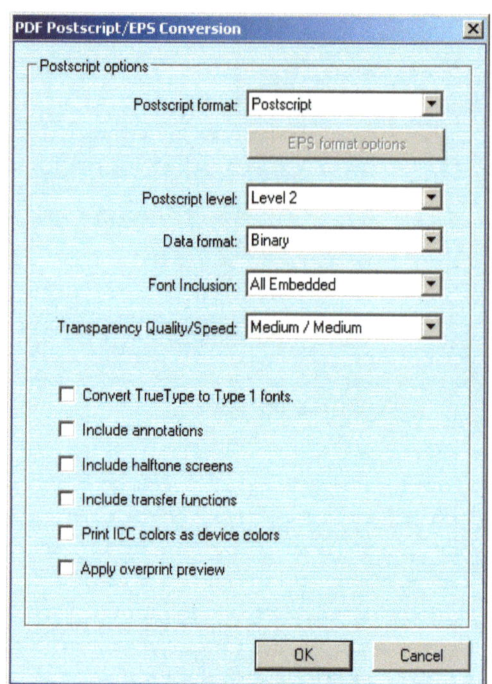

Abb. 3.8. Input File Formats: Optionen zur Bildbearbeitung innerhalb von PDF-Dateien

Abb. 3.9. Input File Formats: PS-/EPS-Konvertierung von PDF-Dokumenten

das Color Management muss der Rendering Intent benannt werden. Dafür stehen die Optionen Perzeptiv, Sättigung, relativ und absolut farbmetrisch zur Verfügung (**Tabelle 3.3**).

Der letzte Stichpunkt ist die Einstellung zur JPEG-Bildkompression. Die Auswahl besteht zwischen grundsätzlicher Verwendung des JPEG-Verfahrens, keiner Verwendung und nur Verwendung, wenn bereits schon JPEG-komprimiert wurde. Eine Kompression in einem anderen Verfahren steht nicht zur Verfügung.

Konvertierung nach PS/EPS
Die dritte Variante der PDF-Verarbeitung ist das Umwandeln nach Postscript, respektive EPS. Sowohl für die Erstellung von Postscript-Daten, als auch für EPS-Daten lassen sich Optionen vorgeben. Bereits bei der Auswahl wird entschieden, ob eine EPS-Datei ohne Vorschau, mit Vorschau (TIFF oder PICT) oder eine reine Postscript-Datei entstehen soll. Um die Einstellungen für EPS zu treffen, klickt man auf den Button »EPS format options«. Daraufhin öffnet sich Adobe Acrobat. Bedingung hierfür ist, dass die Vollversion von Acrobat 7.0 installiert ist. Dann öffnet sich das Menü von Acrobat, in dem die entsprechenden Optionen gewählt werden können.

Für das Schreiben von Postscript-Daten stehen alle dafür notwendigen Optionen zur Verfügung. Dazu gehören Postscript-Level (1–3), Datenformat (ASCII oder Binär) und die Schrifteinbettung. Zusätzlich kann der Umgang mit Transparenzen festgelegt werden. Deren Qualität steht in direktem Zusammenhang mit der Geschwindigkeit: Je höher die Qualität, umso niedriger die Geschwindigkeit. Die weiteren Optionen sind in der **Abb. 3.9** ersichtlich.

Nachdem die vormaligen Optionen die Bilder innerhalb des PDF-Dokuments bearbeiten, wandelt die folgende Option eine Dokumentseite als Ganzes in ein Bild um. »**Render a bitmap of PDF page**« erzeugt von den Seiten eines PDFs Einzelseiten in einem pixelorientierten Dateiformat. Geschrieben wird die Datei im Ausgabeformat des Kanals. Für diese Option müssen die betreffenden Seiten angegeben werden. Entweder geben Sie eine konkrete Bildauflösung ein oder legen fest, wie viele Pixel die längste Seite des Bildes haben soll. Somit erhalten Sie die Möglichkeit, eine von der späteren Bestimmung abhängige Auflösung (z. B. Druck) oder Bildgröße (z. B. für Website) zu bestimmen. Diese Operation ist vergleichbar mit dem Öffnen eines PDF-Dokumentes in Adobe Photoshop, durch das ebenfalls eine bestimmte Seite der Datei in ein Pixelbild konvertiert werden kann.

Umwandeln einer gesamten Seite in ein Pixelbild

Während bei der vorangegangenen Option immer eine ganze Seite umgewandelt wird – einschließlich Text und Grafiken – können mit »**Extract images in PDF file**« lediglich alle pixelbasierenden Bilder entnommen werden. Größe und Auflösung ergeben sich aus dem PDF. »Create Search links in PDF and images files« vergibt sowohl dem extrahierten Bild, als auch dem Bild im PDF einen eindeutigen Bezeichner, eine »Unique ID«. Damit ist es möglich zu einem späteren Zeitpunkt das Bild seinem Quell-

Extrahieren von Bildern

Abb. 3.10. Problem des »Zerteilens« von Bildern in manchen PDF-Dokumenten. Abbildung scheint ein Ganzes zu sein, besteht aber aus Einzelteilen, wodurch das Extrahieren des Bildes erschwert wird

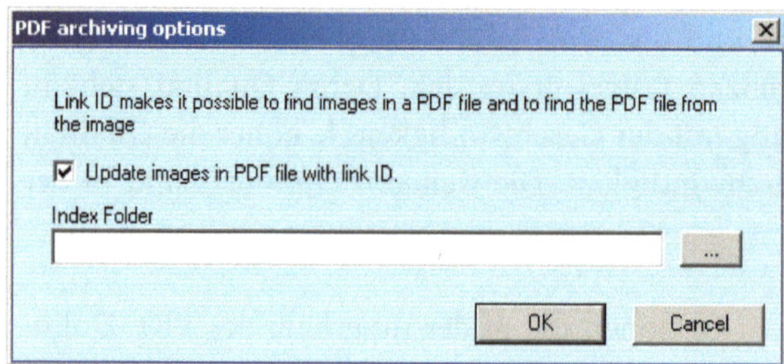

Abb. 3.11. Input File Formats: Vergabe von Link-IDs bei extrahierten Bildern

PDF zuzuordnen. Wollen Sie es später wieder in das PDF integrieren, entfällt die Suche nach der jeweils anderen Komponente.

Diese Option kann bei bestimmten PDF-Dateien zu Problemen führen. Ist das PDF nicht korrekt erstellt worden, kann es sein, dass ein Bild in mehrere Teilbilder unterteilt wurde (**Abb. 3.10**). Dieser Effekt ist am ehesten mit dem »Slicing« von Bildern für Internetseiten zu vergleichen. Color Factory betrachtet jedes Teilbild als einzelnes Bild – was technisch korrekt ist, erkennt aber nicht, dass die direkt angrenzenden Teile ebenfalls zur Abbildung gehören. Vorzugsweise tritt dieser Effekt in PDFs auf, die aus älteren Word-Versionen geschrieben wurden.

Keine Bildbearbeitung

Die vorletzte Option »**Copy the original file to the output folder, using all features**« realisiert eine teilweise Bearbeitung des PDFs, d. h. die Bilddaten bleiben unverändert, alle anderen Optionen werden ausgeführt. Hinter »Set archiving options« verbergen sich die Einstellungen für »Link ID« (**Abb. 3.11**). Damit ist es möglich, an Abbildungen in einem PDF-Dokument eine ID zu vergeben. Befinden sich die Abbildungen im PDF zusätzlich als eigenständige Dateien in einem Archiv, kann die ID des Bildes im PDF seinem Pendant im Archiv zugewiesen werden. Zu diesem Zweck muss der Index-Ordner des Archivs angegeben werden. Wenn Sie zusätzlich z. B. FotoXStream nutzen, kann Ihnen diese Option helfen, den Überblick über Ihre bereits verwendeten Bilddaten zu behalten.

Keine Bearbeitung von PDFs

Soll das PDF nicht verarbeitet, sondern aus dem Workflow entnommen werden, kann man es mit der Option »**Copy the original file to the unknown folder**« aussortieren. Wenn Sie keine PDFs verarbeiten, aber den Eingangsordner nicht hinreichend kontrollieren möchten/können, ist diese Option das geeignete Mittel.

Other Formats

Für Strichzeichnungen (Bitmap-Files) und Vektorgrafiken kann jeweils eine der drei folgenden Optionen gewählt werden:
- Treat file as unknown
- Copy the original file to the output folder, using all features
- Render a bitmap file if possible

Voreingestellt ist die erste Wahlmöglichkeit, die die Daten dem Workflow entnimmt. Soweit es möglich ist, werden an der Datei die Arbeitsschritte ausgeführt, die nicht die Bildinformation verändern.

Falls es die jeweilige Datei zulässt, erzeugt die Option »Render a bitmap file« eine Bitmap-Datei. Eine Vektorgrafik könnte auf diese Weise gerastert werden. Wie auch schon bei den Einstellungen für PDF müssen Sie für diese Option die gewünschte Bildauflösung oder die Anzahl der Pixel der längeren Seite angeben. Die Pixelzahl der kürzeren Seite ergibt sich aus der Bildproportion.

Auf dieser Karteikarte (**Abb. 3.12**) kann noch das Verhalten bei Dateien in einem unbekannten Dateiformat angegeben werden. Die Auswahl besteht zwischen den beiden Optionen »Ablage in den Ordner für unbekannte Formate« und »Verschieben in den Ausgangsordner des Kanals bei Anwendung der Features ohne Auswirkung auf den Bildinhalt«.

Umgang mit Bitmaps, Vektor-Daten und unbekannten Formaten

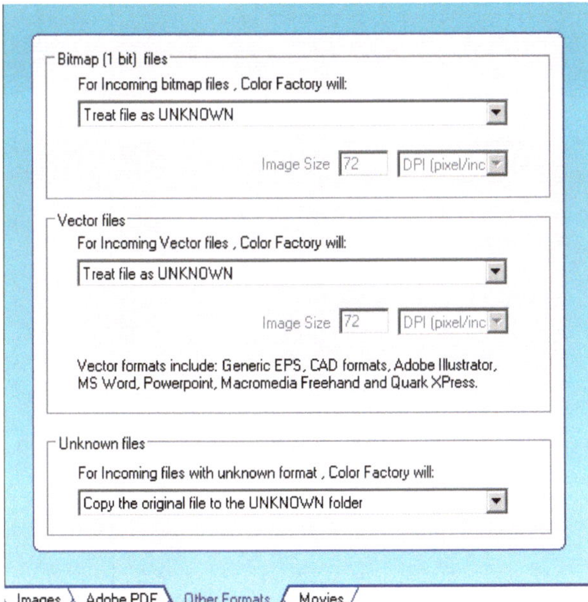

Abb. 3.12. Input File Formats: Behandlung anderer Dateien/Dateiformate

Movies

Behandlung von Movies   Für eintreffende Filme hält Color Factory diese vier Optionen bereit:
- Treat file as unknown
- Copy the original file to the output folder, using all features
- Render a bitmap file
- Convert to animated GIF

Der Hintergrund der ersten beiden Optionen kann inzwischen als bekannt vorausgesetzt werden. Für das Rendern müssen zwei Einstellungen getroffen werden. Image Size gibt die horizontale Auflösung in Pixel an. Auf Wunsch kann eine bestimmte Zeitspanne (in Sekunden) übersprungen und erst die nachfolgende Stelle interpretiert werden.

Für das Umwandeln in eine animierte GIF-Datei (**Abb. 3.13**) müssen Sie drei weitere Punkte festlegen. Neben Bildgröße und Überspringen der ersten n Sekunden wird eingegeben, wie viele Sekunden des Films umgewandelt werden sollen. Bei Eingabe einer Null lassen Sie den gesamten Film konvertieren. Des Weiteren wird die Anzahl der Einzelbilder des GIFs benötigt und die Zeitdauer (in Hundertstelsekunden), die jedes Bild angezeigt werden soll. Bei Eingabe einer Null berechnet Color Factory das GIF in Echtzeit.

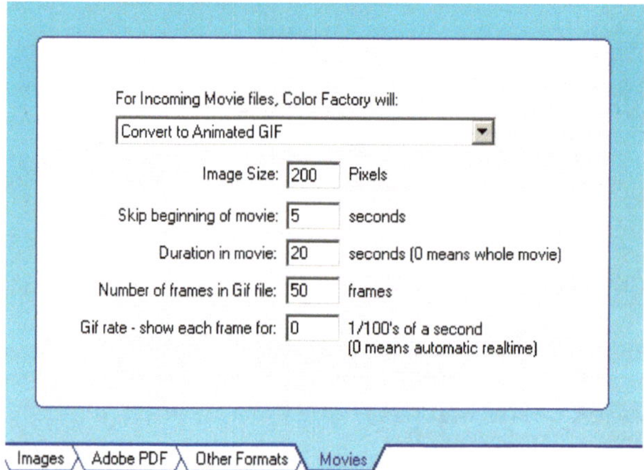

Abb. 3.13. Input File Formats: Verarbeitung von Film-Daten, z.B. Konvertieren in ein animiertes GIF

3.2.3 Output File Formats

EPS/DCS screen

Für die Ausgabe von Postscript-Daten können in diesem Karteikartenreiter (**Abb. 3.14**) detaillierte Angaben für die Rasterung gemacht werden. Die wichtigsten Einstellungen sind die Rasterweite (hier in dpi) und der Rasterwinkel. Die Werte dieser beiden Optionen können für jede Druckfarbe des Vierfarbdruckes (CMYK) und zusätzlich für Schwarz im Einfarbendruck gesetzt werden. Zunächst sind in Color Factory alle Werte auf Null gesetzt. Soll im RIP eine andere Rasterung erfolgen, wird dies mit der Auswahl von »Use Accurate Screen« festgelegt. Dabei handelt es sich um ein von Adobe entwickeltes Rasterungsverfahren für Farbauszüge. Wenn Sie eigene Vorstellungen über Form und Größe des Rasterpunktes haben, klicken Sie »Use custom dot function« an. Dann können Sie diesbezüglichen Postscript-Code in das Feld eingeben.

JPEG-Quality

Zum Wesen des JPEG-Kompressionsverfahrens gehört es, dass eine Variierung der Kompressionsrate möglich ist. Auf den bei zu hoher Kompression meist sichtbaren Qualitätsverlust kann Einfluss genommen werden. Reduziert man die Kompressionsrate, kommt dies der Bildqualität zu Gute (weniger Informationsverluste, weniger Kompressionsartefakte), erhöht aber den Bedarf an Speicherplatz. Die Qualitätsniveaus definieren Sie auf dieser Karteikarte (**Abb. 3.15**).

Bei der Wahl des Ausgabedateiformates in den allgemeinen Einstellungen des Kanals kann für die Qualität der JPEG-Kompression eine von fünf Stufen gewählt werden. Welche Qualität – und somit welche Kompressionsrate – sich nun tatsächlich hinter den Begriffen verbirgt, wird in den Output File Formats exakt eingegeben. Die Standard-Werte (Button »Set Default«), die in Color Factory hinterlegt sind, lauten:

- Very High Image Quality   95
- High Image Quality   85
- Normal Image Quality   75
- Low Image Quality   70
- Very Low Image Quality   65

Wie **Abb. 3.16** zu entnehmen ist, verspricht ein Wert von 100 eine verlustfreie JPEG-Kompression. Damit ist eine nicht wahrnehmbare Verschlech-

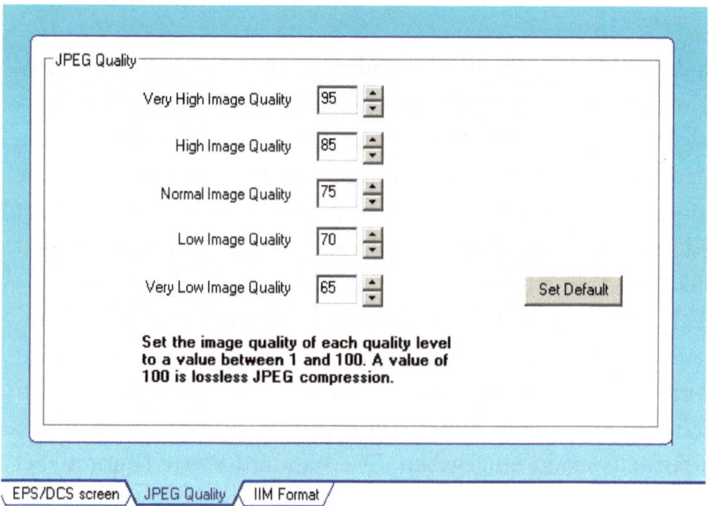

Abb. 3.14. Output File Formats: Definition der Rasterung

Abb. 3.15. Output File Formats: Qualitätsstufen bei JPEG-Kompression

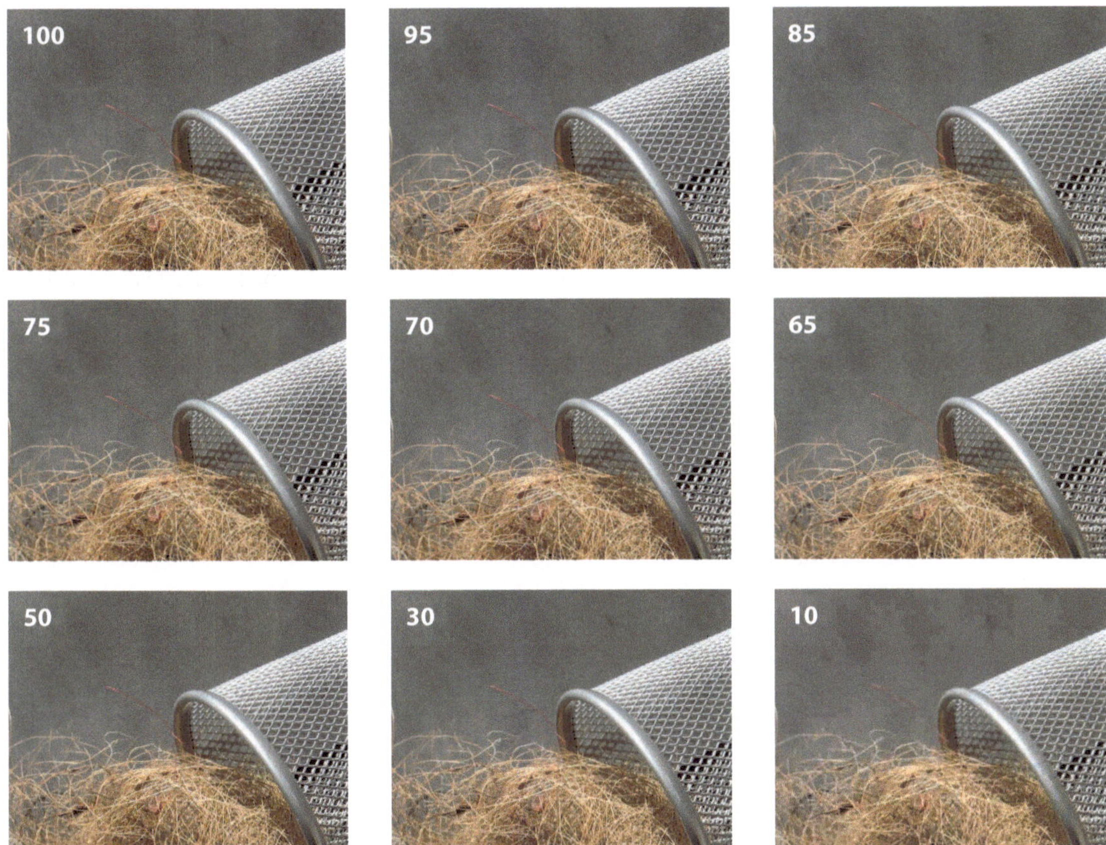

Abb. 3.16. Auswirkungen der JPEG-Kompression auf die Bildqualität.
Mit zunehmender Kompressionsrate verstärken sich die typischen Artefakte
des JPEG-Verfahrens (Abbildung in Originalgröße bei 300 dpi)

terung des ausgegebenen Bildes gemeint. Den Wert für »Very High Image
Quality« auf 100 zu stellen macht wenig Sinn, da sich in den Output-Einstellungen des Kanals bei JPEG-Quality »Maximum (Lossless)« einstellen
lässt.

IIM Format

Zum Verständnis dieses Features soll zunächst darauf hingewiesen werden, dass laut Spezifikation des Information Interchange Models (IIM) in
einer Dateistruktur bis zu neun sogenannte »Records« enthalten sein können. Ein »Record« enthält wiederum mehrere »Datensets«, die für gewöhnlich als »IPTC-Felder« bezeichnet werden. Wenn man also ein bestimmtes

IPTC-Feld benennt, müsste korrekterweise der Record mitgenannt werden (z. B. IPTC-Feld 2:120). Im Rahmen der Funktionen von Color Factory sind aber nur die Records 1 und 2 relevant (»Envelope Record« und der erste von fünf »Application Records«). Für gewöhnlich werden die Captions/Beschreibungstexte in Datensets des Record 2 eingetragen. Record 1 dient zu Steuerungszwecken, wie sie z. B. für die Übertragung von Agenturbildern via Satellit benötigt werden. Mit dem Begriff »IPTC-Felder« sind, sowohl in Color Factory als auch in diesem Buch, die Datensets des Application Record 2 gemeint – sofern nicht anders angegeben.

Infobox: IPTC/IIM-Metadaten

Metadaten lassen sich nach verschiedenen Schemata in Dateien abspeichern. Zwei Standards sind z. B. IPTC und XMP. Zu XMP sei auf Kapitel 3.3 verwiesen. Zu dem Begriff »IPTC-NAA-Standard« gibt die freie Enzyklopädie Wikipedia folgende Auskunft:

»Der IPTC-NAA-Standard (oft kurz nur IPTC) dient zur Speicherung von Textinformationen über Fotos oder Grafiken in Bilddateien (z. B. in TIFF- oder JPEG-Dateien). Er wurde ca. 1990 als Information Interchange Model (IIM) definiert. Textinformationen werden nach diesem Standard in einem speziellen Bereich des Dateikopfes gespeichert, dem IPTC-Dateikopf oder IPTC Header.

Der IPTC-NAA-Standard wurde von der IPTC (International Press Telecommunications Council) zusammen mit der NAA (Newspaper Association of America) entwickelt und ist grundsätzlich für alle Arten von Medien, also Text, Fotos, Grafiken, Audio oder Video geeignet. Schließlich wurde er teilweise von der Firma Adobe Systems Inc. für Photoshop zur Eingabe von bildbeschreibenden Textinformationen übernommen.

Der Standard erlaubt es, Hinweise zu den Bildrechten, den Namen des Autors, Titel oder Schlagwörter direkt in der Bilddatei zu speichern. Diese Art der Speicherung von Metadaten ist in Bildagenturen und Bildarchiven sehr verbreitet. Mit geeigneten Programmen (im professionellen Rahmen meist Bilddatenbanken) lassen sich solche Bilddateien sehr schnell nach bestimmten Eingaben oder Schlagwörtern durchsuchen. So kann die Verwaltung, Pflege und Nutzung großer Bildarchive vereinfacht werden.«

Quelle: http://de.wikipedia.org/wiki/IPTC-NAA-Standard

Weitere Informationen über das IPTC-NAA Information Interchange Model:
http://www.iptc.org/std/IIM/4.1/specification/IIMV4.1.pdf

Die meisten Digitalkameras sind in der Lage, die Aufnahmeparameter des Bildes in den Datei-Header zu schreiben. Dazu wird das Exchangeable Image File Format (EXIF) genutzt. Informationen dazu in Wikipedia:
http://de.wikipedia.org/wiki/EXIF

Die in Color Factory verwendeten IPTC- und EXIF-Felder sind im Anhang aufgeführt.

Auf dieser Karteikarte (**Abb. 3.17**) können Sie bestimmte Informationen in Felder des Record 1 eintragen lassen. Diese sind nicht identisch mit den Feldbezeichnungen des Record 2 (siehe Anhang) und lauten:
- Model Version (1:00)
- File Format (1:20)
- Format Version (1:22)
- Character set (1:90)
- Destination (1:05)
- Service Identifier (1:30)
- Product Identifier (1:50)

Mit dem Button »IPTC Record 1 Mapping« gelangen Sie zu einem Menü, in dem man den Inhalt des Record 1 in den des Record 2 umkopieren kann. Dieses Feature gibt es auch unter »IPTC/Image Resources« und es wird daher in Kapitel 3.2.9 beschrieben. Die Checkboxen »Reset Picture ID number every day at 00:00«, »Apply AILink transmission gamma correction«, »Use AILink address mapping« benutzen Sie zur Konfiguration der Steuerdaten.

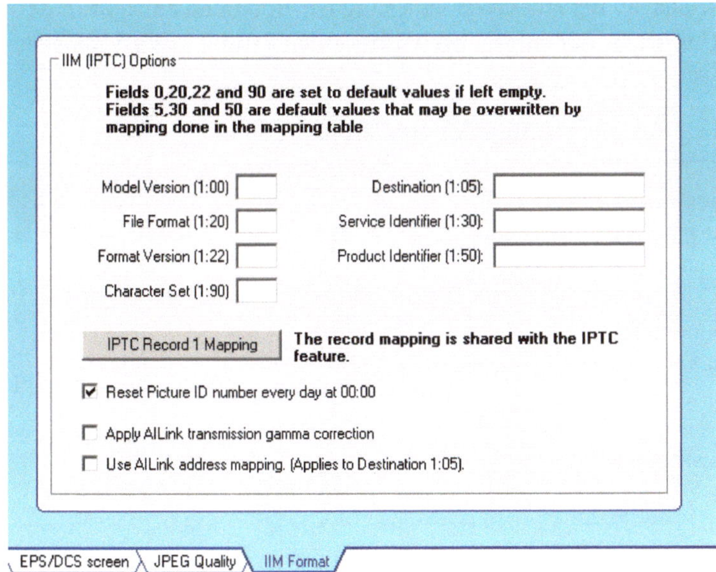

Abb. 3.17. Output File Formats: Befüllen bestimmter IPTC-Felder des Record 1 (Steuerungsdaten)

3.2.4 FotoStation Data

Reading/Saving Files

Zusammenarbeit mit FotoStation

Wie bereits in den Kapiteln 1 und 2 dargestellt, arbeitet Color Factory eng mit FotoStation zusammen. FotoStation als Tool für die Bildverwaltung zeigt den Inhalt eines Bildarchives als Thumbnails sowie als Vorschau-Bilder an. Diese verkleinerten Kopien der Originalbilder müssen erst berechnet werden – bei großen Bildarchiven ein aufwendiges Unterfangen. Um FotoStation zu entlasten und das Sichten des Materials zu beschleunigen, können die Miniaturen bereits im Vorfeld von Color Factory produziert werden. Diese können mit dem JPEG-Verfahren komprimiert und direkt in den Metadaten der jeweiligen Bilddatei gespeichert werden – was die Datei entsprechend vergrößert. Die Parameter dazu werden auf der Karteikarte »Reading/Saving Files« eingestellt (**Abb. 3.18**).

Erstellen von Thumbnails/ Previews

Zunächst können Sie – unter Berücksichtigung Ihres Arbeitsstils – einstellen, ob Sie nur Thumbnails, nur Previews oder beides benötigen. Für beide miniaturisierten Kopien können Sie folgende Einstellungen treffen: die Bildgröße (längste Seite in Pixel), die Qualität der JPEG-Kompression und die Bildschärfe. Bei einer Verkleinerung der Bilddaten entsteht in der Regel eine Unschärfe, der entgegengewirkt werden kann. Für die Intensität

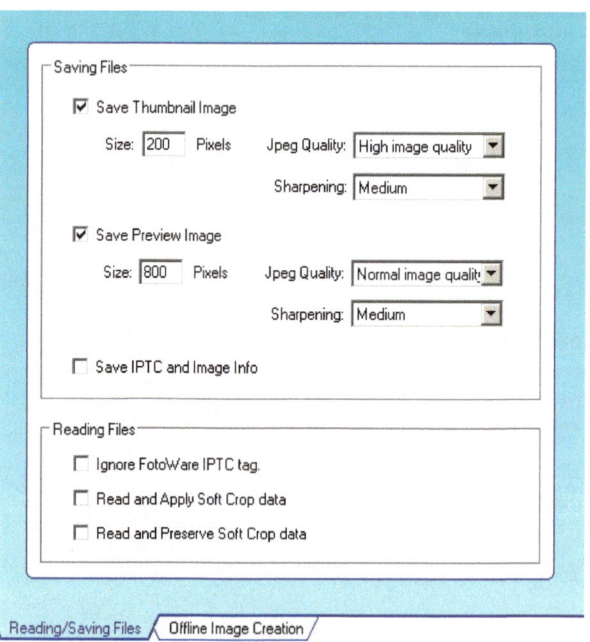

Abb. 3.18. FotoStation Data: Reading/Saving Files

der Schärfung besteht die Auswahl zwischen »keine«, »schwach«, »mittel« und »stark«. Photoshop berücksichtigt diese Problematik erst ab der Version 8, in der bei der Bildneuberechnung die beiden Varianten »bikubisch schärfer« und »bikubisch weicher« zur Verfügung stehen. Davor musste gegebenenfalls manuell nachgeschärft werden, nachdem mit der geeigneten Option (»bikubisch«) geschärft wurde. Auf die Kompressionsqualität wurde bereits im Kapitel 3.2.3 eingegangen.

Eine weitere Möglichkeit, in den Color Factory nachgelagerten Prozessen Rechenzeit einzusparen, ist das Setzen des Häkchens »Save IPTC and Image Info«. Alle Informationen aus IPTC-Feldern und den Eigenschaften des Bildes werden in einem File-Tag zusammengefasst, das schneller ausgelesen werden kann als der Datei-Header und jedes einzelne IPTC-Feld.

Auch in umgekehrter Reihenfolge – erst Bildsichtung mit FotoStation, danach die Bearbeitung – kann Color Factory zur Arbeitsentlastung beitragen und einen in FotoStation definierten Beschnitt ausführen. In Foto-Station wird der Bereich des Beschnitts festgelegt. Entweder wird er gleich dort ausgeführt oder lediglich in der Datei hinterlegt (»Soft Crop«). Darauf greift ein nachgelagerter Color-Factory-Kanal zu, der ihn dann tatsächlich ausführt (**Abb. 3.19**). Natürlich gibt es auch die Alternative, die Soft-Crop-Daten zu ignorieren und zu erhalten.

»Ignore FotoWare IPTC tag« bewirkt, dass eventuell vorhandene Informationen in FotoWare-Tags nicht ausgelesen und in die Ausgabedatei integriert werden. Andere FotoWare-Programme, wie z. B. FotoStation, können diese Informationen erstellen. Der FotoWare IPTC Tag enthält eine Kopie aller IPTC-Informationen der Datei. Dadurch können Ladezeiten verkürzt und das Browsen in FotoStation beschleunigt werden.

Ausführen des Beschnitts

Abb. 3.19. Ausführen des in FotoStation festgelegten, aber nicht ausgeführten, Beschnitts (»Softcrop«)

Offline Image Creation

Mit dieser Funktion können niedrig aufgelöste Kopien der Bilder erzeugt werden. Die Auswahl besteht wieder zwischen Thumbnails oder/und Previews. Der Unterschied zur LowRes-Bild-Generierung des vorangegangenen Karteikartenreiters ist, dass diese Miniaturen *nicht* in der Datei gespeichert, sondern als eigenständiges Dokument abgelegt werden. Über eine Indizierung des Materials ist es möglich, die Bildpaare einander zuzuordnen. Die niedrigaufgelösten Bilder können einem Archiv übergeben werden, dessen Inhalt die Quelle für Layout-Daten sein kann, so dass auf die Originaldaten nur für die Ausgabe zurückgegriffen wird.

Im Bereich »General« wird festgelegt, wie der Titel der Offline-Bilder lauten soll – entweder automatisch erzeugt oder per Eingabe festgelegt. Bei der automatischen Generierung kann die Unterordner-Struktur mit abgebildet werden. Der Index-Ordner, der diese generierten Bilder aufnehmen soll, muss ebenfalls angegeben werden. Die Ablage der Miniaturen erfolgt in derselben Hierarchie wie die Ausgabe der hochaufgelösten Bilder in den Output-Ordner des Kanals. Der Index-Ordner ist nicht identisch mit dem kanalspezifischen Ausgabeordner.

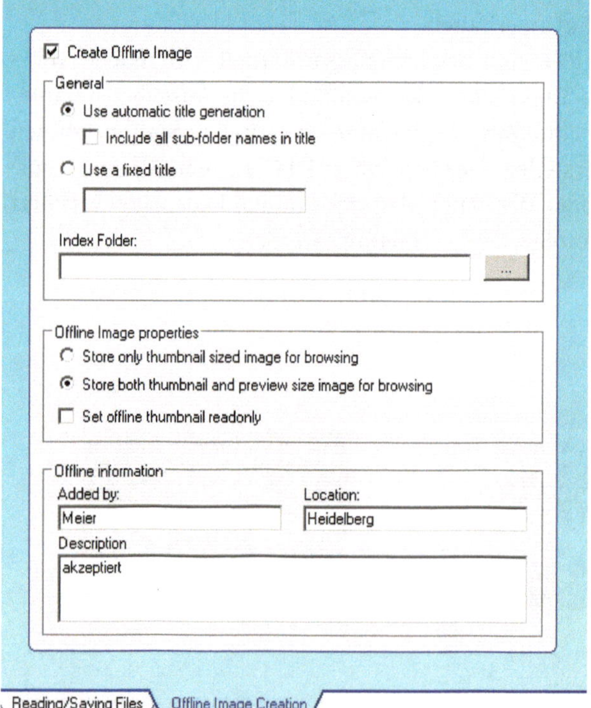

Abb. 3.20. FotoStation Data: Offline Image Creation

In den »Offline Image Properties« treffen Sie lediglich eine Aussage, ob nur Thumbnails oder zusätzlich noch Previews erzeugt werden sollen. Diese werden direkt in die Datei geschrieben. Für die Datei können Sie zusätzlich das Attribut »Read only« vergeben, das diese vor Löschen und Überschreiben schützt.

Unter »Offline Information« können Sie bestimmte Informationen bezüglich der Offline-Daten eingeben. Dabei handelt es sich um die Informationen »Added by«, »Location« und »Description«. Dies sind aber keine IPTC-Informationen, sondern dann wichtig, wenn Sie ein Bild aus FotoStation heraus bearbeiten oder kopieren möchten und deswegen die HiRes-Daten benötigen. FotoStation greift zunächst auf das Offline-Bild zu und es erscheint ein Fenster mit den Offline-Informationen, die zum Auffinden der Datei gebraucht werden (**Abb. 3.20**).

Die Offline-Daten zum Browsen enthalten dieselben IPTC-Informationen, die auch das Originalbild bei der Erstellung der Miniaturen enthielt. Dadurch sind auch alle Suchanfragen in den Offline-Daten möglich.

3.2.5 Job Request Files

Job Request Files

Bei FotoWare Job Request Files handelt es sich um Text-Dateien (ASCII), die Bearbeitungsbefehle enthalten und wie Windows-INI-Dateien aufgebaut sind. Diese Option ist interessant, wenn in der Produktion zusätzlich FotoXStream eingesetzt wird, dem Verbindungsglied zu QuarkXPress. Diese Text-Dateien sollten Sie lieber vom dafür geeigneten Programm erstellen lassen, damit eine korrekte Syntax gewährleistet ist. Zu Testzwecken können Sie dennoch eine solche Datei selbst verfassen.

Zusammenarbeit mit FotoXStream

In den JR-Files kann nicht der gesamte Funktionsumfang von Color Factory dargestellt werden. Zu den Aufgaben, die erledigt werden können, zählen in erster Linie diejenigen, die für Satz/Layout von Belang sind (z. B. Größenänderung, Beschnitt, Schärfen, Kontrastbearbeitung, Drehen).

Ein Kanal mit diesem Feature (**Abb. 3.21**) bearbeitet Dateien gemäß der Einstellungen der Job Request Files. Für den Verbleib der Eingangsdaten gibt es weitere Optionen. So ist es möglich, diesen Dateien das aktuelle Datum und die Uhrzeit zuzuweisen (»Set current date«) sowie den Inhalt bestimmter IPTC-Felder zu ändern. Für Letzteres können Sie unter »Text Templates« Muster anlegen. Dieses Menü ist aufgebaut wie in Kapitel 3.2.9 beschrieben.

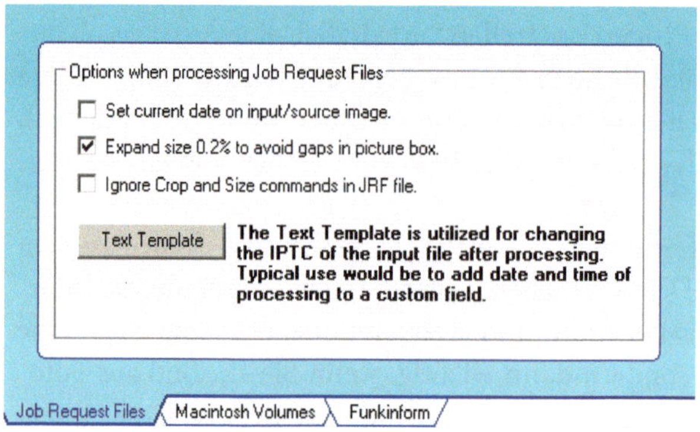

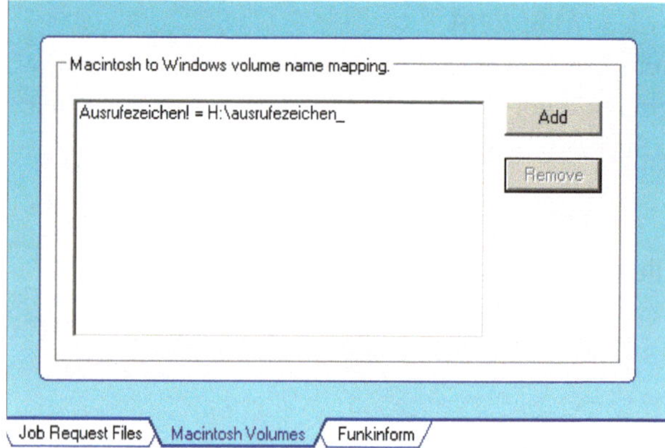

Abb. 3.21. Job Request Files

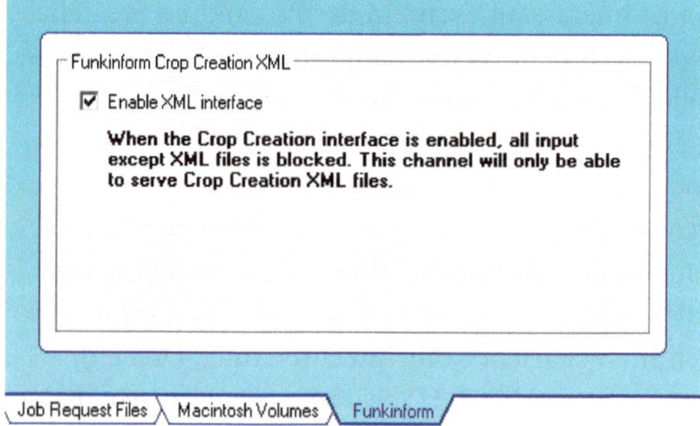

Abb. 3.22. Job Request Files: Mapping von Mac-Volumes

Abb. 3.23. Job Request Files: Aktivieren des Funkinform-Interfaces

Auf Wunsch kann das Bild um 0,2 % vergrößert werden, um Lücken in der Bildbox zu vermeiden (»Expand size 0.2 %«). Diese können im Layout-Programm entstehen, wenn aufgrund von Rundungsfehlern und aus technischen Gründen ein Bild nicht exakt die erforderliche Größe hat. Pixel haben, in Abhängigkeit von der Auflösung, immer eine definierte Größe und deren Anzahl ist immer »ganzzahlig« (halbe Pixel gibt es schließlich nicht). Color Factory übernimmt aus der Layout-Seite das Bild, verarbeitet und beschneidet es und gibt es dann wieder zurück an das Satz-Programm. Wurde dort ein Rahmen um das Bild angelegt, kann es zu Blitzern kommen, nachdem das beschnittene Bild eingefügt wurde. Um Blitzer durch Rundungsfehler usw. zu vermeiden, kann das Bild minimal größer (um 0,2 %) zurückgegeben werden.

Bildbeschnitt und Größenänderung greifen erheblich in das Bild ein. Deswegen erhält man an dieser Stelle die Möglichkeit, derartige Anweisungen des JRFs auszulassen. Klicken Sie dazu die Checkbox »Ignore Crop and size commands in JRF file« an, wenn Sie dies nicht möchten.

Macintosh Volumes

Dieses Feature ist dann von Interesse, wenn Macintosh-Systeme an der Produktion beteiligt sind. Unter MacOS gibt es eine andere Syntax bei der Pfadangabe als unter Windows. Sollten Sie in der JRF-Datei macintosh-konforme Pfade angegeben, müssen diese in eine für Windows verständliche Form gebracht werden.

Das Mapping, das Zuweisen der Pfadangabe für Windows, wird auf dieser Karteikarte vorgenommen (**Abb. 3.22**). Mit dem Button »Add« fügen Sie eine Angabe hinzu. Sollte der Ordner, in dem die JRF-Dateien gespeichert sind, auf einem Mac-Volume liegen, muss der mit Windows konforme Pfad angegeben werden.

Funkinform

Zeitungs- und Zeitschriftenverlage gehören zu den Hauptanwendern von Color Factory (Kap. 1.4). Als Redaktionssysteme sind Funkinform Dialog und CCI weit verbreitet. Um deren Anwendern entgegenzukommen wurde eine Schnittstelle geschaffen, mit der Color Factory mit beiden Systemen verknüpft werden kann (**Abb. 3.23**). Beide Systeme steuern sie über XML-Dateien an. Technisch gesehen besteht kaum ein Unterschied zur Verarbeitung von JRF-Dateien – nur die Syntaxen sind nicht identisch.

Verbindung zu Funkinform Dialog und CCI

3.2.6 AutoRouting

Unterschiedliche Bilder müssen meist auf unterschiedliche Weise bearbeitet werden. Color Factory ist in der Lage, bis zu einem gewissen Grad Bilder zu analysieren und darauf abgestimmt zu bearbeiten. Dennoch ist es sinnvoll, Bilder vorher zu sortieren und in Gruppen einzuteilen, um die jeweils angepassten Bearbeitungsschritte auszuführen. Zum Beispiel ist es nicht notwendig, ein Graustufenbild durch einen Kanal zu schicken, der eine Farbkorrektur vornimmt, nur um es nicht aus dem Workflow nehmen zu müssen. Ein weiteres Beispiel wäre die Prüfung, ob bestimmte IPTC-Felder gefüllt sind und deswegen nicht durch einen Kanal mit aktiviertem »Text Template« laufen sollten.

Die AutoRouting-Funktion bietet eine Reihe von Möglichkeiten, um Bilder nach bestimmten Kriterien zu sortieren. Im Ausgabe-Ordner des Kanals werden für die einzelnen Werte des Kriteriums Unterordner angelegt, die wiederum die Eingangsordner anderer Kanäle sein können. Dadurch ist ein komplexer und geschachtelter Bildbearbeitungsworkflow realisierbar. Bei manchen AutoRouting-Methoden ist es nicht zwingend notwendig, dass das Routingziel ein Unterordner des Kanalausgangsordners ist. Ein gänzlich anderer Ordnerpfad kann in diesen Fällen ebenfalls angegeben werden. Einige Methoden erfordern als Routing-Ziel allerdings einen Unterordner des Kanals.

Bilder lassen sich mit diesem Feature hinsichtlich nach diesen Kriterien sortieren (**Abb. 3.24**):
- File Name Prefix
- IPTC
- Day of the Week
- Day of the Month
- Year, Month and Day
- Folder Size
- Contrast Quality
- Image Size
- Image Color
- Search Text
- Required Fields
- Color Management

Bei der erstmaligen Konfiguration einer Dateisortierung in einem Kanal ist die Liste der Sortiermethoden noch leer. Um einen Sortierungseintrag hinzuzufügen, klicken Sie auf »Add«. Als Folge erscheint ein Menü, in dem Sie das gewünschte Kriterium, nach dem sortiert werden soll, anwählen und

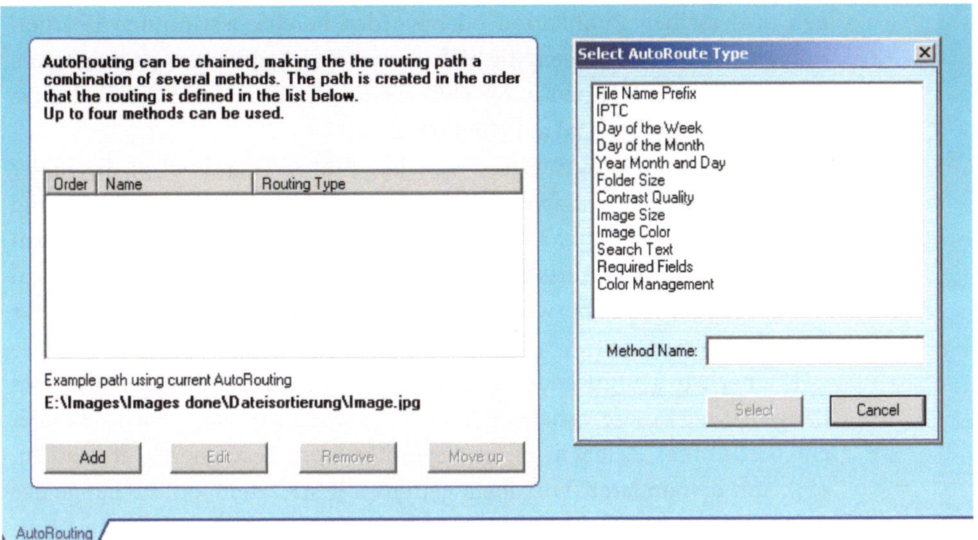

Abb. 3.24. AutoRouting: Auswahl der Sortiermethode

einen Namen für die Sortieraufgabe eingeben. Das sich danach öffnende Menü ist abhängig von der gewählten Methode.

In jedem aktivierten AutoRouting-Feature können bis zu acht Sortieraufgaben gleichzeitig ausgeführt werden – also acht Sortierungen pro Kanal. Die Reihenfolge der Routing-Optionen bestimmt die Ordnerhierarchie im Ausgabeordner. Sobald acht Sortiermethoden angelegt sind, ist der Add-Button ausgegraut und es stehen nur noch »Edit«, »Remove« und »Move up« zur Verfügung.

Beachten Sie aber, dass Änderungen an der AutoRouting-Konfiguration möglicherweise veränderte Ordnerpfade bewirken können. Dies trifft z. B. schon für eine Änderung der Reihenfolge der angewandten Methoden zu. In nachgelagerten Kanälen wären dann ungültige Eingangsordner angegeben und der Workflow an dieser Stelle unterbrochen.

Acht Sortiermethoden pro Kanal

File Name Prefix

Dateinamen können als eindeutiges Unterscheidungsmerkmal einen oder mehrere Präfixe (»Vorsilben«) aufweisen, also definierte Zeichenketten, die dem eigentlichen Dateinamen vorangestellt sind. Der Präfix einer Bilddatei kann das Ergebnis vorangegangener Arbeitsschritte – innerhalb oder außerhalb von Color Factory – sein. Bilddateien mit gleichem Präfix haben in der Regel gemeinsame Eigenschaften, wie z. B. gleiches Motiv, erscheinen in derselben Publikation oder wurden bereits bestimmten Bearbeitungsschritten unterzogen, die nicht erneut durchgeführt werden müssen. In Color Factory können unter »File Name Options« (Kap. 3.2.8) Präfixe und Suffixe (Nachsilben) angefügt werden.

Zunächst gilt es festzulegen, wie viele Präfixe (maximal 3) die Bilder des Eingangsordners aufweisen dürfen, bzw. wie viele vom AutoRouting betrachtet werden (**Abb. 3.25**). Sollen Dateien mit 4 oder mehr Vorsilben ausgewertet werden, müssen alle Zielordner von je einem weiteren Kanal mit dieser Funktion überwacht werden – was sich mitunter als ein größerer Aufwand herausstellt.

Die nächste grundlegende Einstellung ist die, ob die Vorsilbe eine feste Länge hat oder diese variabel ist. Bei einer variablen Länge wird sie durch ein bestimmtes Zeichen, einen Separator, vom restlichen Dateinamen, bzw. von den anderen Vorsilben, getrennt. Je nachdem, ob die Länge der Zeichenkette fix oder variabel ist, kann man auswählen, wie viele Zeichen jeder Präfix umfasst, bzw. welches Zeichen als Separator fungiert. Bei Bedarf kann die Zeichenkette wieder entfernt werden – entweder *nach* dem Routing oder *davor*. Bei Letzterem werden die Daten nicht sortiert, sondern direkt in den Ausgangsordner und nicht in den entsprechenden Unterordner gelegt.

Abschließend wird jedem möglichen Präfix ein Unterordner zugewiesen, in den alle Dateien gelangen, die dem Kriterium entsprechen. Für den Fall, dass eine Datei nicht einem der Ordner zugeordnet werden kann, wird sie in einem ebenfalls definierten Ordner abgelegt. Wollen Sie sicherstellen, dass wirklich alle Dateien mit unterschiedlichen Präfixen voneinander getrennt werden, gibt es die Option, für jede gefundene Zeichenkette einen gleichnamigen Ordner anzulegen und die Daten dort abzulegen. Entscheidet man sich für diese Option, müssen keine Ordner konkret benannt werden und es käme dennoch zu einer korrekten Vereinzelung der Dateigruppen. Sollen diese Ordner aber als Eingangsordner anderer Kanäle dienen, müssen sie natürlich konkret angelegt und benannt werden.

IPTC

IPTC-Felder können ein geeignetes Unterscheidungsmerkmal für Bilder sein – vorausgesetzt sie sind entsprechend mit Inhalt gefüllt. Color Factory kann Bilddateien speziell auf diese Inhalte hin untersuchen und in einen jeweils zugewiesenen Ordner ablegen.

Bei der Konfiguration legen Sie zunächst das zu betrachtende IPTC-Feld fest (**Abb. 3.26**). Jeder möglichen Zeichenkette, die in diesem Feld vorkommen kann, wird ein Ordnername zugewiesen. Sollte die Anzahl an Zeichenketten überhand nehmen, kann auch hier – wie schon bei den Präfixen – automatisch für jede auftretende Zeichenkette ein Ordner angelegt werden. Dazu ist »Add unlisted field values automatically« anzuklicken. Wenn nicht bekannt ist, welche Ordnernamen dabei entstehen werden, können diese nicht Eingangsordner anderer Kanäle sein.

Möchten Sie mehrere IPTC-Felder auswerten, müssen Sie mehrere Auto-Routing-Methoden nach IPTC-Feld anlegen. Innerhalb einer AutoRouting-Methode über IPTC-Felder kann immer nur ein Text-Feld betrachtet werden. Falls dieses Feld leer sein sollte, kann das Bild in einen dafür vorgesehenen Ordner transferiert werden. Das ist sinnvoll, wenn ein »leeres« Feld ebenfalls einen definierten Zustand darstellt. Bei der Zuordnungstabelle »Zeichenkette = Ordner« müssen Sie beachten, dass, wenn Sie nach den Zeichenketten »abcde« und »abc« suchen möchten, die Methode mit der längeren Zeichenkette *vor* der mit der kürzeren liegt. Ansonsten würden auch alle »abcde«-Inhalte in den Ordner für »abc« geroutet und der Ordner für die Erstgenannten bliebe leer. Das AutoRouting wäre in diesem Fall wirkungslos.

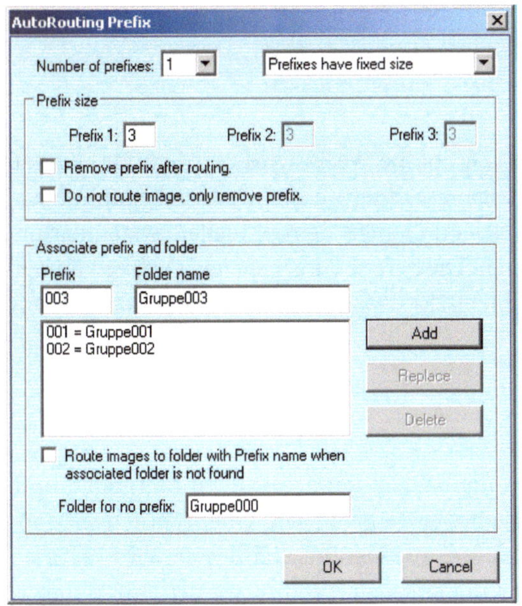

Abb. 3.25. AutoRouting nach Präfix

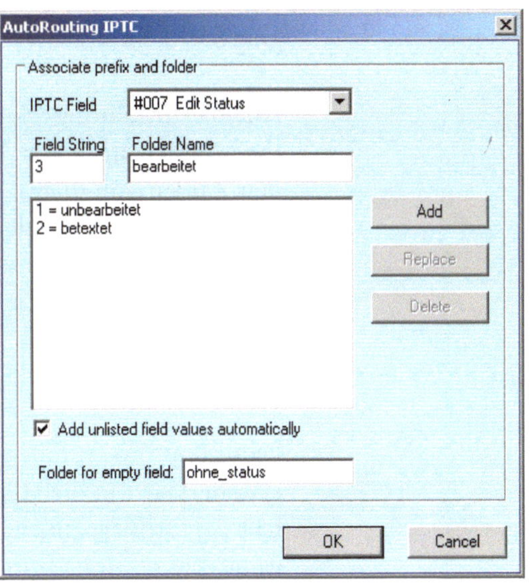

Abb. 3.26. AutoRouting nach Inhalt *eines* IPTC-Feldes

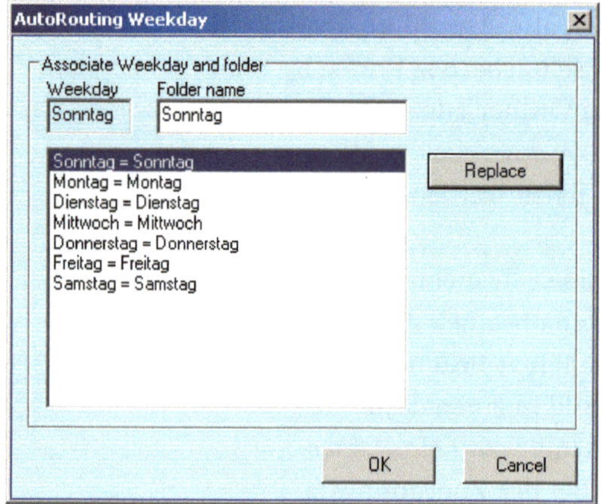

Abb. 3.27. AutoRouting nach Wochentag

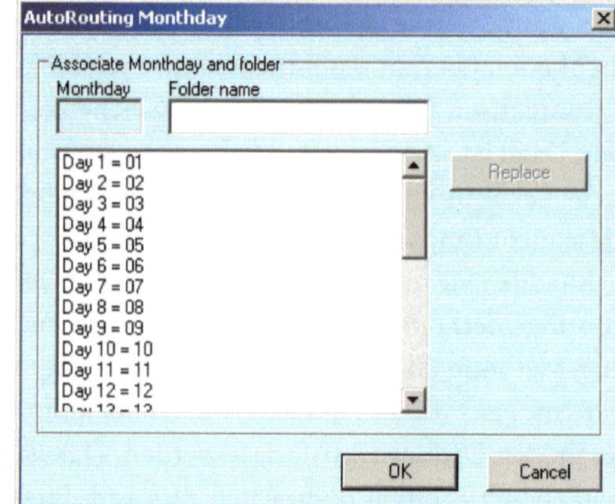

Abb. 3.28. AutoRouting nach Tag im Monat

Day of the Week

Bei diesem Kriterium betrachtet Color Factory den aktuellen Tag, an dem das Bild von Color Factory bearbeitet wird (aktuelles Datum im Rechner). Die Ordnernamen, die Color Factory gleich vorgibt, sind nach den Wochentagen benannt. Möchten Sie andere Namen vergeben, beispielsweise die Wochentage in einer anderen Sprache, können Sie den »Folder name« editieren (**Abb. 3.27**).

Day of the Month

Analog zur Routing-Methode »Day of the Week« wird die Methode »Day of the Month« angeboten. Im Ausgangsordner werden Ordner, benannt nach den Zahlen von 01 bis 31, angelegt. Gemäß dem aktuellen Systemdatum routet Color Factory die Dateien. Die bereits vorgegebenen Ordner können Sie ebenfalls umbenennen (**Abb. 3.28**).

Year, Month and Day

Diese Routing-Option vereint die beiden vorhergehenden Methoden und erweitert sie um die Jahresangabe. Für eine bessere Übersichtlichkeit enthält der Ordnername nicht das gesamte Datum. Stattdessen wird im Ausgangsordner eine Ordnerstruktur angelegt. In ihm werden auf Wunsch Ordner erzeugt, die nach dem Jahr benannt sind, und darin Ordner, die

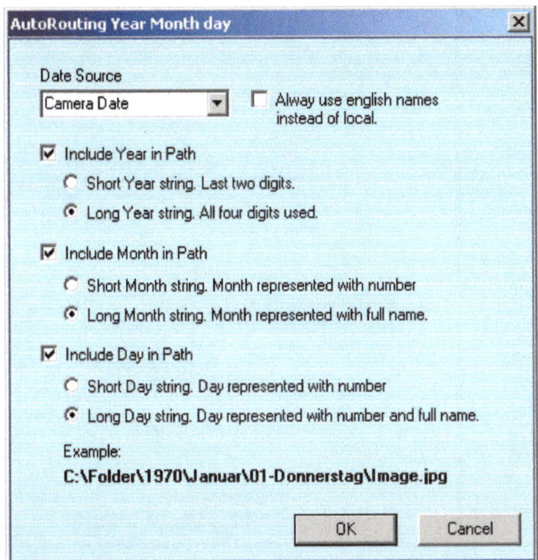

Abb. 3.29. AutoRouting nach Jahr–Monat–Tag

den Monatsnamen enthalten. In diesen befinden sich auf Wunsch weitere Ordner mit den Zahlen 01 bis maximal 31.

Diese Ordnerstruktur kann frei gestaltet werden. Es ist Sache des Color Factory-Adminstrators, welche der drei Bestandteile eines Datums (Jahr, Monat, Tag) abgebildet werden. Die Jahreszahl kann 2- oder 4-stellig sein, der Monat als Zahl oder als Wort geschrieben werden und der Tag neben der Zahl noch den Wochentag enthalten. Auf Wunsch benutzt Color Factory die englischen Bezeichnungen.

Im Gegensatz zu »Day of the Week/Month« können Sie hier frei wählen, auf der Basis welches Datums, das in der Datei hinterlegt ist, die Sortierung erfolgen soll. Beispielsweise sind möglich: das Aufnahmedatum des Bildes, das Datum, an dem die Datei erzeugt/bearbeitet wurde, Daten aus den IPTC-Feldern oder die aktuelle Systemzeit (**Abb. 3.29**). Letzteres ist geeignet, um das Datum der Bearbeitung durch Color Factory im Dateipfad abzubilden.

Folder Size

Diese Methode orientiert sich, im Gegensatz zu den anderen, nur indirekt an Eigenschaften der Bilddateien. Bezogen auf die Arbeitsweise ist es eher ein Portionieren oder Konfektionieren von Dateibeständen. Die zu bearbeitenden Daten werden in einen Unterordner des Ausgabeordners geroutet. Sobald eine bestimmte Anzahl an Dateien vorliegt oder der Ordnerinhalt

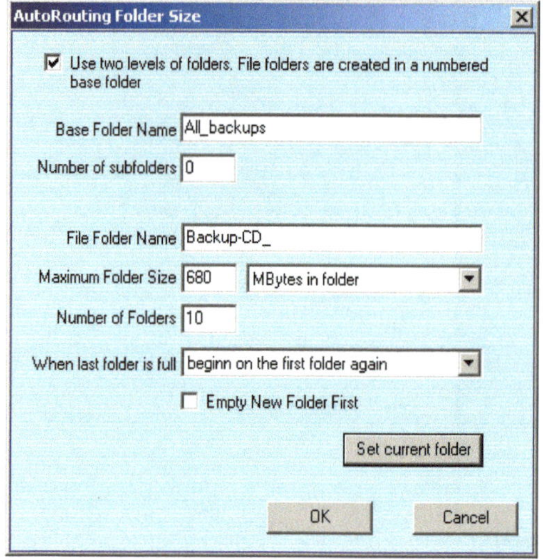

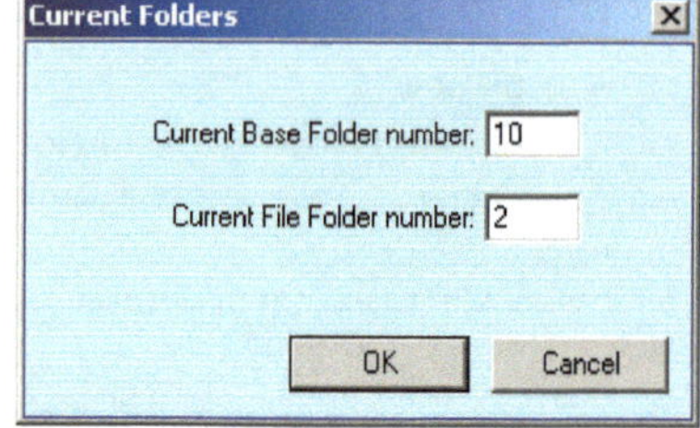

Abb. 3.30. AutoRouting nach Ordnergröße   **Abb. 3.31.** Angabe der Ordneranzahl

eine bestimmte Speichergröße erreicht hat, wird ein neuer Ordner ange-legt. Diese Funktion ist zum Beispiel dann nützlich, wenn die bearbeiteten Dateien auf CD oder DVD gesichert werden sollen (**Abb. 3.30**).

Konfiguriert wird diese Sortiermethode, indem ein »File name folder« benannt, dessen maximale Anzahl angegeben (Zahl wird dem Ordnerna-men angehängt) und die Maximalgröße (in Megabyte oder Dateianzahl) festgelegt wird. In der Praxis bedeutet dies: Wenn die Maximalgröße erreicht ist, wird ein neuer Ordner mit dem gleichen Namen, verlängert um eine Zahl, die um 1 größer ist als die des letzten Ordners, erzeugt.

Falls mehr Daten im Eingangsordner des Kanals vorhanden sind als die festgelegte Ordneranzahl und die Maximalgröße zulassen, stoppt Color Factory die weitere Bearbeitung. Dabei wird im zuletzt geschriebe-nen Ordner eine Datei mehr als erlaubt abgelegt. Die Ursache dafür ist, dass Color Factory nicht vor der Bearbeitung prüft, ob sie die Datei in den Routing-Ordner ablegen kann, sondern mit der Bearbeitung beginnt und diese Datei dann auf jeden Fall noch abspeichert.

Um einem Stopp des Routings vorzubeugen, gibt es dafür vorgesehene Konfigurationsvarianten. Zum einen ist es möglich, die Begrenzung für den zuletzt angelegten Ordner aufzuheben (»continue to fill the folder«) und zum anderen, mit der Befüllung des ersten Ordners zu beginnen (»begin on the first folder again«). Dabei bleibt die Restriktion für die Ord-nergröße erhalten. Sollte der Ordner ebenfalls nicht ausreichen, wird mit den nachfolgenden Ordnern fortgefahren. Um dies überhaupt zu ermög-lichen, muss »Empty New Folder First« aktiviert sein – was bewirkt, dass die ältesten Daten gelöscht werden! Es muss also sichergestellt sein, dass entweder keine noch benötigten Daten verworfen werden oder vorher eine Sicherheitskopie erstellt wurde. Daher sollte ein ausreichend großer Puffer bezüglich Zeit und Speicher eingerichtet sein, z. B. indem die Beschränkungen großzügig gewählt werden.

Wenn Sie im Ausgabeordner eine weitere Ordnerebene anlegen möchten, setzen Sie einen Haken bei »Use two levels of folders«, das in diesem Menü zunächst deaktiviert ist. Im Ausgabeordner des Kanals wird dieser Ordner (»Base-Folder«) angelegt, der dann wiederum Unterordner (»Filename-Folder«) enthält, in denen die Dateien letztendlich abgelegt werden. Die Ordnerstruktur lautet danach wie folgt: \Kanal-Ausgabeordner\Base-Folder\Filename-Folder. Die Anzahl der »File Name Folder« entspricht der gesetzten Einstellung. Der Name des Basisordners ist um eine fortlaufende vierstellige Zahl erweitert. Können nach den Beschränkungen des »File Name Folders« keine weiteren Dateien abgelegt werden, wird automatisch ein neuer »Base Folder« angelegt.

Color Factory behält die Anzahl der bisher in diesem Kanal angelegten »Base Folder« und »File Name Folder« und setzt immer beim letzten Ordner ein, der noch nicht vollständig gefüllt ist. Mit dem Button »Set current folder« können Sie davon abweichen und die Nummer festlegen, ab der die Zählung zukünftig beginnen soll. In jedem »Base Folder« beginnt die Zählung der »File Folders« bei »1«, so dass es in jedem Basisordner einen Ordner mit dem Namen 0001 gibt (**Abb. 3.31**)

Contrast Quality

Color Factory kann die Helligkeitswerte der Bildpixel auswerten und daraus die Kontrastqualität ableiten (**Abb. 3.32**). Bei einem AutoRouting auf dieses Kriterium hin werden Bilder in die Gruppen »High Quality Images« und »Low Quality Images« eingeordnet. Jeder Gruppe ist ein Ordner zugewiesen. Ob ein Bild eine niedrige Qualität hat, ist von den eingestellten Helligkeitsparametern abhängig. Alles was diesen *nicht* entspricht, wird als hohe (oder zumindest genügende) Kontrastqualität angesehen und in den entsprechenden Ordner verschoben. Die ermittelten Werte dieser Analyse werden auf Wunsch in das Caption field geschrieben. Dabei handelt es sich um das IPTC-Feld #005 (Objektbeschreibung).

Was unter »niedriger Bildqualität« zu verstehen ist, genauer gesagt, was Color Factory darunter verstehen soll, kann eingestellt werden. Ein Bild weist eine ungenügende Qualität auf, weil es entweder zu hell oder zu dunkel ist. Für beide Richtungen ist festzulegen, wie viel Prozent der Pixel als zu hell oder zu dunkel zu werten sind. Konkrete Angaben von Tonwertstufen, auf einer Skala von 0 (dunkel/schwarz) bis 255 (hell/weiß), machen das möglich. Konkret bedeutet dies, dass entweder ab n Prozent über einem bestimmten Tonwert oder ab weniger als m Prozent unterhalb eines Tonwerts ein Bild aussortiert wird. Beim anderen Extrem gilt dies natürlich umgekehrt. Diese Untersuchung wird für jeden Farbkanal durchgeführt, weswegen die Bezeichnungen »schwarz« und »weiß« eigentlich unzulänglich sind.

Dieses Aussortieren von Bildern lässt sich verfeinern indem man mehrere Kanäle mit dieser Funktion nacheinanderschaltet und letztendlich mehr als nur zwei Ordner für Low und High Quality erhält. Für den ersten Kanal definiert man sehr strenge Qualitätskriterien, die in allen nachgeschalteten Kanälen schrittweise aufgeweicht werden. Das Ergebnis wären Ordner, deren Bilder als »etwas zu hell«, »viel zu hell«, »etwas zu dunkel«, »viel zu dunkel« und »Helligkeit korrekt« bezeichnet werden können.

Image Size

Diese Option ermöglicht die Betrachtung der Bildgröße, der Bildauflösung und des Verhältnisses zwischen Breite und Höhe (**Abb. 3.33**). Eine Sortierung von Bilddaten nach ihrer Auflösung macht beispielsweise dann Sinn, wenn die Bilder geschärft werden sollen. Unscharf Maskieren sollte in Abhängigkeit von Ausgabegröße und Auflösung erfolgen.*

Beim Routing mit dieser Methode wird geprüft, ob eine Datei einen Minimalwert erreicht und gleichzeitig einen Maximalwert nicht übersteigt. Trifft dies zu, wird die Datei im definierten Unterordner abgelegt. Es ist die Eingabe eines Maximalwertes, eines Minimalwertes, der zu betrachtenden Größe und des Zielordners erforderlich. Trifft für eine Datei keiner der in diesem Menü angegebenen Unterordner als Ziel zu, wird sie im regulären Ausgangsordner abgelegt. Sollen ausnahmslos alle Dateien einem Unterordner zugeordnet werden, muss mindestens eine »Image size and folder association« eingerichtet werden, auf die alle restlichen Bilder zutreffen. Falls es zu Überschneidungen bei den Eingabe-Werten kommt, wird dies mit der Fehlermeldung »Bad size interval« (**Abb. 3.34**) quittiert.

Innerhalb einer Routing-Methode mittels »Image Size« ist es nicht möglich, unterschiedliche Einheiten (dpi, cm, inch, Pixel, ...) zu verwenden.

---

* Nachzulesen bei:
McClelland, Deke: »Die Photoshop 7 Bibel«; 1. Aufl. 2003; mitp-Verlag Bonn
ab Seite 581 (Kapitel 10.2.1 Den Filter Unscharf maskieren benutzen)

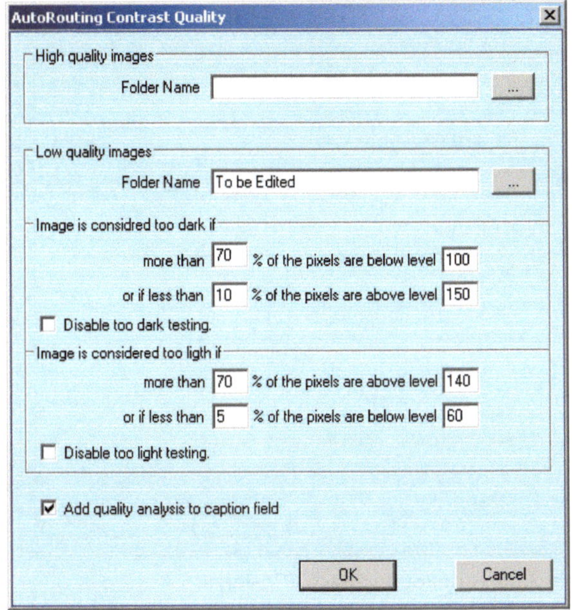

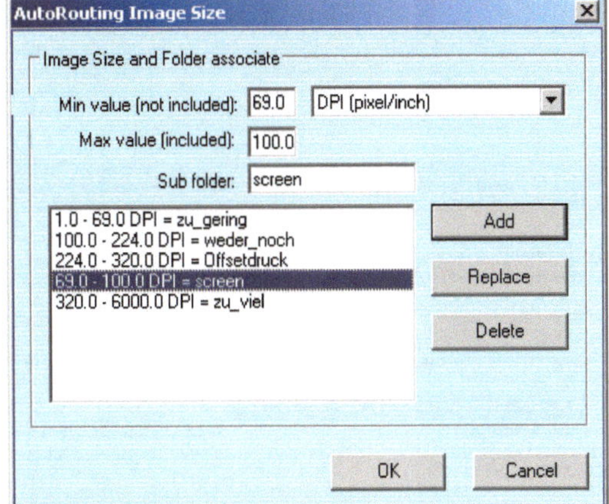

Abb. 3.33. AutoRouting nach Bildmaßen

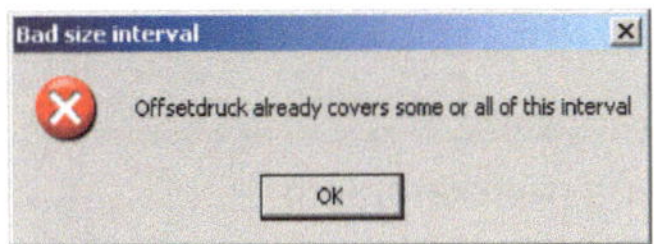

Abb. 3.32. AutoRouting nach Kontrast/Tonwertverteilung   **Abb. 3.34.** Fehlerhafte Eingabe eines Bildmaßes

Somit werden Routingkonflikte vermieden, die daraus resultieren, dass eine Datei nach den Kriterien *einer* Routing-Methode mehreren Unterordnern zugeordnet werden kann. In diesem Fall muss eine weitere AutoRouting-Methode angelegt werden.

Als Kriterium können diese Eigenschaften herangezogen werden:

– Bildauflösung (in Pixel/inch oder Pixel/cm)
– Bildgröße (in inch oder cm)
– Minimal-/Maximalwerte für Pixel in Höhe und Breite
  (abhängig vom Bildformat (hoch oder quer) wobei jeweils die kürzere/ längere Seite des Bildes betrachtet wird, die, je nach Format, die Höhe *oder* die Breite sein kann)
– Höhe (Pixelanzahl)
– Breite (Pixelanzahl)
– Bildproportion (Verhältnis zwischen Breite und Höhe)

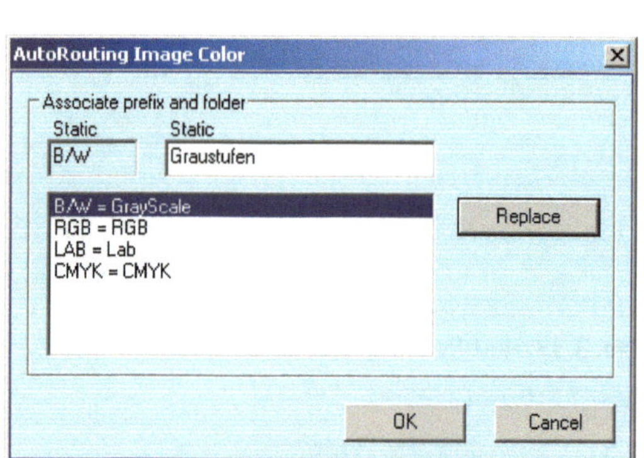

Abb. 3.35. AutoRouting nach Farbraum

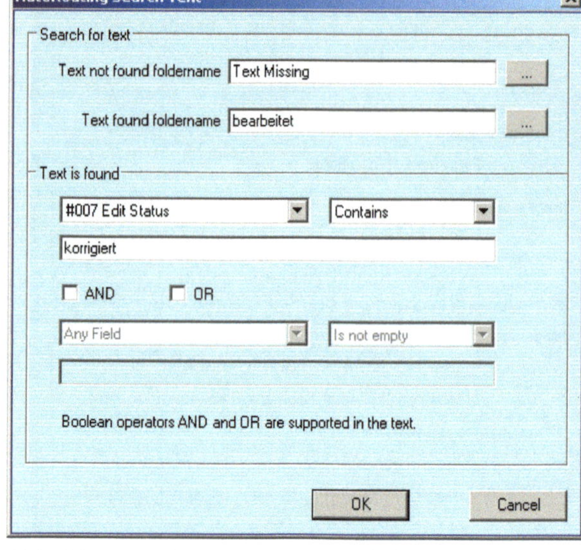

Abb. 3.36. AutoRouting nach IPTC-Inhalt

Image Color

Wie der Name dieser Methode schon vermittelt, wird hierbei der Farbraum eines Bildes als Sortiermerkmal herangezogen. Für alle vier Farbräume (Grayscale, RGB, Lab und CMYK) sind in Color Factory bereits die Unterordner angelegt. Bei Bedarf muss dieses Feature nur noch aktiviert werden. Falls es nötig sein sollte, können die Ordnernamen umbenannt werden (**Abb. 3.35**).

Search Text

Aufgrund von ausgefüllten, respektive *nicht* ausgefüllten, IPTC-Feldern können sich weitere Bearbeitungsschritte für ein Bild ergeben – weswegen sie in diesen Fällen voneinander separiert werden müssen. Diese Methode betrachtet die Inhalte von IPTC-Feldern, den Dateinamen, den Ordnernamen und die Ordnernamen des gesamten Pfades (**Abb. 3.36**). Je nachdem, ob eine bestimmte Zeichenkette an angegebener Stelle vorhanden ist (oder eben fehlt), wird das Bild einem Unterordner zugeordnet. Alternativ dazu kann auch einfach nur geprüft werden, ob ein Feld leer oder gefüllt ist.

Wenn das Kriterium nicht erfüllt wurde (»Text not found«), wird die Datei in einen Unterordner verschoben, für dessen Namen Color Factory »Text missing« vorschlägt. Ein Unterordner, für den das Kriterium zutrifft, kann auch benannt werden. Falls nicht, wird der Ausgabeordner des Kanals verwendet.

Erfüllen mehrere Zeichenketten das Sortierkriterium (einzeln oder gemeinsam), können diese mittels der Boolschen Operatoren AND und OR miteinander direkt eingegeben werden. Setzt sich der Begriff aus mehreren Wörtern zusammen, ist er mit Anführungszeichen einzugrenzen. Befindet sich die alternativ mögliche Zeichenkette in einem anderen Feld, so kann dies durch Anklicken des jeweiligen Operators aktiviert und in die Prüfung mit einbezogen werden.

Required Fields

Ähnlich der Methode »Search Text« finden bei dieser Methode ebenfalls die IPTC-Felder Beachtung. Hier fragt Color Factory keine Inhalte ab, sondern kontrolliert ausschließlich, ob bestimmte IPTC-Felder ausgefüllt sind (**Abb. 3.37**). In vielen Workflows ist es notwendig, dass eine Reihe von IPTC-Feldern Informationen enthalten, damit sie verarbeitet, weitergegeben oder veröffentlicht werden dürfen. Ein Kanal mit diesem Feature prüft die vorher erfolgte IPTC-Betextung und sortiert alle Bilder aus, bei denen mindestens eines der Pflichtfelder leer ist.

Bei der Konfiguration werden aus der Liste der IPTC-Felder diejenigen angeklickt, die geprüft werden sollen. Color Factory schlägt bereits einen Ordner für die Dateien vor, die den Test nicht bestehen. Die Bilder, die vollständig betextet sind, können in einem weiteren Unterordner oder – bei freigelassenem Eingabefeld – direkt in den Kanal-Ausgangsordner ausgegeben werden. Befindet sich in einem IPTC-Feld lediglich ein Leerzeichen, so würde dieses Feld als »ausgefüllt« interpretiert werden. Um das zu vermeiden, wird »Discard White Space character when checking fields« angeklickt und das Feld in diesem Fall als »leer« verstanden.

Color Management

Als Kriterium für diese Sortiermethode dient das dem Bild zugewiesene Profil (**Abb. 3.38**). Zur Verfügung stehen zwei Vorgehensweisen: Entweder werden alle Bilder in einen Unterordner geroutet, der nach dem ICC-Profil benannt ist oder es wird eine Prüfung des »Out-of-Gamut-Status« vorgenommen.

Wird diese AutoRouting-Methode verwendet, ist u. U. kein weiterer Konfigurationsschritt nötig. Die Unterordner für Bilder mit Profil wer-

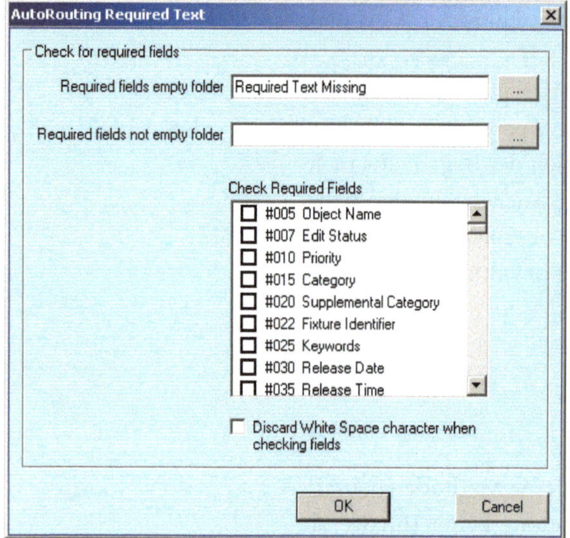

Abb. 3.37. AutoRouting nach Status eines IPTC-Feldes

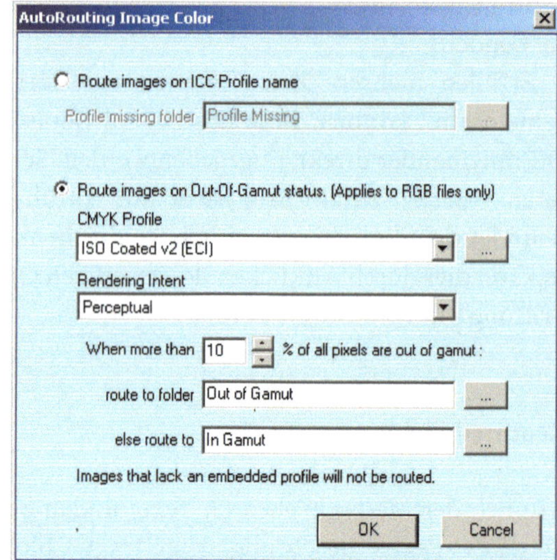

Abb. 3.38. AutoRouting nach ICC-Profil

den automatisch angelegt. Hierfür lassen sich keine Ordner außerhalb des Kanal-Ausgangsordners anlegen (nur Unterordner). Für den Unterordner für Bilder ohne Profil schlägt Color Factory einen Namen vor. Bei Bedarf kann ein anderer Ordnername/Pfad definiert werden. Aufgrund der möglicherweise nicht abzuschätzenden Anzahl von Profilen (und somit Unterordnern) können diese nicht unbedingt als Eingangsordner anderer Kanäle Anwendung finden, da deren Name vorher nicht feststeht. Falls Sie dies dennoch beabsichtigen, lassen Sie zunächst Bilder mit den jeweiligen Profilen sortieren. Danach stehen die Ordnernamen fest und können als Eingangsordner benannt werden. In der Regel dürfte nur der Ordner für die Bilder ohne Profil von Belang sein. Dessen Name steht fest und könnte Eingangsordner eines Kanals sein, der Bilddateien Profile zuweist. Dabei handelt es sich um einen heiklen Vorgang, da man profillosen Bildern nicht blindlings Profile anhängen sollte. Ungewollte Farbverschiebungen könnten die Folge sein, wenn das Profil zu stark vom ursprünglichen abweicht. Von daher ist das Schalten eines solchen Kanals gut abzuwägen.

Entscheidet man sich für die Analyse des »Out-of-Gamut-Status«, ist die Konfiguration deutlich umfangreicher. Bei diesem Verfahren wird geprüft, welche Auswirkungen ein bestimmtes CMYK-Profil auf ein RGB-Bild hat, wenn es angewendet wird. Color Factory ermittelt den Anteil an nicht-druckbaren Farben, die außerhalb des durch das Profil vorgegebenen Farbraums liegen. Abhängig davon, ob der eingestellte Grenzwert unter- oder überschritten wird, gelangt die Datei in den jeweiligen Ordner.

Für die Konfiguration sind mehrere Komponenten erforderlich. Dazu gehören das CMYK-Profil, das bei der Ausgabe zur Anwendung kommt, und der Rendering Intent. Neben den vier bekannten Optionen (perzeptiv, Sättigung, relativ und absolut farbmetrisch) können Sie auch »Auto select« wählen. Mit dieser Einstellung wird die Auswahl des Rendering Intents Color Factory überlassen, das sich für die Variante entscheidet, bei der die meisten im Bild verwendeten Farben innerhalb des Gamuts liegen. Unter CMYK-Profil wählen Sie eines der in Ihrem System hinterlegten Profile aus oder klicken auf den Button und geben ein anderes an. Als dritter Schritt ist der Grenzwert einzugeben, ab wie viel Prozent außerhalb des Gamuts liegender Farben ein Bild in den »Out of Gamut«-Ordner geroutet werden soll. Color Factory schlägt 10 % vor. Ob Sie diesen Wert verändern, hängt von Ihrem Qualitätsanspruch, von nachfolgenden Bearbeitungsschritten und vom Bildmotiv ab. Die Namen der Unterordner oder eines anderen Pfades können angegeben werden.

Tabelle 3.3: Übersicht Rendering Intents

Rendering Intent	Erklärung	geeignet für
Perzeptiv	relative Farbabstände bleiben erhalten, geringfügige Farbverschiebungen möglich, gleichmäßige Kompression der Farben vom größeren in den kleineren Farbraum	fotografische Abbildungen
Sättigung	relative Sättigungsunterschiede bleiben erhalten, Farben außerhalb des Zielfarbraums werden in ähnliche Farben gleicher Sättigung konvertiert	Grafiken
Relativ farbmetrisch	Farben außerhalb des Zielfarbraums werden in ähnliche Farben gleicher Helligkeit gewandelt	Abbildungen, bei denen bestimmte Farben nicht verändert werden dürfen (z. B. Corporate-Identity-Farben)
Absolut farbmetrisch	Bei der Umrechnung wird Weißpunkt des Papiers simuliert, Abstimmung des Monitor-Weiß ist bei der Profilkonvertierung deaktiviert	–

Quelle: Kraus, Helmut: Scannen. Einstellungen, Farbmanagement, Nachbearbeiten; 1. Aufl. 2004; Galileo Press; Bonn

3.2.7 Color Management

Farbraumkonvertierung Mit dem Feature »Color Management« bietet Color Factory eine Option für eine möglichst exakte Farbraumkonvertierung unter Berücksichtigung von ICC-Profilen einerseits und sichert die Vorhersagbarkeit der Farbwiedergabe andererseits. Grundsätzlich können Graustufen-, RGB/Lab- und CMYK-Bilder in einen anderen Farbraum konvertiert werden. Jede Gruppe ist dabei einzeln und individuell konfigurierbar. Somit besteht die Möglichkeit, für jeden Farbraum individuell die Art und Weise der Konvertierung zu bestimmen. Beispielsweise können alle Graustufen- und CMYK-Bilder unbehelligt bleiben, während nur RGB/Lab-Daten konvertiert und mit einem Profil versehen werden.

Die ersten drei der insgesamt fünf Karteikartenreiter ähneln sich in Aufbau und Auswahlmöglichkeiten. Deshalb werden die mehrfach vorkommenden Funktionen unter »Grayscale« ausführlicher betrachtet.

Grayscale

Die erste Einstellung betrifft die des Farbraums, in den konvertiert werden soll. Graustufenbilder können – wie auch alle anderen Halbton-Bilder – nach Graustufen, RGB, Lab oder CMYK konvertiert werden. Des Weiteren ist es möglich den bisherigen Farbraum beizubehalten und für betreffende

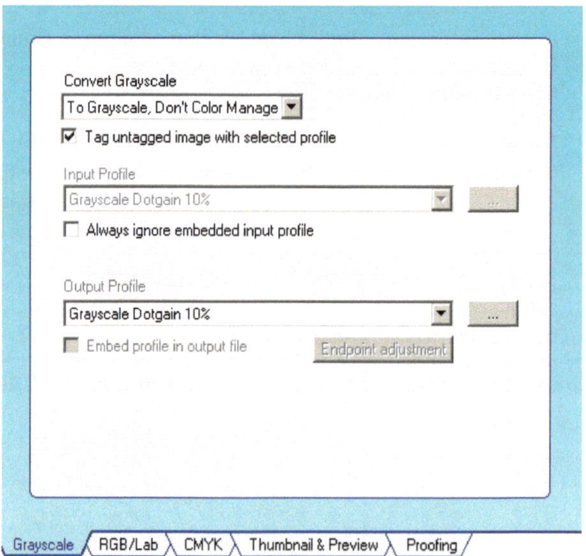

Abb. 3.39. Color Management: Grayscale (keine Wandlung)

Bilder kein Color Management durchzuführen. Dies ist die Standard-Einstellung für alle Farbräume bei der erstmaligen Aktivierung dieses Features. Daneben gibt es die Option ein Bild in denselben Farbraum zu wandeln, wobei in ein anderes Profil konvertiert und ein vorhandenes Profil berücksichtigt wird.

Wird die Standard-Einstellung zu Beginn belassen wie sie ist (»**To grayscale, Don't Color Manage**«), werden keinerlei Änderungen am Farbraum oder an der eventuell vorhandenen Profilierung vorgenommen (**Abb. 3.39**). Deshalb sind fast alle weiteren Menüpunkte ausgegraut. Lediglich die Checkbox »Tag untagged Image with selected Profile« kann angeklickt werden. Durch sie wird dem Bild ein bestimmtes (Output-)Profil zugewiesen, das sich im nächsten Schritt auswählen lässt. Ein im Bild eventuell bereits vorhandenes Profil wird bei der Bearbeitung ignoriert, wenn bei »Always ignore embedded input profile« das Häkchen gesetzt ist. Somit ist gewährleistet, dass das gewählte Profil stets zur Anwendung kommt. Ansonsten käme das bisherige Profil zum Einsatz. Anders ausgedrückt: *Ohne* das Häkchen wird das Profil nur angewendet, wenn im Bild keines eingebettet ist und *mit* diesem Häkchen wird das gewählte Profil garantiert angewendet. Damit ist es möglich unprofilierten Bildern ein Profil zuzuweisen. Letztendlich sollten Sie wissen, mit welchem Profil Ihr Bild ausgegeben werden muss, welches Profil *passen* könnte.

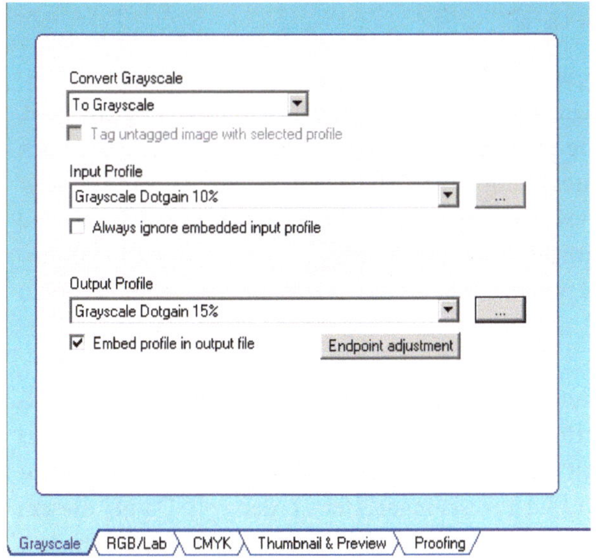

Abb. 3.40. Color Management: Grayscale to Grayscale

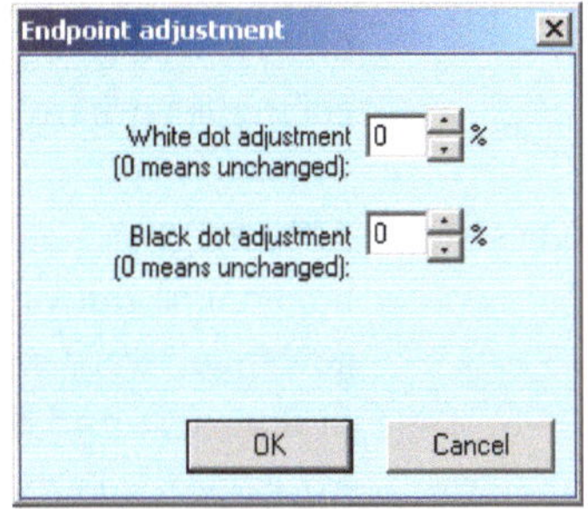

Abb. 3.41. CM: Endpoint Adjustment

»Grayscale to grayscale«

Bei der Option »**To grayscale**« sind wesentlich mehr Parameter festzulegen (**Abb. 3.40**). Oftmals ist es so, dass nicht allen Bildern ein Profil zugewiesen ist. Unter der Option »Input Profile« können Sie dies nachträglich für ein Bild tun. Die Auswahl eines Eingangsprofils kann das Ergebnis nachhaltig beeinflussen. Mit »Always ignore embedded input profile« legen Sie fest, dass dieses Profil zwingend angewendet wird – selbst dann, wenn ein Profil angewendet bzw. eingebettet ist. Ansonsten wird ein im Bild vorhandenes Profil genutzt – selbst wenn es sich nicht um das gewählte Input-Profil handelt.

Umwandlung in einen »Bunt-Farbraum«

Vom zukünftigen Ausgabemedium abhängig entscheidet man sich für das Ausgabeprofil. Bei der Aktivierung der Checkbox »Embed profile in output file« wird das gewählte Profil eingebettet und nicht eingerechnet. Wenn Sie davon Gebrauch machen, bleiben ihre Bilddaten unverändert und andere Programme im Workflow können darauf zurückgreifen. Es ist möglich, einem Graustufenbild auch ein RGB-Profil zuzuweisen. In diesem Fall wird lediglich auf den Gammawert zurückgegriffen. Hinter dem Button »Endpoint adjustment«, der nur bei der Operation »To grayscale« zu Verfügung steht, verbirgt sich ein Menü (**Abb. 3.41**), mit dem speziell auf die hellen und dunklen Bildstellen Einfluss genommen werden kann (Änderung von Weißpunkt und Schwarzpunkt). Bei der Umwandlung in einen der drei **anderen Farbräume** wird bei der Konfiguration identisch vorgegangen.

RGB/Lab

Für Bilder in den Farbräumen RGB und Lab können nahezu alle Einstellungen getroffen werden, die auch für Graustufen-Bilder möglich sind. Die für diese Farbräume spezifischen Optionen kommen folgerichtig noch hinzu. Die Möglichkeiten, kein Color Management durchzuführen, aber Bildern ohne Profil eines zuzuweisen (»Tag untagged Image with selected Profile«) sowie Wandlungen in andere Farbräume (mit Auswahl von Ein- und Ausgabeprofil und weiteren Optionen) durchzuführen, sind natürlich ebenfalls vorhanden.

»RGB to Grayscale«

Abhängig vom gewählten Zielfarbraum sind die einzelnen Menüs, Checkboxen und Buttons verfügbar. Sollen alle Bilder in den **Graustufenmodus** gewandelt werden, wählt man Quell- und Zielprofil sowie ob das Input-Profil ignoriert und das Output-Profil eingebettet werden soll. Da bei diesem Vorgang alle Farbinformationen verworfen werden, kann es passieren, dass bestimmte Bildinformationen ebenfalls verloren gehen. Deswegen können bei »Advanced Options« Gewichtungen für die einzelnen Farbkanäle ein-gegeben werden – ähnlich wie bei einer Konvertierung in Graustufen mittels Kanalmixer in Photoshop. Obwohl sich Art und Weise der Eingabe von der des Kanalmixers in Photoshop unterscheidet, ist die Intention doch dieselbe. Color Factory korrigiert den Bildkontrast unter Einbeziehung der gewünschten Gewichtung der Farbkanäle Rot, Grün und Blau.

Sollen die Bilder in **RGB** gewandelt werden (**Abb. 3.42**), können Sie zusätzlich zu den Profilen den Rendering Intent angeben. Neben den vier bekannten Methoden Perzeptiv, Sättigung, sowie relativ und absolut farbmetrisch, gibt es die Auswahlmöglichkeiten »According to profile« und »SmartRender™«. Bei »According to Profile« wird die Methode angewendet, die im Profil hinterlegt ist. Fällt die Wahl auf »SmartRender«, kann »Use Black point compensation« angeklickt werden. Damit werden die maximalen Schwarzwerte in den Daten an die Fähigkeiten des Ausgabegerätes, Schwarz zu drucken, angepasst. Des Weiteren können unter dem Button »Gamut Management« (**Abb. 3.43**) weitere Optionen festgelegt werden.

»RGB to RGB«

Im Menü für das Gamut-Management müssen Sie zunächst das Häkchen bei »Enable« setzen, um es zu aktivieren und weitere Einstellungen vornehmen zu können. Dazu gehört die Angabe eines CMYK-Profils und die des Rendering Intents. Sie können ihn entweder selbst bestimmen oder von Color Factory festlegen lassen (»Auto Select«). Dabei wird sich das Programm immer für den Rendering Intent entscheiden, bei dem so wenige Farben wie möglich außerhalb des durch das CMYK-Profil vorgegebenen Gamuts liegen. Mit der Option »SmartRender« erhalten Sie also die Möglichkeit, bei der Farbraumkonvertierung den Rendering Intent wählen zu lassen, mit dem die Farben so vieler Pixel wie möglich im druckbaren Bereich liegen. Das CMYK-Profil wird dabei nicht auf das Bild angewendet. Es dient lediglich als Beurteilungsbasis für die Wahl des *richtigen* Rendering Intents.

Gamut Management

Unabhängig von der Einstellung des Rendering Intents lässt sich vorgeben, was getan werden soll, wenn ein bestimmter Prozentsatz der Bildpunkte außerhalb des Gamuts liegt. Color Factory bietet bei Überschreitung der Toleranzschwelle mehrere Lösungsvorschläge:

Optionen für Farben
außerhalb des Gamuts

- Verringerung der Sättigung ausschließlich der Pixel mit nicht druckbaren Farben
- Verringerung der Sättigung aller Bildpixel, die eine nicht druckbare Farbe enthalten
- Verringerung der Sättigung über das gesamte Bild
- kein Eingriff ins Bild, stattdessen ein Vermerk in ein IPTC-Feld

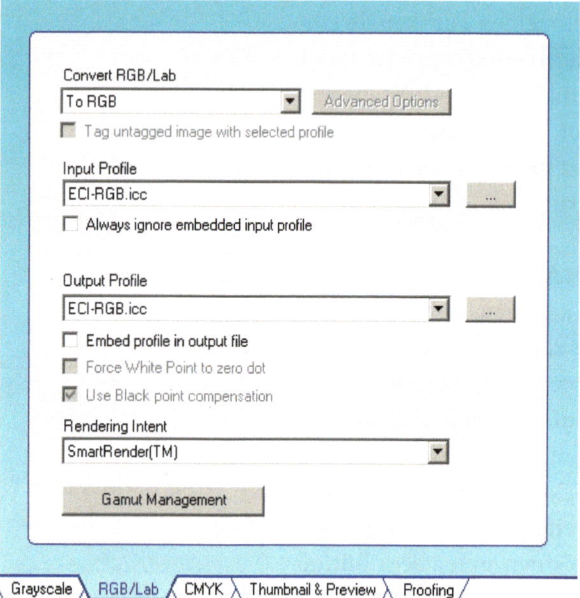

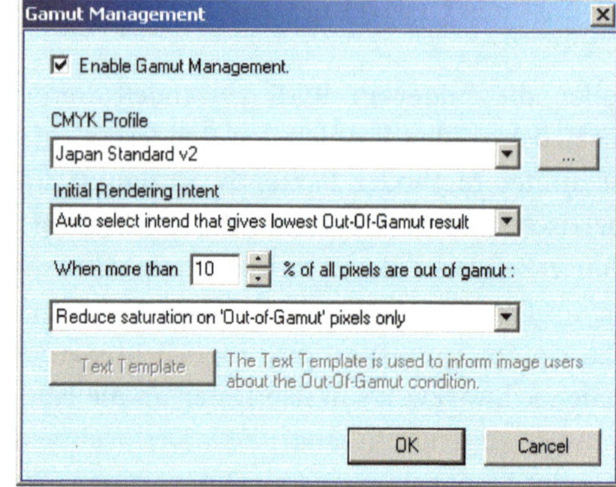

Abb. 3.42. Color Management: RGB/Lab to RGB

Abb. 3.43. CM: Gamut Management bei RGB

Reduzierung der Sättigung

Bei der Sättigungsverringerung werden die Farben in mehreren Stufen so modifiziert, dass sie innerhalb des Gamuts liegen und somit im Farbumfang des CMYK-Profils darstellbar sind. Abhängig vom Bildmotiv sollte die Wahl getroffen werden. Balken- oder Tortengrafiken, die sich ähnelnde Farben enthalten, aber dennoch deutlich unterscheidbar sein müssen, sollten so behandelt werden, dass *alle* sich ähnelnden Farben verändert werden und somit der Farbabstand zueinander gleich bleibt. Fotos, die kritische Farben enthalten, sollten ebenfalls so korrigiert werden, dass die Bearbeitung dem Betrachter nicht gleich ersichtlich ist.

Eintrag in ein IPTC-Feld

Möchten Sie nicht, dass die Sättigung automatisch verringert wird und wollen Sie die Korrektur lieber selbst vornehmen, können Sie einen Vermerk in ein IPTC-Feld einfügen lassen. Den Wortlaut und das betreffende Feld geben Sie unter »Text Template« ein. Die Konfiguration eines Text Templates ist unter 3.2.9 beschrieben. In einem nachgeschalteten Kanal kann Color Factory über die AutoRouting-Funktion nach diesem Eintrag suchen und alle »Treffer« in einen eigenen Ordner aussortieren lassen. Außerdem werden über diese IPTC-Information die Personen informiert, die das Bild für den Druck weiterverarbeiten möchten und so ihre Schlüsse daraus ziehen können.

»RGB to Lab«

Soll das Bild nach **Lab** gewandelt werden, sind die Konfigurationsvarianten etwas rar (**Abb. 3.44**) – was natürlich in der Natur der Sache liegt. Lab

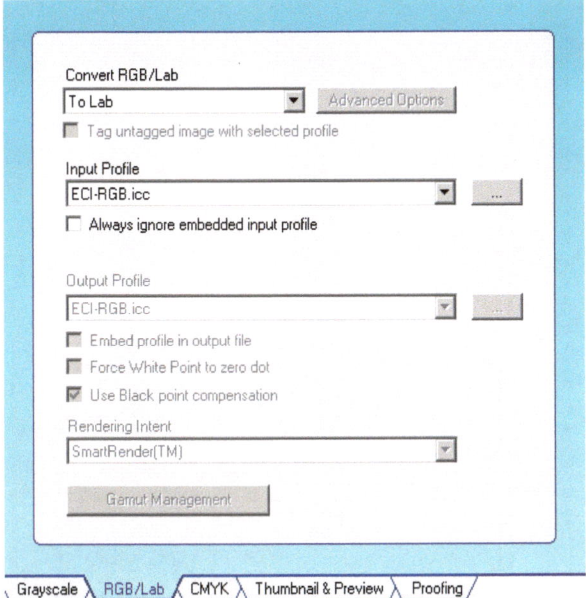

Abb. 3.44. Color Management: RGB to Lab

als medienunabhängiger Farbraum verlangt nach »Abwesenheit« eines Profils und somit ist kein Output-Profil zu definieren. Die Konfiguration beschränkt sich auf die Angabe eines Input-Profils und ob dies auch dann angewendet wird, wenn einem Bild bereits ein Profil zugewiesen ist. Das Input-Profil hat natürlich direkten Einfluss darauf, welche Farbe ein Bildpixel, medienneutral definiert, aufweist.

Ein Umwandlung nach **CMYK** bringt weitere Optionen mit sich (**Abb. 3.45**). Konfiguration von Ein- und Ausgabe-Profil sind identisch mit den vorherigen Farbraumkonvertierungen. Bei der Konfiguration des Output-Profils kommen zwei weitere Checkboxen hinzu: »Force white point to zero dot« und »Use black point compensation«. Beim Erstgenannten wird »Weiß« auf jeden Fall der Wert »Null« zugewiesen. Bei bestimmten Profilen entspricht »Weiß« einem Wert größer als »Null«, z. B. um das Papierweiß zu berücksichtigen. Wenn der Schwarzpunkt an den des Ausgabegerätes angepasst werden muss, sollte das betreffende Häkchen gesetzt werden (»Use black point compensation«).

»RGB to CMYK«

Ohne Rendering Intent geht auch bei der CMYK-Konvertierung nichts. Neben den vier bekannten Optionen stehen – ebenso wie bei der RGB-Konvertierung – wieder »According to profile« und »SmartRender™« zur Auswahl. Das Menü, das sich hinter dem Button »SmartRender™ Settings« verbirgt (**Abb. 3.46**), ist ähnlich wie das Äquivalent bei der RGB-Konver-

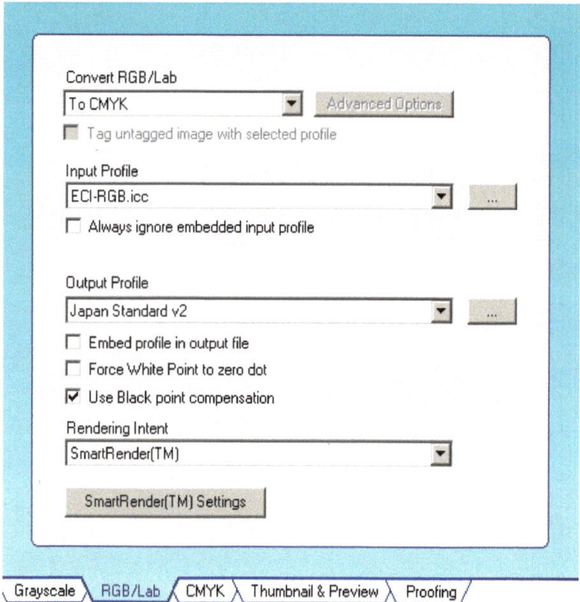

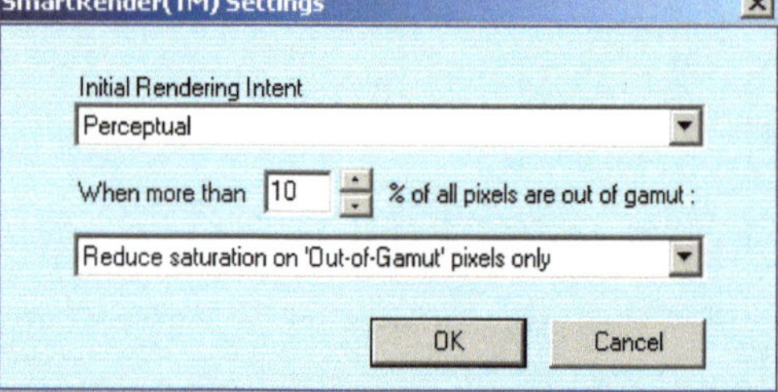

Abb. 3.45. Color Management: RGB to CMYK

Abb. 3.46. CM: SmartRender™ Settings

tierung aufgebaut. Zunächst wird ein Rendering Intent festgelegt oder die Auswahl Color Factory überlassen, die sich für den mit dem niedrigsten »Out-of-Gamut-Result« entscheidet. Außerdem wird ein prozentualer Grenzwert benannt, bei dessen Überschreiten Maßnahmen ergriffen werden sollen, um den Anteil von »Out-of-Gamut-Pixeln« am Bild zu senken. Die Auswahlmöglichkeiten der Maßnahmen hängen vom Rendering Intent ab. Wurde dessen Auswahl dem Programm überlassen, kann lediglich versucht werden über die Verringerung der Sättigung eine Verbesserung zu erreichen. Falls nicht »Auto Select« zum Einsatz kommt, sondern konkret ein Rendering Intent benannt wurde, kann außerdem einer der drei anderen Intents gewählt werden. Einen konkreten Rendering Intent zu benennen und nicht »Auto Select« zu wählen, hat den Vorteil, dass man stets die Kontrolle über die Auswahl behält und das Ergebnis vorhersagbarer ist. Wenn Sie wissen, dass im Kanal nur Fotos zu bearbeiten sind, können Sie gleich »Perzeptiv« wählen; wenn es sich um Grafiken (z. B. Firmenlogos) handelt, bei denen keinesfalls Farbverschiebungen auftreten dürfen, ist »relativ farbmetrisch« die richtige Wahl.

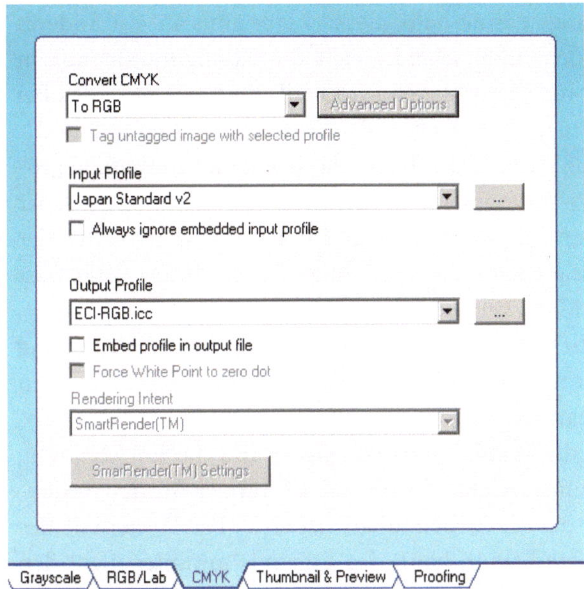

Abb. 3.47. Color Management: CMYK to RGB

CMYK

Das Menü für die Konfiguration für das Color Management von CMYK-Bildern erfolgt auf gleiche Weise wie für die anderen Farbräume auf den vorangegangenen Karteikartenreitern.

Möchten Sie **kein Color Management** durchführen, können Sie dennoch Bildern ein Profil zuweisen und einbetten lassen ohne die Farben im Bild zu ändern – bei Bedarf auch ohne Berücksichtigung eines vorhandenen Profils. Bei der Umwandlung in ein **Graustufen-** oder **RGB-Bild (Abb. 3.47)** geben Sie ebenfalls ein Quell- und Zielprofil an, legen fest, ob das Quellprofil für jedes Bild eingesetzt und ob das Zielprofil eingebettet werden soll. Bei der Verwerfung der Farbinformation lässt sich wieder für eine Kontrastbearbeitung die Gewichtung für die Farbkanäle Rot, Grün und Blau einstellen (Button »Advanced Options«). Dies ist deshalb vorgesehen, weil die Konvertierung von CMYK nach Graustufen in zwei Schritten erfolgt: Zunächst wird nach RGB konvertiert und danach in Graustufen umgewandelt.

Lediglich die Benennung eines Eingabeprofils ist für die Konvertierung nach **Lab** nötig. Alle anderen Optionen lassen sich gleichsam konfigurieren oder sind ausgegraut.

»CMYK to Lab«

»CMYK to CMYK« Wenn **CMYK**-Abbildungen innerhalb dieses Farbraums in ein anderes Profil konvertiert werden, unterscheidet sich die Konfiguration nur in Details. Obligatorisch sind die Angaben für Quell- und Zielprofil, den bei Bedarf erzwungenen Einsatz des Zielprofils und das Einbetten des Quellprofils. Ebenso kann auf Wunsch das Weiß, das bei manchen Profilen größer als »Null« ist, auf »Null« gesetzt werden. Abschließend wird wieder eine von sechs Optionen für den Rendering Intent ausgewählt – die vier Intents sowie »According to profile« und »SmartRender™«. Letzteres lässt sich in einem weiteren Menü genauer spezifizieren.

Zunächst wird in diesem Menü eine erneute Eingabe des Rendering Intents verlangt. Wenn man sich nicht konkret festlegen will – was Sinn macht, wenn die zu bearbeitenden Daten von ihrer Art her nicht homogen genug sind – fällt die Wahl auf »Auto select« und die Entscheidung bleibt dem Programm überlassen. Obwohl es sich immer für den Rendering Intent entscheidet, der die Farben möglichst vieler Pixel innerhalb des druckbaren Bereichs unterbringt, kann das Ergebnis mitunter nicht den Ansprüchen genügen. Deshalb wird wieder ein prozentualer Grenzwert festgelegt, bei dessen Überschreiten eine alternative Methode oder eine andere Gegenmaßnahme angewendet wird. Wird »Auto Select« gewählt, steht zur Abhilfe nur eine der drei Varianten zur Sättigungsverringerung zur Verfügung. Entschied man sich vorher konkret für einen Rendering Intent, kann zusätzlich einer der drei anderen Intents ausgewählt werden. Wenn Sie wissen, dass Sie immer nur Grafiken im Kanal bearbeiten lassen, müssen Sie nicht »Auto Select« wählen, sondern können gleich den dazu passenden Rendering Intent (»Saturation«) angeben. Die Ergebnisse der Bearbeitung sind dann abschätzbarer und besonders bei hohem Datenaufkommen kommt die Zeitersparnis hinzu, da der »Gamut-Check« entfällt.

Thumbnail and Preview

Profile für Miniaturen Den Miniaturen in der Datei kann Color Factory ebenfalls ein Profil zuweisen (**Abb. 3.48**). Das gewährleistet eine identische Farbdarstellung des Originalbildes in der Vorschau. Ansonsten könnte fälschlicherweise der Eindruck entstehen, dass keine oder nur eine unzureichende Farbbearbeitung stattfand und man deswegen das Bild erneut durch Color Factory bearbeiten lässt – unnötigerweise.

Da Vorschaubilder als solche nur für die Betrachtung am Bildschirm vorgesehen sind, können nur RGB-Profile gewählt werden. Auf Wunsch kann das Profil natürlich auch eingebettet werden. FotoWare empfiehlt für die Previews in den eigenen Programmen das Standardprofil zu benutzen.

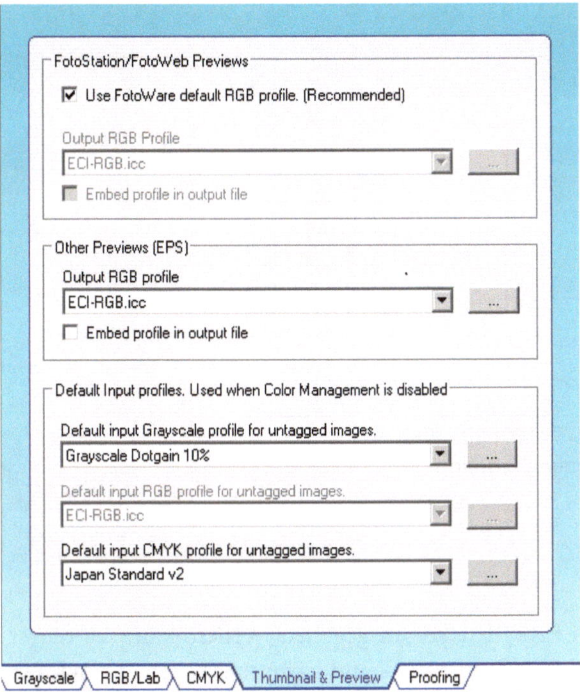

Abb. 3.48. Color Management: Vergabe von Profilen an »Thumbnail and Preview«

Dabei handelt es sich um Adobe RGB 1998. Kommt es zum Einsatz, wird es nicht eingebettet, da es in FotoStation und FotoWeb ohnehin verwendet wird. Previews für FotoStation/FotoWeb in EPS-Dateien können ein anderes Profil erhalten als die ohnehin eingebettete EPS-Vorschau.

Im unteren Bereich des Menüs sind die Quellprofile für Graustufen-, RGB- und CMYK-Dateien zu benennen. Diese werden nur dann gebraucht, wenn die Datei ohne Profil vorliegt. An dieser Stelle können Sie lediglich dann Einstellungen vornehmen, wenn Sie das Color Management für den jeweiligen Farbraum nicht aktiviert haben. Ansonsten wird das auf den vorangegangenen Reitern eingestellte Quellprofil angewendet. Führen Sie beispielsweise nur ein Color Management für CMYK-Daten durch, können Sie an dieser Stelle nur Quellprofile für Graustufen und RGB-Bilder auswählen.

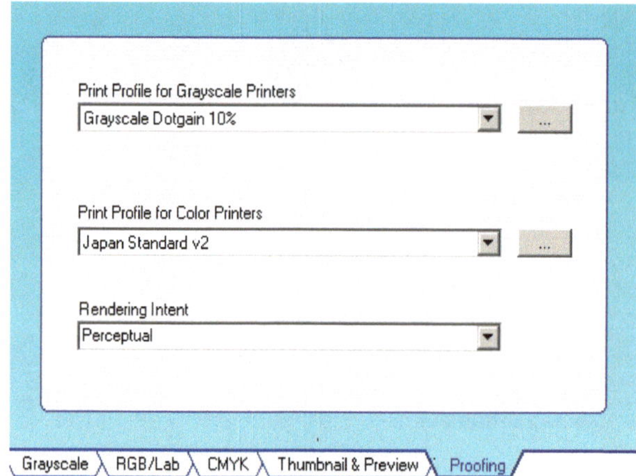

Abb. 3.49. Color Management: Proofing

Proofing

Proof-Profile Soll ein Bild auf einem Proofdrucker ausgegeben werden, kann an dieser Stelle ein Ausgabeprofil (für Graustufen- und Farbproofsysteme) sowie ein Rendering Intent angegeben werden. Dort stehen die vier Intents und die Option »According to Profile« zur Auswahl (**Abb. 3.49**).

3.2.8 File Name Options

Soll der Name der ausgegebenen Datei von dem der Eingangsdatei abweichen, bietet dieses Feature die dafür notwendigen Funktionen. »Filename Options« kommt in jedem Kanal zum Einsatz, dessen ausgegebene Dateien im Namen z.B. die Bearbeitungsschritte widerspiegeln sollen. Die Möglichkeiten reichen dabei von der Vergabe eines vollständig neuen Dateinamens, z.B. mit dem Inhalt eines IPTC-Feldes, bis zum Anhängen einer fortlaufenden Nummer.

File Name Options

Ersetzen von bestimmten Zeichen Mit der ersten Option dieser Karteikarte können bestimmte Zeichen im Dateinamen ersetzt werden (**Abb. 3.50**). Bei einem Klick auf »Filename Character Mapping« öffnet sich ein Menü, in dem sich einem ASCII-Zeichen ein anderes Zeichen oder eine Zeichenkette zuweisen lässt. Nützlich ist diese Option, wenn beispielsweise Umlaute umbenannt werden müssen

(**Abb. 3.51**). Stammen die Dateien von einem Macintosh-System, können die Zeichen, die unter Windows nicht unterstützt werden, durch einen Unterstrich ausgetauscht werden. Dies erledigen Sie durch Anklicken der Checkbox.

Eine weitere Option auf diesem Reiter ist die Festlegung für die maximale Länge des Dateinamens. Color Factory verwirft alle Zeichen, um die der Dateiname zu lang ist. Möchten Sie sichergehen, dass dennoch alle Zeichen erhalten bleiben, geben Sie eine Zahl ein, die hoch genug ist. Normalerweise werden die Zeichen vom Ende des Dateinamens an gelöscht. Falls mehrere Dateien bearbeitet werden sollen, die mit einer identischen Zeichenkette beginnen, bietet es sich an, besser die Zeichen vom Anfang an zu verwerfen (Checkbox: »Cut long names from left«). Beachten Sie aber, dass die Dateiextension und der Punkt mitgezählt werden.

Sollten sich identische Dateinamen ergeben, wird – bei Auswahl der Checkbox »Overwrite files with the same name« – die ältere Datei überschrieben. Ansonsten erweitert Color Factory die Datei wiederum um eine fortlaufende Nummer. Hierbei muss beachtet werden, dass die Namensänderungen, die sich durch die Einstellungen auf der Karteikarte »Incremental Number« ergeben, *vor* denen der »File Name Options« ausgeführt werden. Lassen Sie also eine laufende Nummer vergeben, durch die der Dateiname die maximale Zeichenanzahl überschreitet, wird die Zahl letztendlich wieder entfernt. Dadurch ist es sehr wahrscheinlich, dass Dateien mit gleichem Dateinamen entstehen, die – je nach Einstellung – entweder nacheinander überschrieben werden oder aufgrund mehrfachen Vorkommens eine (andere) Nummer angehängt bekommen.

Maximale Länge des Dateinamens

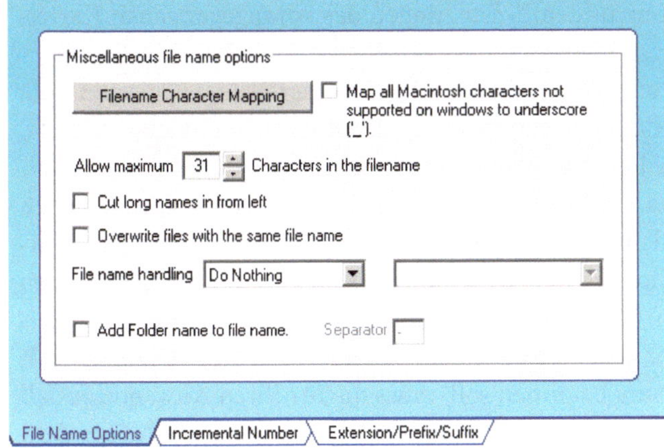

Abb. 3.50. File Name Options

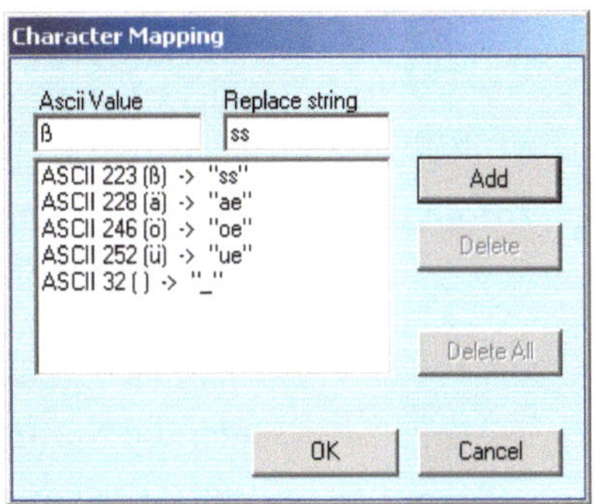

Abb. 3.51. Zeichenersetzung

<table>
<tr><td style="vertical-align:top; width:30%">Dateinamen aus IPTC-Feld</td><td>

Einen völlig neuen Dateinamen können Sie über ein frei wählbares IPTC-Feld generieren lassen. Der Dateiname wird durch den Feld-Inhalt ersetzt und auf Wunsch danach in dieses Feld geschrieben. Auf diese Weise geht der ehemalige Dateiname nicht verloren. Dadurch kann ein »temporärer Dateiname« vergeben werden, so dass die Datei in einem späteren Arbeitsgang wieder zurückbenannt werden kann. In dieser Einstellung kann auch einfach nur der Dateiname in das IPTC-Feld geschrieben werden ohne diesen zu ändern.

Ist für spätere Verarbeitungsschritte der Ordnername, in dem die Datei liegt, von Belang, kann dieser dem Dateinamen vorangestellt werden. Mit einem frei wählbaren, maximal zweistelligen Separator wird er vom Dateinamen abgeteilt (Checkbox »Add folder name to file name«).

</td></tr>
</table>

Incremental Number

<table>
<tr><td style="vertical-align:top; width:30%">Vergabe einer laufenden Nummer</td><td>

Color Factory kann jeder bearbeiteten Datei eine laufende Nummer anfügen, einen vorhandenen Dateistapel letztlich durchnummerieren. Wenn Sie dieses Feature nutzen möchten, schalten Sie es durch Anklicken der Checkbox »Add incremental number to file name« ein. Für die Konfiguration legen Sie nur noch die Länge des Dateinamens und die Nummer, ab der die Zählung beginnen soll, fest (**Abb. 3.52**).

Bei der Applizierung der Ziffern kann der Dateiname vollständig erhalten bleiben und die Nummer anhängt werden. Alternativ dazu lässt sich der bisherige Dateiname verwerfen und lediglich eine Ziffernfolge als Bezeichner ausgeben. Als Mittelweg besteht die Möglichkeit, die ersten x Zeichen des Dateinamens zu erhalten, die nachfolgenden zu löschen und dann die Nummer zu setzen. Die Kürzung des Dateinamens von links oder von rechts erfolgt gemäß den Einstellungen des vorangegangenen Karteikartenreiters.

Um die Zahl einzugeben, ab der die Nummerierung beginnen soll, klicken Sie auf »Set current number«. In der Regel beginnt man mit »1«. Natürlich kann jede beliebige Zahl, einschließlich der »0«, gesetzt werden.

Sollen die Dateinamen gekürzt oder gar ganz verworfen werden, ergeben sich unter Umständen Probleme bei der Dateibenennung. Je weniger Zeichen des ursprünglichen Namens erhalten bleiben und je weniger Stellen die Nummer haben soll, umso wahrscheinlicher ist, dass doppelte Dateinamen vorkommen. Dabei müssen Sie Folgendes beachten: Die Zahl, mit der die Nummerierung beginnen soll, muss die für Ihren Anwendungsfall ausreichende Anzahl an Stellen aufweisen. Geben Sie eine einstellige Zahl ein, vergibt Color Factory auch nur die Zahlen 1 bis 9. Möchten Sie mehr

</td></tr>
</table>

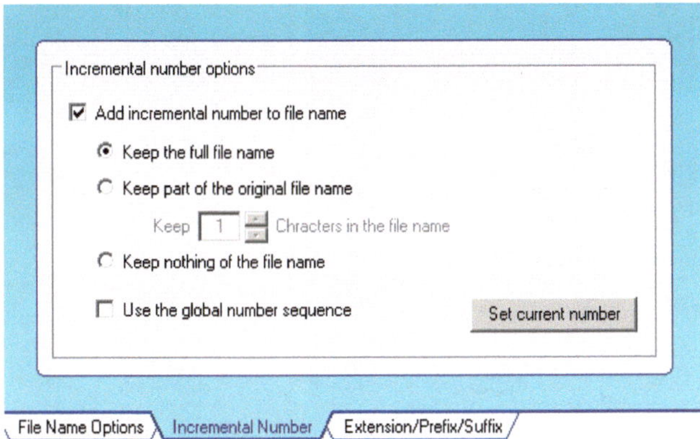

Abb. 3.52. File Name Options: Nummerierung von Dateien

als neun Dateien bearbeiten – was sehr wahrscheinlich sein dürfte – wären keine weiteren Zahlen verfügbar und Color Factory beginnt wieder bei der eingegebenen Nummer. Sollte der vorangegangene Teil des Dateinamens immer gleich sein, wird er um den Anhang »_2« erweitert. Diese Zahl am Ende des Dateinamens erhöht sich entsprechend, wenn ein Vielfaches an Dateien ausgegeben wurde. Wird die maximal mögliche Anzahl überschritten, beginnt die Zählung von vorn, aber mit der Zahl, die unter »Set current number« eingegeben wurde. In diesem Menü wird immer die Zahl angezeigt, die an die nächste Datei in diesem Kanal vergeben wird. Geben Sie eine Start-Zahl ein, die genügend viele Stellen hat, besteht dieses Problem nicht mehr und Color Factory zählt auch weiter, wenn die 9 erreicht wird, vergibt dann also auch Zahlen mit mehr Stellen.

Mit der aktivierten Checkbox »Use the global number sequence« berücksichtigt Color Factory alle Kanäle und vergibt eindeutige Nummern, unabhängig in welchem Kanal das Bild verarbeitet wird. Ändern Sie den Status dieser Checkbox, wird Ihnen unter »Set current number« eine andere Zahl, die an das nächste Bild vergeben wird, angezeigt. Das trifft natürlich nur dann zu, wenn in diesem Kanal das Feature »Incremental number« bereits auf Daten des Kanals angewendet wurde.

Eine Zählung für alle Kanäle

Extension/Prefix/Suffix

Diese Karteikarte erlaubt die Vergabe von bestimmten Dateiextensions für eine Reihe von Standard-Bildformaten und das Erweitern des Dateinamens um eine bestimmte Vorsilbe in Abhängigkeit vom vorhandenen Farbraum (**Abb. 3.53**). Verschiedene Programme und das Betriebssystem Windows orientieren sich an den Erweiterungen, um den Dateityp zu erkennen und

Alternative Dateiextensions

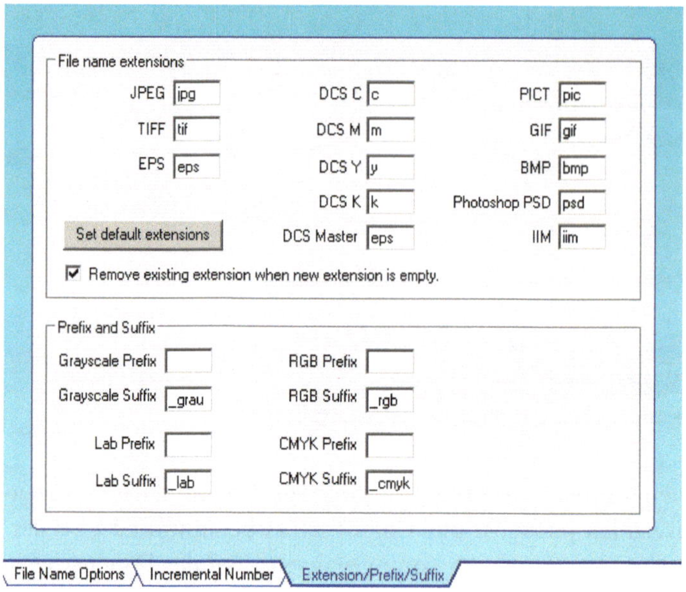

Abb. 3.53. File Name Options: Vergabe von Extension/Prefix/Suffix

dem richtigen Programm/Vorgang zuzuordnen. Außerdem erleichtert eine eindeutige Extension dem Windows-Nutzer die Orientierung.

Jede Datei besitzt normalerweise eine Erweiterung des Dateinamens, aus der der Dateityp hervorgeht und die in der überwiegenden Mehrheit aus drei Zeichen besteht. Möchten Sie für die in **Abb. 3.53** aufgeführten Datenformate eine bestimmte Extension vergeben, erhalten Sie hier die Gelegenheit. Beispielsweise könnten Sie »jpeg« statt »jpg« und »tiff« statt »tif« eingeben. Mit einem Klick auf »Set default extensions« stellen Sie die abgebildeten Standard-Bezeichnungen von Color Factory wieder her.

Sinn und Zweck eines Kanals mit diesem Feature kann es sein, Dateien eine modifizierte Extension zuzuweisen, die dann wiederum mit einem anderen Programm geöffnet werden. Windows öffnet bei einem Doppelklick zwei Dateien mit identischer Extension immer im selben Programm, obwohl Sie dies möglicherweise nicht möchten. Soll beispielsweise bei Graustufenbildern die Vorschau geöffnet werden, legen Sie einen Kanal an, der alle Graustufenbilder aussortiert und diese dann an einen weiteren Kanal weitergibt, der die Extension z. B. in »tif1c« umbenennt. Dieser Extension können Sie dann in Windows unter »Ordneroptionen« im Menü »Dateitypen« eine bestimmte Aktion zuweisen, in diesem Fall das Öffnen als Vorschau.

Wie die Bezeichnung der Checkbox »Remove existing extension when new extension is empty« verrät, lässt sich eine Erweiterung auch entfernen. Zu diesem Zweck muss das Eingabefeld des betreffenden Dateityps leer und die Checkbox angeklickt sein.

Unter »Prefix and Suffix« kann in Abhängigkeit vom Farbraum dem Dateinamen eine bestimmte Zeichenkette vorangestellt oder angehängt werden.
Diese darf maximal 8 Zeichen umfassen. Da es sich um die Eigenschaft des
Farbraums handelt, macht es nur Sinn, diesbezügliche Eingaben vorzunehmen. Der Bearbeiter, der auf die Bilder zugreifen möchte, erkennt dann
schon bei Betrachtung der Dateiliste, um welchen Farbraum es sich bei den
vorliegenden Bildern handelt.

Eigener Präfix/Suffix für
jeden Farbraum

3.2.9 IPTC/Image Resources

Mit »IPTC/Image Resources« bringt Color Factory ein mächtiges Feature
mit, um alle erdenklichen und automatisierbaren Arbeitsschritte rund um
die Betextung von Bilddaten auszuführen. IPTC-Felder lassen sich automatisch befüllen und auswerten – bei Bedarf auch durch eine ODBC-Quelle.
Zu weiteren Informationen zu IPTC-Feldern sei auf die Infobox auf S. 56
verwiesen.

General

Auf dieser Karteikarte befinden sich lediglich vier Buttons, über die man
zu den Menüs für die Konfiguration dieses Features gelangt (**Abb. 3.54**).
Diese vier Buttons sind:
- General Text Template: Automatisiertes Ausfüllen von IPTC-Feldern
- Character ASCII Conversation: Konvertieren von Texten von einem
  Zeichensatz in einen anderen
- Category Code Mapping: Ändern/Konvertieren der Kategorie-Codes
- IPTC Record 1 Mapping: Zuweisen von IPTC-Feld-Inhalten aus dem
  Record 1 in den Record 2

Unter **General Text Template** geben Sie ein, womit welches IPTC-Feld nach
der Bearbeitung im Kanal gefüllt sein soll (**Abb. 3.55**). Ist der Kanal eben
erst eingerichtet worden, erscheint nach dem ersten Klick auf den Button
ein Fenster ohne Einträge. Mit Klick auf »Add« öffnet sich ein Menü, in
dem Sie nun den Inhalt festlegen können, mit dem die gewünschten Felder gefüllt werden sollen, und ob dafür eine Bedingung erfüllt sein muss
(**Abb. 3.56**). Mit »Edit« verändern Sie bestehende Einträge, mit »Remove«
löschen Sie sie. Der »Import« und »Export« der Eintragungen ist ebenfalls
möglich. Es handelt sich dabei um den binären Dateityp »Text Template«
mit der Endung »*.ipt«.

Anlegen eines Daten-
musters, mit dessen
Inhalt die IPTC-Felder
gefüllt werden

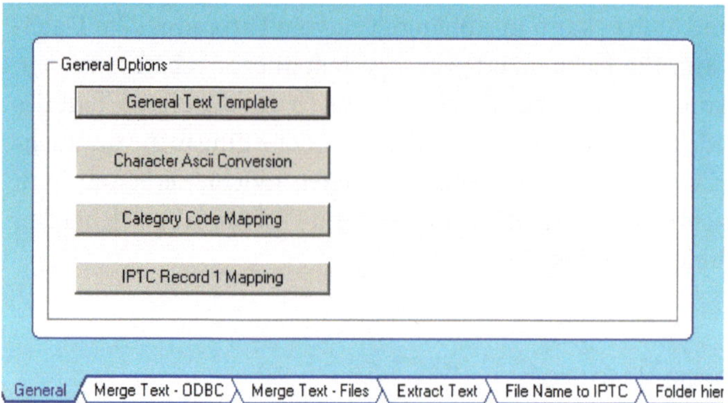

Abb. 3.54. IPTC/Image Resources: General Options

Das sich öffnende Fenster enthält die beiden Bereiche »Field setting« und »Condition«. Begonnen wird mit der Auswahl des IPTC-Feldes, das editiert werden soll. Im nächsten Pulldown-Menü wird bestimmt, was mit dem bisherigen Inhalt dieses Feldes geschehen soll. Dieser kann um den neuen Inhalt erweitert oder durch ihn ersetzt werden. Des Weiteren kann die gewünschte Zeichenkette als neuer Substring angefügt werden oder ein vorhandener Substring durch diesen ersetzt werden. Wenn Sie keinen Inhalt einfügen und sämtlichen Inhalt im Feld entfernen möchten, können Sie auch dies einstellen. Bei einem Substring handelt es sich um eine Zeichenkette, die im vorhandenen Feldinhalt teilweise ausgetauscht wird. Im Eingabefeld im Bereich »Condition« tippen Sie den Text (die Zeichenkette) ein, der bereits im IPTC-Feld steht und ausgetauscht werden soll. In das Eingabefeld »Field Content« schreiben Sie die neue Zeichenkette, die die vorhergehende ersetzen soll. Beispiel: In einer Reihe von Bildern steht im Feld »Object name« (#005) »Bombay« und soll durch »Mumbai« ersetzt werden. Also tippen Sie bei »Field content« ›Mumbai‹ ein und unter »Condition« ›bombay‹. Dieser Kanal holt daraufhin die indische Städteumbenennung auch in Ihren Bilddaten nach: Jetzt steht in der Objektbeschreibung nicht mehr »Straßenszene in Bombay«, sondern »Straßenszene in Mumbai«. Zwischen Groß- und Kleinschreibung wird unter »Condition« nicht unterschieden.

Unter »Field Content« steht ein Eingabefeld für den Text zur Verfügung, der ins IPTC-Feld eingetragen werden soll. Man kann einerseits in das betreffende IPTC-Feld jeder Datei stets denselben Inhalt einfügen, der in das Eingabefeld eingetippt wurde, oder andererseits den Feldinhalt dynamisch, in Abhängigkeit von Dateieigenschaften, erzeugen und einfügen. Diesem Anliegen dienen bestimmte »Codes«. Sie können als Platzhalter eingegeben werden und stehen beispielsweise für den Dateinamen, die

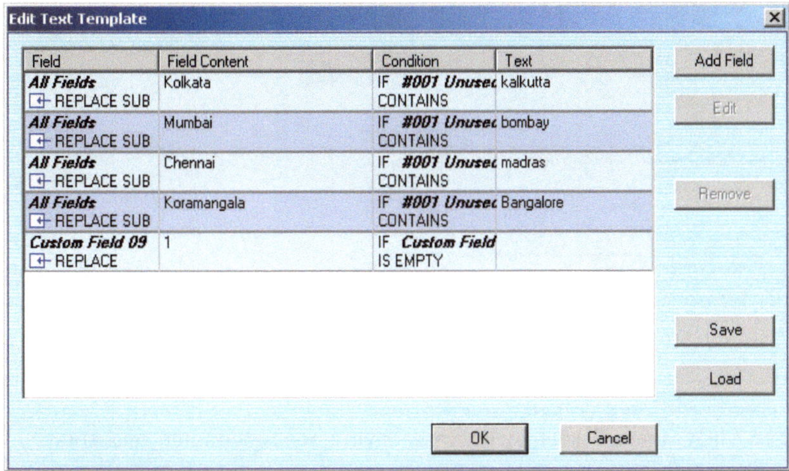

Abb. 3.55. IPTC/Image Resources: Text Template mit Anweisungen für die betreffenden Felder

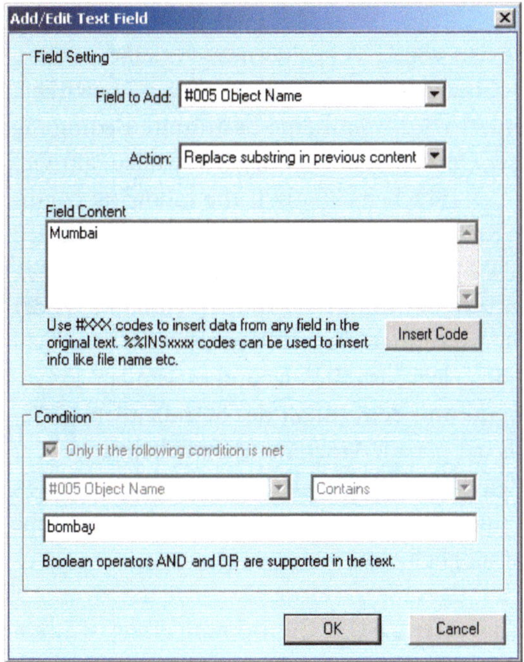

Abb. 3.56. IPTC/Image Resources: Eingaben für ein Text Template

Dateigröße, Auflösung, Größe, Inhalte anderer IPTC- oder EXIF-Felder usw. In Anhang A.4 sind alle verwendbaren Codes aufgeführt. Es können mehrere Codes nacheinander angegeben werden. Ein Anwendungszweck dieser Option könnte es sein, die ursprüngliche Auflösung eines Bildes

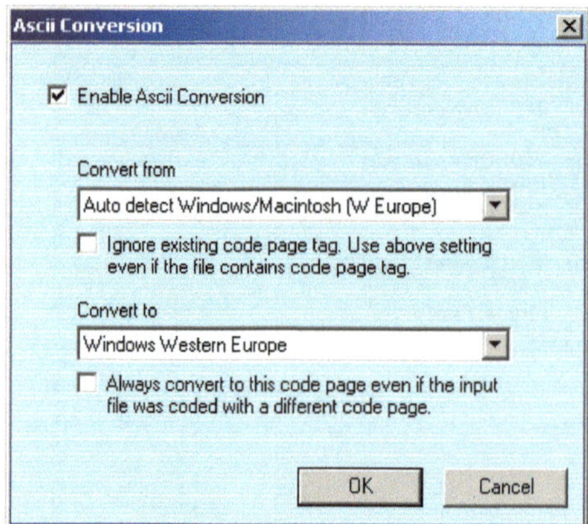

Abb. 3.57. IPTC/Image Resources: Konvertieren in einen bestimmten Zeichensatz

festzuhalten, um bei eventuell auftretenden Unstimmigkeiten bei der Wiedergabequalität des Bildes auf die ursprünglich deutlich zu niedrige Auflösung zu verweisen.

Festlegen von Bedingungen

Um das automatische Betexten von IPTC-Feldern zu verfeinern, kann man auf die Festlegung von »Conditions« zurückgreifen. Diese bewirken, dass der Feldinhalt nur geändert wird, wenn eine bestimmte Bedingung erfüllt ist. Wenn Sie von dieser Option Gebrauch machen wollen, aktivieren Sie sie durch das Setzen des Häkchens »Only if the following condition is met«. Das zu prüfende Kriterium, das erfüllt sein muss, bezieht sich immer auf ein bestimmtes IPTC-Feld oder auf die Gesamtheit der Felder. Das Kriterium ist erfüllt, wenn ein bestimmter Feldinhalt vorhanden oder nicht vorhanden ist. Des Weiteren kann es als erfüllt gelten, wenn das Feld überhaupt Inhalt aufweist oder »leer« ist. Im darunterliegenden Eingabefeld gibt man den Text ein, der mit dem Inhalt des betreffenden IPTC-Feldes abgeglichen wird. Falls der genaue Wortlaut nicht bekannt ist oder unterschiedliche Zeichenketten das Kriterium erfüllen, kann dies mit den Boolschen Operatoren AND und OR berücksichtigt werden. Eine Eingabe von Codes ist allerdings nicht möglich.

Umwandeln von Text in einen anderen Zeichensatz

Mit Klick auf den Button **Character ASCII Conversion** öffnet sich ein Menü, das die Aktivierung und Konfiguration der Zeichenumwandlung gestattet (**Abb. 3.57**). Color Factory versucht zu erkennen, welcher Zeichensatz in der vorliegenden Datei verwendet wurde. Als Standard ist »Auto Detect Win/Mac« eingestellt. Ist kein entsprechender Tag vorhanden, geht das Programm davon aus, dass es sich um den Zeichensatz handelt, der im Pulldown-Menü »Convert from« ausgewählt wurde. Sollen die Texte der Datei trotz eventuell vorhandenem »Codepage tag« der Datei im

Tabelle 3.4: Zeichensätze in Color Factory

Windows Western Europe	Chinese (PRC, Singapore)
Macintosh Western Europe	Korean
MS-DOS United States	Chinese (Taiwan Region; Hong Kong SAR, PRC)
Greek (formerly 437G)	ANSI - Central European
Baltic	ANSI - Cyrillic
MS-DOS Multilingual (Latin I)	Windows 3.1 US (ANSI)
MS-DOS Slavic (Latin II)	Windows 3.1 Greek
IBM Cyrillic (primarily Russian)	Windows 3.1 Turkish
IBM Turkish	Hebrew
MS-DOS Portuguese	Arabic
MS-DOS Icelandic	Korean (Johab)
MS-DOS Canadian-French	Macintosh Roman
MS-DOS Nordic	Macintosh Greek I
MS-DOS Russian	Macintosh Cyrillic
IBM Modern Greek	Macintosh Latin 2
Thai	Macintosh Icelandic
EBCDIC	Macintosh Turkish
Japan	Unicode (UTF-8)

ausgewählten Zeichensatz interpretiert werden, muss die darunterliegende Checkbox »Ignore« angeklickt werden. Die Auswahl der Zeichensätze ist in **Tabelle 3.4** ersichtlich.

Der im Menü »Convert to« ausgewählte Zeichensatz wird nicht in jedem Fall angewendet. Sollte der »Codepage tag« erkannt worden sein, wird dieser beibehalten. Erst das Aktivieren der Checkbox »Always« gewährleistet die Anwendung des gewählten Zeichensatzes.

Der »Codepage tag« ist ein eigenes Merkmal der FotoWare-Produkte. Sobald ein Bild in FotoStation oder von Color Factory betextet wird, wird im IPTC-Feld #183 der verwendete Zeichensatz vermerkt. Dieses Feld ist normalerweise unbenutzt und dieser Vermerk wird auch nicht von anderen Programmen, wie z. B. Photoshop, ausgelesen. Diese Information in diesem Feld wird von Color Factory bei Operationen in IPTC-Feldern stets berücksichtigt. Soll ein anderer Zeichensatz verwendet werden, muss es mit den Einstellungen in diesem Menü erzwungen werden.

Mittels **Category Code Mapping** können Sie speziell für das IPTC-Feld »Kategorie« (#015) Änderungen vornehmen lassen (**Abb. 3.58**). Color Factory sucht nach bestimmten Zeichenketten und ersetzt diese jeweils. Dieses Feature ist dafür gedacht, die Kategorie-Codes von Bildern anzupassen. Um es zu konfigurieren, geben Sie unter »Input Category« die Kategorie, bzw. deren Kürzel, und unter »New Category« die neue, von Ihnen gewünschte Zeichenkette ein.

Ersetzen von Inhalten des IPTC-Feldes #015 (Kategorie)

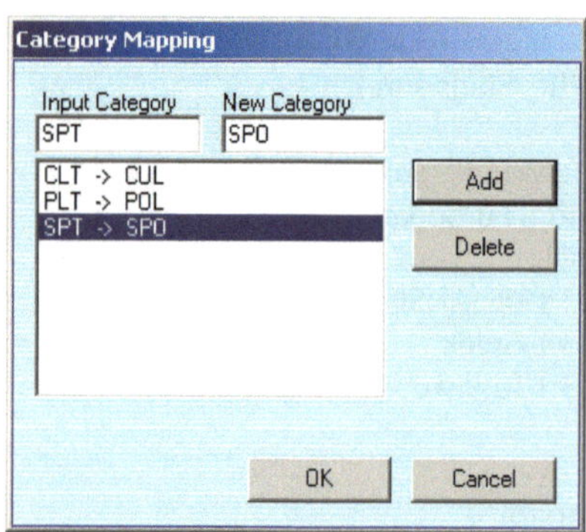

Abb. 3.58. IPTC: Wandeln von Kategorie-Codes

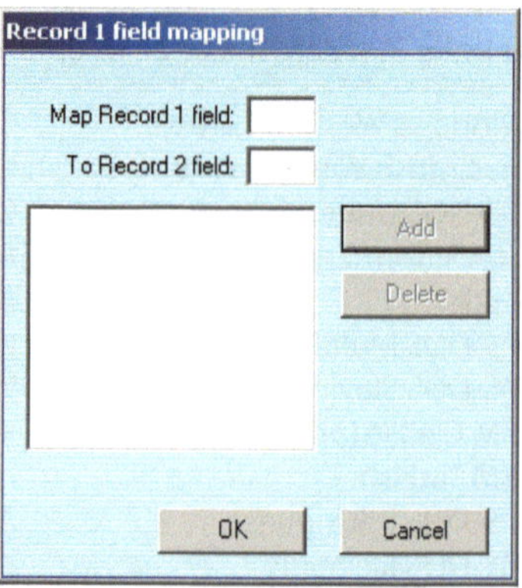

Abb. 3.59. Zuweisen von Feldinhalten aus Record 1 in den Record 2

Ein Verlag, der Bilder von einer Agentur bezieht, kann abweichende Bezeichner modifizieren, die dann der hausinternen Sprachregelung entsprechen. Wenn die Bildagentur beispielsweise Fotos aus dem Bereich Kultur mit »CUL« kennzeichnet, Sie aber diese Kategorie mit »CLT« abkürzen, haben Sie an dieser Stelle die Möglichkeit, diesen Eintrag umwandeln zu lassen. Im IPTC-Feld #015 aller Bilder lassen Sie nach »CUL« suchen und durch »CLT« ersetzen. Diese Funktion können Sie prinzipiell auch in den »General Text Templates« realisieren, müssten dann aber für jede Ersetzung stets ein eigenes »Field setting« anlegen. Um dieses etwas umständliche Verfahren zu vereinfachen, gibt es im speziellen Fall der Kategorie-Codes diese Funktion.

Kopieren von Feldinhalten aus Record 1 in Record 2

Nach demselben Prinzip wie im vorangegangen Menü für die Kategorie-Codes arbeitet auch **IPTC Record 1 Mapping** (Abb. 3.59). Wie in Kap. 3.2.3 beschrieben, gibt es mehrere Records, die IPTC-Felder enthalten. Die »normalen« Daten, die sie z. B. mittels Text Template in die IPTC-Felder eintragen, werden in Record 2 geschrieben. Möchten Sie aber Inhalte zwischen den beiden Records austauschen, nutzen Sie dieses Mapping.

Im Menü können Sie keine Inhalte eingeben, die in ein IPTC-Feld geschrieben werden. Stattdessen benennen Sie ein IPTC-Feld des Record 1, aus dem der Inhalt kopiert, und das Feld in Record 2, in das geschrieben werden soll. Dafür werden in die beiden Eingabefelder (»Map Record 1 field«, »To Record 2 field«) die Nummern der beteiligten Felder eingetragen und mit dem »Add«-Button zur Liste hinzugefügt.

Merge Text – ODBC

Auf dieser Karteikarte kann das Einfügen von Text aus einer Datenbank via ODBC-Schnittstelle (Open DataBase Connectivity) konfiguriert werden (**Abb. 3.60**). Sind die gewünschten Inhalte der IPTC-Felder bereits an anderer Stelle erfasst worden, z. B. in Form einer Datenbank, müssen diese nicht erneut für jedes Bild eingetippt werden. Wenn die notwendigen Voraussetzungen gegeben sind, können Sie diese mit Color Factory verbinden und die Inhalte von dort beziehen. Im Gegensatz zu Text Templates können hiermit für jedes Bild individuelle, in der Datenbank befindliche Texte eingefügt werden. Ein Text Template kann in ein bestimmtes Feld einer jeden Datei stets nur denselben Inhalt einfügen, der bei der Konfiguration eingegeben wurde.

Zur Nutzung des Features klicken Sie die Checkbox »Activate ODBC Connection« an. Danach erfolgt die Eingabe der ODBC-Verbindung, zu der »Data source name (DSN)«, der »User name« und das richtige Passwort gehören. Konnte Color Factory erfolgreich eine Verbindung zur Datenbank aufbauen, ist im Bereich »Database to IPTC mapping« die Konfiguration möglich. Hier wird eingegeben, welche Information aus der Datenbank in welches IPTC-Feld übernommen werden soll.

Im Bereich »Search Key« legen Sie fest, woran Color Factory erkennt, mit welchen Einträgen aus der Datenbank das jeweils vorliegende Bild betextet werden soll. Wenn der Inhalt eines bestimmten »Image value« im

Bildbetextung durch eine Datenbank

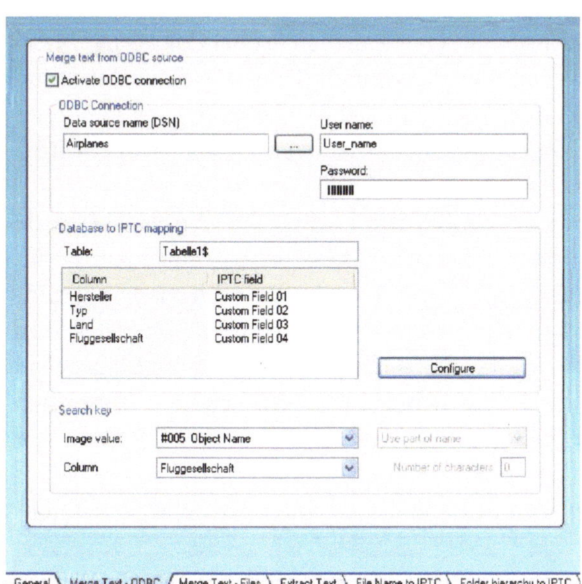

Abb. 3.60. IPTC/Image Resources: Einfügen von Feldinhalten aus einer ODBC-Quelle

Bild mit einem Eintrag in der Datenbank unter einer bestimmten Spalte (»Column«) übereinstimmt, wird die Datei gemäß der Vorgabe betextet. Als »Image value« kann ein beliebiges IPTC-Feld, der Dateiname, der Ordnername oder der Dateipfad dienen. Fällt die Wahl auf den Dateinamen, können Sie noch wählen, ob es der gesamte Dateiname (mit oder ohne Extension) oder nur ein Teil von ihm sein soll. Bei Letzterem geben Sie noch die Anzahl der Zeichen an, die in Betracht kommen. Unter »Column« entscheiden Sie sich für die Spalte der Datenbank, in der das Programm den »Image Value«, bzw. den »Search key«, suchen soll. Dabei können Sie eine der Spalten wählen, die unter »Database to IPTC mapping« konfiguriert wurden. Findet Color Factory an definierter Position in der Datei eine Zeichenkette, die identisch mit einer Zeichenkette ist, die in der Datenbank in der bestimmten Spalte steht, werden die Datenbank-Inhalte gemäß der Zuordnung zu den IPTC-Feldern in diese geschrieben (Bereich »Database to IPTC mapping«).

Merge Text – Files

Bildbetextung über eine Template-Datei

Die Einstellungen in diesem Menü dienen dazu, die Inhalte eines vorhandenen Templates in die IPTC-Felder der Bilddateien einzufügen (**Abb. 3.61**). Wenn bereits ein passendes Template für eine Reihe von Bildern erstellt wurde, kann dieses durch Color Factory auf jene Daten angewendet werden. Bei der Zuweisung des Templates haben Sie zwei Möglichkeiten: Einmal können mehrere Templates als Quelle dienen (wobei Color Factory das jeweils zutreffende Muster anhand der Übereinstimmung der ersten x Zeichen im Dateinamen ermittelt) oder diesem Vorgang wird ein konkretes Template zugewiesen, das grundsätzlich bei allen im Kanal zu bearbeitenden Bildern zum Einsatz kommt.

Um dieses Feature nutzen zu können, klicken Sie »Activate template merging« an. Danach folgt im Bereich »Merge with template« die Entscheidung zwischen den beiden Varianten »Merge with matching template« und »Use fixed template name«. Sollen mehrere Templates zum Einsatz kommen, wählen Sie das Erstgenannte und geben im Eingabefeld darunter den Ordner an, in dem sich die Vorlagen befinden. Ansonsten benennen Sie an dieser Stelle konkret die *.ipt-Datei. Unter »Create new template« kann bei Bedarf ein neues Template erstellt werden. Die Menüs dafür sind identisch mit den in Kapitel 3.2.9 unter »General Text Template« beschriebenen.

Um das Prinzip von »Merge with matching template« zu verdeutlichen, sei folgendes Beispiel aufgeführt: Angenommen, die drei Fotografen Herr

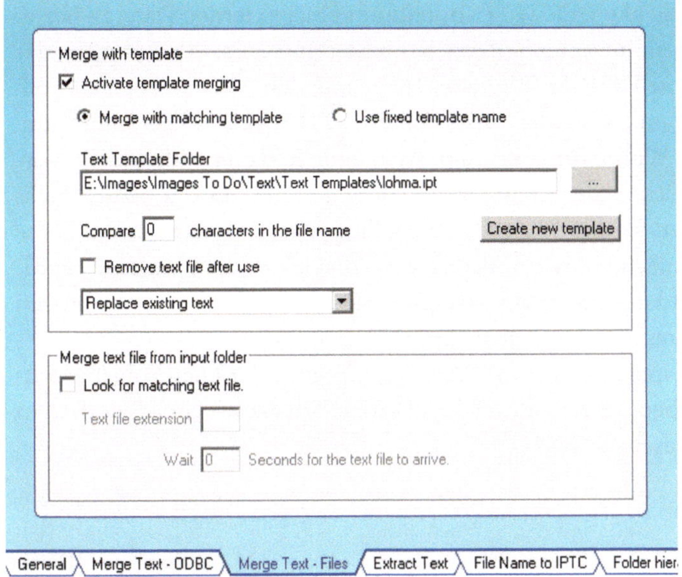

Abb. 3.61. IPTC/Image Resources: Einfügen von Feldinhalten aus Template-Dateien

Müller, Frau Meier und Herr Schulze legen ihre Fotos alle in denselben Eingangsordner ab, der von einem Kanal, bei dem »Merge Text« aktiviert ist, überwacht wird. Alle drei halten sich an die Dateinamenskonvention <Fotograf>_<lfd.Nr.>_<Kurztitel>.jpg, sodass z. B. folgende Datei entstehen kann: mueller_001_Zitterpappel.jpg. Im Template-Ordner des Kanals sind die Vorlagen mueller.ipt, meier.ipt und schulze.ipt hinterlegt. Gibt man bei »Compare x characters in the filename« beispielsweise »5« an, vergleicht Color Factory die ersten fünf Zeichen miteinander, also ob eine Datei mit »muell«, »meier« oder »schul« beginnt. Wird das Programm fündig, füllt es deren IPTC-Felder mit den in der Vorlage hinterlegten Texten. Doch Vorsicht: Nennt Herr Schulze sein Foto nur »muellverbrennungsanlage. jpg« wird dieses Bild fälschlicherweise mit dem Template für Herrn Müller bearbeitet. Ebenso würde Frau Meiers »schulgebäude.jpg« Herrn Schulze zugeordnet. Kann einer Datei kein Template zugeordnet werden, wird kein Feld in der Bilddatei geändert.

Auf Wunsch wird bei dieser Methode ein benutztes Template nach Gebrauch gelöscht. Wird ein »fixed Template« für alle Daten verwendet, ist diese Option ausgegraut. Ebenso ist in diesem Fall die Zeichenzahl für den Dateinamenabgleich nicht einstellbar. Abschließend wird im Pulldown-Menü entschieden, was mit möglicherweise bereits existierenden Inhalten der IPTC-Felder geschehen soll. Diese können ersetzt sowie vor oder nach den neuen Texten positioniert werden.

Die dritte Möglichkeit, die IPTC-Inhalte aus einer externen Datei zu beziehen, befindet sich im unteren Bereich des Menüfensters. Ein Template, das denselben Namen wie die Bilddatei trägt und sich von dieser nur durch die Extension unterscheidet, wird auf die IPTC-Felder angewendet und füllt diese aus. Wurde für jedes zu bearbeitende Bild eine individuelle Vorlage erstellt, klicken Sie »Look for matching text file« an. Zusätzlich muss noch angegeben werden, welche Dateiendung das Template besitzt. Diese Angabe ist zwingend notwendig, damit es von Color Factory erkannt wird! Wenn die Textdatei auf einem Macintosh-Rechner erstellt wurde, müssen Sie die Extension nachträglich anfügen.

Wird die Template-Datei mit Verzögerung in den Kanal-Eingangsordner gestellt, geben Sie eine ausreichend große Zeitspanne (in Sekunden) in das dafür vorgesehene Feld ein.

Extract Text

Den zur vorangegangenen Karteikarte umgekehrten Arbeitsschritt können Sie hier definieren (**Abb. 3.62**). Sollen die Inhalte der IPTC-Felder eines Bildes extrahiert und als separate Datei abgelegt werden, klicken Sie die Checkbox »Activate text extraction« an. In diesem Menü können Sie einstellen, ob für jedes Bild eine neue Datei angelegt oder eine bestehende Datei ständig erweitert werden soll, an welchen Ort gespeichert und welches Dateiformat dabei verwendet wird. Abhängig von diesen Einstellungen haben Sie die Möglichkeit, diese genauer zu spezifizieren.

Nachfolgende Ausführungen gehen davon aus, dass zu jedem Bild eine eigene Text-Datei angelegt werden soll. Die erste Entscheidung nach der für »Create new text file everytime« ist die, an welchem Ort die Datei abgelegt wird. Im Normalfall ist dies der Kanal-Ausgangsordner oder der Ordner, der aufgrund eines AutoRoutings das Ziel ist. Wenn Sie die Datei an einem anderen Speicherort benötigen, können Sie diesen ebenfalls angeben – nachdem Sie die Checkbox »Store text in a specified folder instead of image destination folder« angeklickt haben. Der Name der Textdatei kann nicht voreingestellt werden, da er sich stets durch die bearbeitete Bilddatei ergibt und mit ihr identisch ist. Lediglich durch die Extension, die dafür aber eingegeben werden kann, unterscheiden sich beide Dateien. Wird keine Extension angegeben, vergibt Color Factory automatisch die Endung *.txt, auch dann, wenn Sie IPT-Dateien wünschen. In diesem Fall müssen Sie die gewünschte Endung selbst festlegen (Eingabefeld »File name extension«).

Die nächste wesentliche Entscheidung ist die, in welchem Dateiformat Color Factory die erzeugten Textdateien abgelegen soll. Sollen binäre

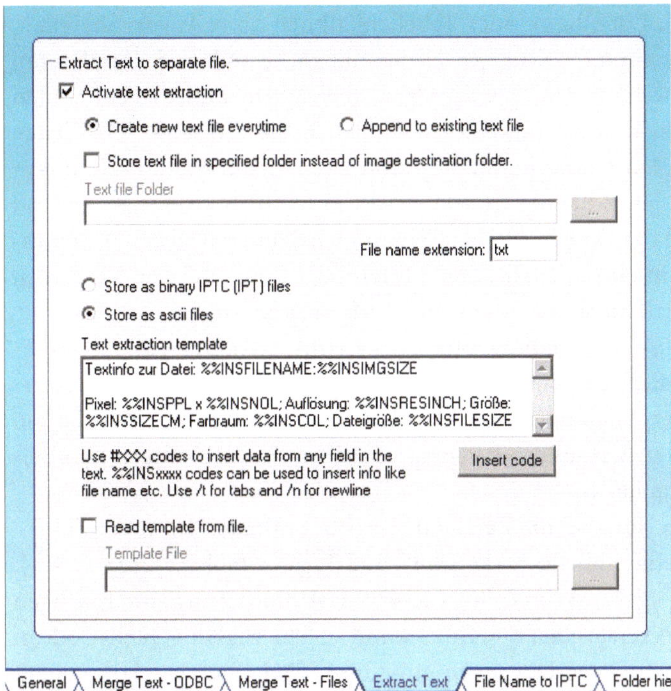

Abb. 3.62. IPTC/Image Resources: Erfassen von Informationen aus dem Bild in eine Text-Datei

IPTC-Files mit der Endung *.ipt erzeugt werden, sind weitere Einstellungen zum Dateiformat nicht möglich. Die Spezifikationen stehen fest und können vom Color-Factory-Administrator nicht geändert werden. Eine so erzeugte Datei enthält die Informationen aus allen Text-Feldern. Die bei der Benutzung dieses Kanals entstehende Text-Datei kann somit als Template für die Betextung anderer Bilddaten in einem anderen Kanal verwendet werden. Liegt Ihnen eine bereits vollständig betextete Bilddatei vor, deren IPTC-Inhalte in andere Dateien übernommen werden sollen, lassen Sie jenes Bild durch einen Kanal laufen, der das Template extrahiert, und definieren dieses in einem weiteren Kanal mit der Option »Merge Text File« als Template.

Entscheiden Sie sich für die Ausgabe im ASCII-Format, können Sie den Inhalt nach Ihren Wünschen auswählen und anordnen. Im Eingabefeld »Text extraction template« geben Sie wieder über die Codes ein, welche Informationen die Text-Dateien später enthalten sollen (siehe Anhang A.4). Die Raute in Verbindung mit einer dreistelligen Zahl dient als Platzhalter für den Inhalt des jeweiligen IPTC-Feldes. Des Weiteren können Informationen aus EXIF-Feldern sowie dateispezifische Eigenschaften über die Codes erfasst werden. Um die ASCII-Datei übersichtlich zu gestalten oder

Ausgabe in eine ASCII-Datei

um sie für eine Datenbank oder Tabellenkalkulation o. Ä. vorzubereiten, können mit bestimmten Kürzeln Zeilenumbrüche (/n) und Tabulatoren (/t) eingefügt werden. Die Festlegungen, die sich in diesem Feld treffen lassen, lassen sich auch importieren. Erstellen Sie z. B. eine RTF-Datei, die die benötigten Codes beinhaltet, und formatieren diese nach Ihrem Geschmack. Klicken Sie die Checkbox »Read template from file« an und geben den Pfad der Datei ein. Color Factory wird nun die Daten, die extrahiert wurden, in einer derart formatierten Text-Datei ablegen. Vergessen Sie in diesem Fall nicht, die Extension »*.rtf« anzugeben.

HTML, XML, ...   Wenn Sie diese Informationen für eine Web-Anwendung oder als medienneutralen Datensatz benötigen, können Sie sich eine leere HTML- oder XML-Vorlage erstellen und an den Stellen, an denen die dateispezifischen Informationen stehen sollen, die entsprechenden Codes einfügen (ein Beispiel dazu in Kapitel 4).

Ein Problem ist dabei die Zeichenkette »/t«, enthalten in jeder HTML-Datei, in der eine Tabelle vorkommt (End-Tags: </table>, </td>, </tr>). Diese Zeichenfolge wird von Color Factory als Aufforderung zum Einfügen eines Tabulators verstanden und führt somit zu fehlerhaftem Quell-Code in der ausgegebenen Datei. Deswegen muss im HTML-Template konsequent die Großschreibung verwendet werden. Lauten die Tags </Table>, </Td> und </Tr>, bleiben sie von Color Factory unangetastet. Bei der XML-Datei kann das Problem durch Vermeidung der kleinen Anfangsbuchstaben »t« und »n« in den Elementnamen (und dadurch das Auftreten von »/t« und »/n«) umgangen werden – sofern nicht eine DTD oder ein XML-Schema entsprechende Bezeichner vorschreiben.

Protokollfunktion   Haben Sie im oberen Teil des Menüs nicht »Create new text file everytime«, sondern »Append to existing text file« gewählt, schreibt Color Factory die Text-Informationen aller Bilder in eine einzige Datei. Als Ergebnis erhalten Sie ein *Protokoll* darüber, welche Bilddateien im Kanal bearbeitet wurden, einschließlich aller von Ihnen gewünschten Informationen dazu. Welche dies sind, hängt von Ihren Eingaben unter »Text extraction template« ab. Hier bestehen dieselben Möglichkeiten für die Auswahl der zu erfassenden Informationen wie bei der oben beschriebenen Eingabe für ASCII-Files. Ein RTF-Template o. Ä. zur Gestaltung Ihrer Textdatei können Sie auch wieder nutzen.

File Name to IPTC

Durch dieses Feature ist Color Factory in der Lage, den Dateinamen in ein IPTC-Feld zu schreiben (**Abb. 3.63**). Dies ist zwar prinzipiell bereits mit den »File name options« möglich (Kapitel 3.2.8), kann aber in den »IPTC/ Image Resources« noch detaillierter eingestellt werden.

Hinter diesem Feature steckt der Gedanke, dass Dateinamen möglicherweise schon Informationen aufweisen, die in bestimmten IPTC-Feldern benötigt werden und ohnehin erfasst werden müssen. Lautet der Name einer Datei z. B. »01462761_Zitterpappel_mueller.tif« könnten anhand dieser Informationen, die sich bereits aus dem Dateinamen ableiten lassen, vier IPTC-Felder gefüllt werden:
- »01462761«, die Auftragsnummer: Feld #184 (Job ID)
- »Zitterpappel«, das abgebildete Motiv: Feld #005 (Object Name)
- »mueller«, der Name des Fotografs: Feld #116 (Copyright)

Begonnen wird, wie üblich, mit dem Aktivieren der Checkbox. In diesem Fall lautet sie: »Split file name to multiple strings and copy to text fields«. Der Unterschied zur Variante über die »File name options« besteht darin, dass der Dateiname in mehrere Teile untergliedert werden kann. Diese Teilstücke können dann in unterschiedliche IPTC-Felder kopiert werden. Der Dateiname wird dabei logischerweise von links nach rechts gelesen und unterteilt.

Danach folgt die Angabe, aus wie vielen Teilen der Dateiname bestehen wird, bzw. in wie viele ihn Color Factory unterteilen soll. Nach dieser Angabe ist die entsprechende Anzahl an Pulldown-Menüs nicht mehr ausgegraut und Sie können festlegen, welcher Teil des Dateinamens in welches Feld übernommen wird. Zusätzlich müssen Sie noch den »Separator«, das Zeichen (oder die Zeichenkette) eingeben, das die Namensteile voneinander trennt. Sie benennen das Zeichen, das *nach* dem jeweiligen Teil kommt.

Wenn Sie die entsprechende Checkbox anklicken, geht Color Factory von einer festen Länge für jeden Teil aus. Dann müssen Sie keinen Separator eingeben. Wie lang der Teil jeweils tatsächlich ist, geben Sie ebenfalls in die Felder »Separator« ein.

Voraussetzung für die Benutzung dieses Features ist, dass konsequent alle Dateien der dafür notwendigen Namenskonvention entsprechen. Falls nicht, kommt es zur fehlerhaften Zuordnung der Inhalte in die IPTC-Felder oder zu unsinnigen Eingaben in selbige.

Aufteilen des Dateinamens und Einfügen der Teile in IPTC-Felder

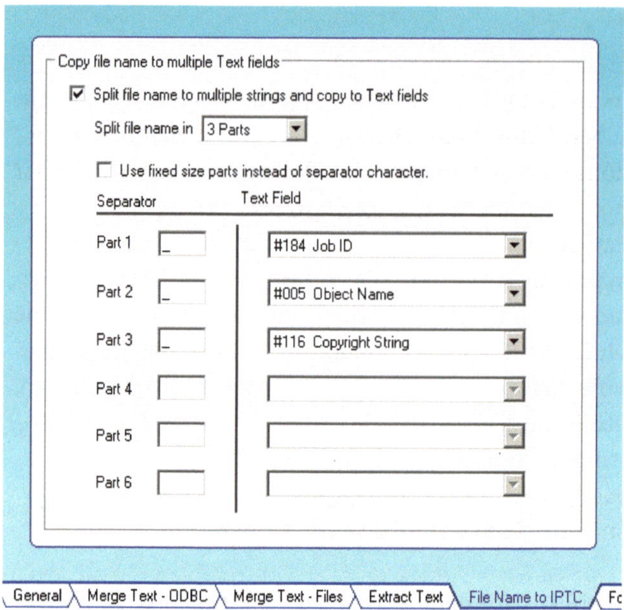

Abb. 3.63. IPTC/Image Resources: Aufteilen des Dateinamens und Kopieren dieser Informationen in IPTC-Felder

Folder Hierarchy to IPTC

Aufteilen des Ordnerpfades und Einfügen der Teile in IPTC-Felder

Nach demselben Prinzip wie im vorangegangen »File Name to IPTC« funktioniert auch dieses Feature (**Abb. 3.64**). Hierbei wird allerdings nicht der Dateiname betrachtet, sondern der Pfad, in der sich die Datei befindet. Dieser wird in seine einzelnen Ordnernamen unterteilt und die Einzelteile danach in bestimmte IPTC-Felder kopiert. Ein berechtigter Einwand mag an dieser Stelle sein, dass damit nur die Ordnerstruktur des Kanal-Eingangsordners betrachtet wird, aber das stimmt nur bedingt. Richtig ist, dass man, wenn man den Folder-Level tief genug wählt, auch den Eingangsordner erfasst. Da die unbearbeiteten Dateien in Unterordnern liegen können, ist die damit verbundene Information durchaus von Relevanz. In diesem Zusammenhang muss darauf hingewiesen werden, dass bei allen beteiligten Kanälen das Feature »Input Options« mit den Optionen »Include Subfolders« und »Mirror Subfolder Structure« aktiviert sein muss (siehe Kap. 3.2.1). Ansonsten wird die Unterordnerstruktur nicht mehr übernommen und ein nachfolgendes »Folder Hierarchy to IPTC« wäre hinfällig. Beachten Sie außerdem die richtige Reihenfolge des Ordnerpfades bei der Zuweisung der IPTC-Felder. Der Ordner, in dem die Datei liegt, ist der mit der größten Level-Zahl. Bereits vorhandene Inhalte in den IPTC-Feldern werden bei diesem Vorgang überschrieben.

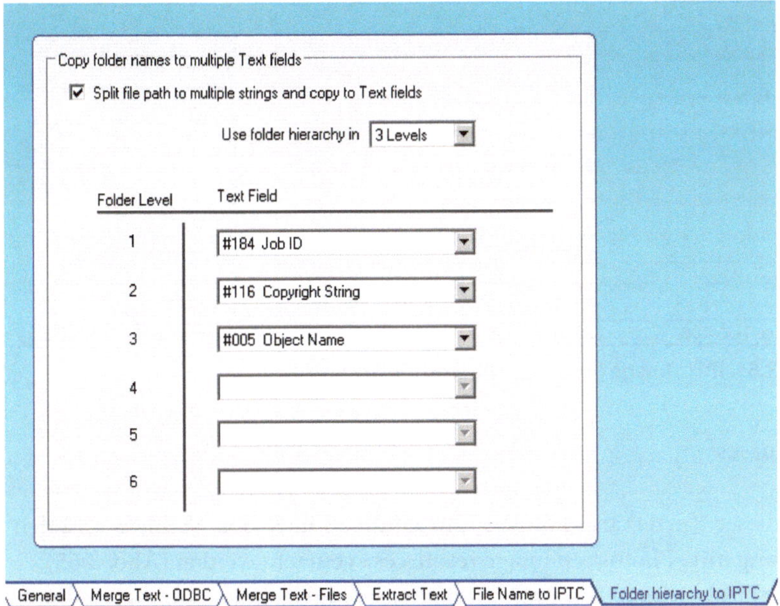

Abb. 3.64. IPTC/Image Resources: Aufteilen und Kopieren des Dateipfades in IPTC-Felder

Um beim vorangegangenen Beispiel zu bleiben: Der Dateipfad lautet:
H:\...\<Eingangsordner>\01462761\mueller\Zitterpappel\<Dateiname>.tif
Bei einer in diesem Fall sinnvollen Ordnertiefe von »3« kann man folgende Zuweisung vornehmen:

- Level 1: »01462761«: Feld #184 (Job ID)
- Level 2: »mueller«: Feld #116 (Copyright)
- Level 3: »Zitterpappel«: Feld #005 (Object Name)

Nachdem Sie wieder die obligatorische Checkbox für die Aktivierung (»Split file path to multiple strings and copy to text fields«) angeklickt haben, können Sie mit der Konfiguration fortfahren. Darauf folgt die Angabe, bis zu welcher Tiefe die betrachteten Ordner zurückgehen sollen. Bedenken Sie aber, dass bei einer größeren Tiefe möglicherweise auch die Ordnerstruktur des Kanals erfasst wird, die keine relevanten Informationen mehr enthält. Konsequenz bei der Strukturierung der Ordner muss hier natürlich auch gewährleistet sein, um Fehlinformationen in den IPTC-Feldern zu vermeiden.

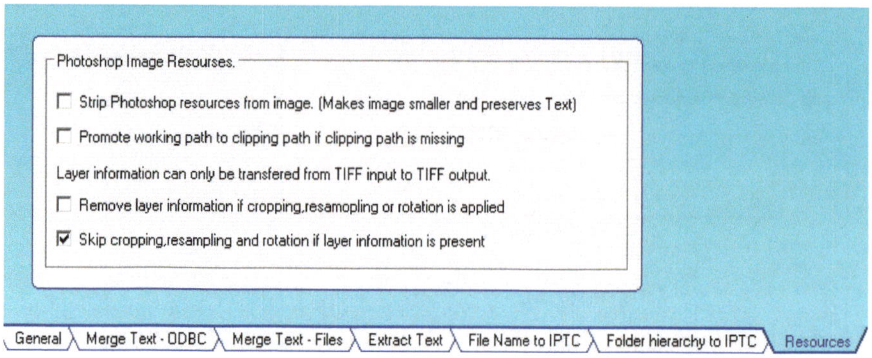

Abb. 3.65. IPTC/Image Resources: Photoshop Resources

Resources

Photoshop-Ressourcen in Bildern

Auf dieser Karteikarte können Einstellungen über den Verbleib und den Umgang mit »Photoshop image resources« gemacht werden (**Abb. 3.65**):

- »Strip Photoshop resource from image. (Makes image smaller and preserves text)« entfernt alle zusätzlichen Informationen, die Photoshop in die Datei hinterlegt hat. Dadurch verringert sich die Dateigröße (was besonders bei der Online-Veröffentlichung interessant ist). Alle Textinformationen (IPTC-Felder) bleiben aber erhalten.
- »Promote working path to clipping path if clipping path is missing« erstellt einen Beschneidungspfad aus einem Arbeitspfad. Ist in der Datei kein Beschneidungspfad angelegt, wandelt Color Factory den ersten gefundenen Pfad in einen Beschneidungspfad um und stellt den Pfadinhalt somit frei. Diese Checkbox und die vorangegangene schließen sich demzufolge aus.

Die anderen beiden Checkboxen betreffen die vorhandenen Ebenen in TIFF-Dateien. Die Ebenen werden nur transferiert/bleiben erhalten, wenn es sich sowohl bei der Eingangsdatei als auch bei der Ausgabedatei um eine TIFF-Datei handelt. Einfluss auf die Ebenen in PSD-Dateien können Sie an dieser Stelle nicht nehmen. Diese werden auch dann reduziert, wenn die Datei als TIFF ausgegeben wird.

- »Remove layer information if cropping, resampling or rotation is applied« bewirkt, dass auf die Hintergrundebene reduziert wird, wenn im Kanal das Bild beschnitten, gedreht oder dessen Auflösung geändert wird.
- »Skip cropping, resampling and rotation if layer information is present« verhindert das Beschneiden, Ändern der Auflösung und Drehen des Bildes. Dadurch können die Ebenen erhalten bleiben und auch noch in nachgelagerten Arbeitsschritten zur Verfügung stehen.

3.2.10 Image ID

Um ein Bild eindeutig zu identifizieren, fügt Color Factory auf Admi-
nistratorwunsch einen eindeutigen Bezeichner, eine »Unique ID«, in das
IPTC-Feld 2:187 eines jeden bearbeiteten Bildes ein. Diese ID ermöglicht
die zweifelsfreie Zuordnung von erzeugten LowRes-Daten für Remote Layout. Diese handlicheren Daten können zum Layouten verwendet werden,
um die Resourcen Speicherplatz und Rechenzeit zu sparen, die durch den
Gebrauch der hochaufgelösten Daten nötig wären. Wenn Sie an den Layout-Daten z. B. einen Beschnitt definieren, wird dieser von Color Factory
an den HighRes-Daten ausgeführt, die über die Unique ID zugeordnet
werden können.

Vergabe eines eindeutigen Bezeichners in das IPTC-Feld #187

Image and Owner ID

Als Einleitung zur Thematik befindet sich auf dieser Karteikarte ein kurzer
erläuternder Text, der auf die wesentlichen Punkte dieser Karteikarte hin-
weist (**Abb. 3.66**). Color Factory fügt jedem Bild die erwähnte Unique ID
(UID) zu. Die ersten beiden Checkboxen betreffen den Umgang mit bereits
vorhandenen Identifiern. »Clear existing image ID« löscht sie und lässt
das Feld leer, während »Overwrite existing image ID« sie durch eine neue
ersetzt. Bei diesen beiden Operationen muss allerdings gewährleistet ein,
dass damit keine bestehenden Verbindungen zu niedrig aufgelösten Daten
verloren gehen. Eine UID besteht aus zwei 16 Byte langen Hex-Strings, die
automatisch generiert werden.

Eindeutiger Bezeichner für das Bild ...

Zusätzlich zur »Unique Image ID« können Sie eine »Owner ID« vergeben, die ins IPTC-Feld #188 eingetragen wird. Dadurch lässt sich über
diesen Eintrag jedes Bild Ihrem Unternehmen zuordnen. Im Eingabefeld
»Owner ID« (OID) geben Sie eine frei wählbare Zeichenkette (max. vier
Stellen) ein, die Sie als OID benutzen möchten. Möchten Sie, dass diese
Eingabe auch in Dateien eingefügt wird, die bereits derart gekennzeichnet
sind, klicken Sie »Overwrite existing Owner ID« an. Sollen grundsätzlich
alle Bilder, die durch den Color-Factory-Workflow laufen, mit dieser OID
versehen werden, können Sie einfach auf den Button »Copy Owner ID to
all channels« klicken und sich somit die Konfiguration dieses Features in
jedem einzelnen Kanal ersparen.

... und dessen Eigentümer

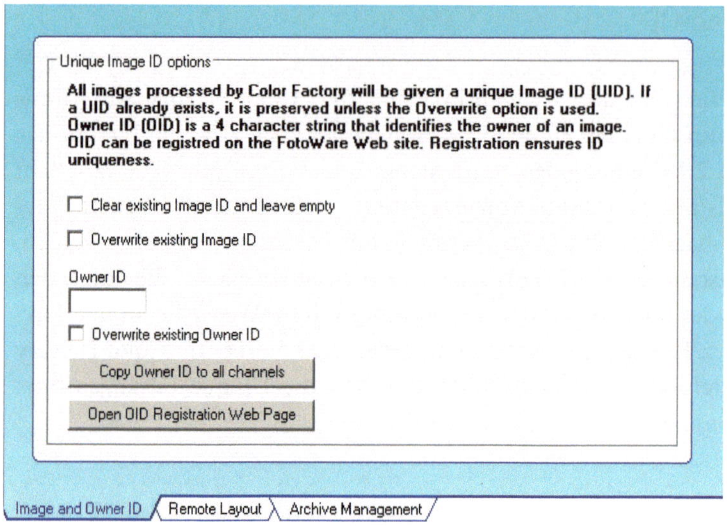

Abb. 3.66. Image ID: Vergabe der »Image ID« und einer »Owner ID«

Remote Layout

Niedrig aufgelöste Kopien zu Layoutzwecken

Auf dieser Karteikarte finden Sie alle Optionen für die Erzeugung von Low-Res-Daten und deren Zuordnung zu HighRes-Daten (**Abb. 3.67**). Je nachdem was Sie benötigen, aktivieren Sie eine der beiden Checkboxen »Create remote layout image« oder »Search for original image«. Beide gleichzeitig zu aktivieren ist nicht möglich.

Erstellung …

Mit Anklicken von »**Create remote layout image**« erstellen Sie für die Bilder, die diesen Kanal durchlaufen, eine niedrig aufgelöste Kopie. Diese kann zum Layouten dienen oder als Voransicht für externe Adressaten, denen die Originaldaten nicht zur Verfügung stehen (sollen). Die erste Eingabe ist die Größe des zu erstellenden Bildes. Geben Sie dazu den beabsichtigten Zahlenwert und die Einheit ein. Für Letzteres können Sie wieder wählen zwischen:
- dpi
- pixel/cm
- pixel max (Eingabewert wird auf längere Seite angewendet und die kürzere proportional angepasst)
- pixel min (Eingabewert wird auf kürzere Seite angewendet und die längere proportional angepasst)
- pixel width (Eingabewert wird grundsätzlich der Bildbreite zugewiesen, unabhängig vom Verhältnis zur Bildhöhe)

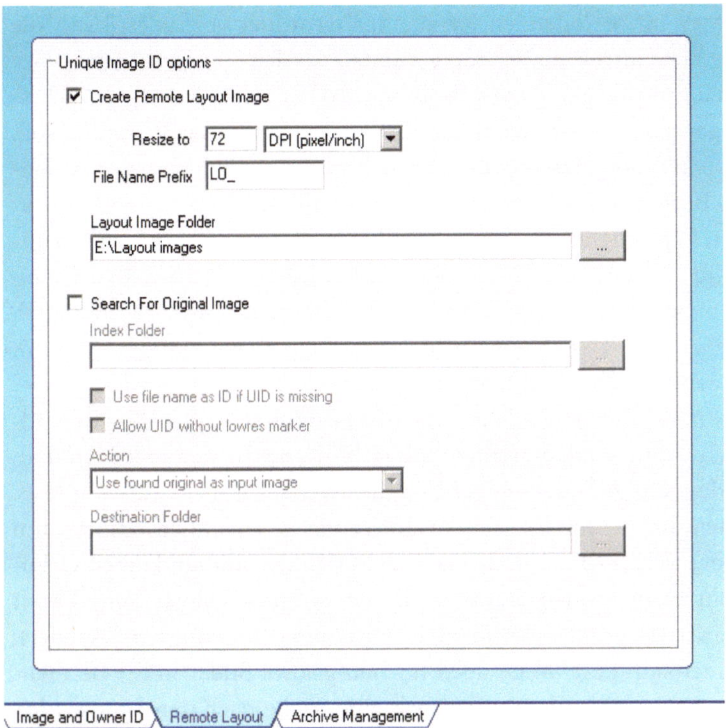

Abb. 3.67. Image ID: Erzeugen und Suchen der Daten für Remote Layout

Um das LowRes-Bild von seiner Vorlage im Dateimanager unterscheiden zu können, kann man es um einen »File name prefix« erweitern. Falls Sie diese Möglichkeit nicht nutzen möchten und beide Dateiversionen denselben Namen tragen sollen, lassen Sie dieses Eingabefeld frei. Abschließend gibt man noch im Feld »Layout image folder« den Ordnerpfad an, in dem die erzeugten Daten abgelegt werden sollen. Das Originalbild wird in den Ordner abgelegt, der aufgrund der Kanaleinstellungen das Ziel ist (Kanalausgangsordner oder AutoRouting-Ziel).

Das LowRes-Bild erhält automatisch die gleichen IDs wie das Original. Die Image ID wird dabei um den Präfix »LO« erweitert, wodurch das Programm später in der Lage sein wird, bei zwei Dateien mit identischer ID zu erkennen, welches das Original ist. Ein Vergleich der technischen Merkmale der beiden Versionen wäre zwar denkbar, aber praktisch zu unsicher. Die Owner ID wird nur optional übernommen – wenn sie auf der vorangegangenen Karteikarte eingegeben wurde.

Als Umkehrung des Vorangegangenen kann man die Funktion »**Search for original image**« auffassen. Über die Image ID eines LowRes-Bildes, das

... und Suche

Color Factory im betreffenden Kanaleingangsordner vorfindet, kann die zugehörige hochaufgelöste Version gefunden werden.

Im ersten Eingabefeld, »Index Folder«, wird der Index-Manager-Archivordner angegeben, in dem nach den Originalbildern gesucht werden soll. Das Eintippen dieses Pfades kann man sich sparen, indem man den nebenstehenden Button nutzt und sich zu ihm durchklickt. Die beiden Checkboxen betreffen mögliche Unzulänglichkeiten der Image ID (UID). Falls keine ID im LowRes-Bild vorhanden ist, kann Color Factory den Dateinamen zum Abgleich nutzen. Das ist vielleicht etwas unsicher, aber auch ein möglicher Weg. Der Dateiname des gesuchten Originalbildes muss mit dem des Layout-Bildes absolut identisch sein.

Obwohl normalerweise alle mit diesem Feature erzeugten LowRes-Bilder eine UID mit vorangestelltem »LO« besitzen, ist dennoch denkbar, dass trotzdem das ein oder andere Bild diesen Marker nicht aufweist (z. B. durch Dateiumbenennung). Diese Markierung ist eigentlich wichtig, um zu erkennen, welche Bilder im Kanal LowRes-Bilder sind und deren Originale gesucht werden sollen. Damit auch Bilder ohne »LO«-Marker erkannt werden, wird die Checkbox »Allow UID without LowRes marker« aktiviert. Somit können auf diese Weise auch hochaufgelöste Bilder in die Betrachtung einbezogen werden und fälschlich eine Suche nach dem »passenden HiRes-Bild« auslösen. Theoretisch kann so auch nach Duplikaten gesucht werden. Doch dafür ist nicht diese Funktion, sondern die auf der nächsten Karteikarte (»Archive Management«) gedacht.

Die letzte Einstellung dieser Funktion betrifft die Vorgabe, was mit den gefundenen Originalbildern geschehen soll. Im Pulldown-Menü »Action« besteht die Wahl zwischen »Use found original as input image«, »Copy found original to destination folder« und »Move found original to destination folder«. Zum einen kann das Originalbild (anstatt des niedrigaufgelösten Bildes) regulär im Kanal weiterverarbeitet und zum anderen kann es in den Ziel-Ordner kopiert bzw. verschoben werden. Im Eingabefeld »Destination folder« geben Sie den Pfad des Ziel-Ordners an.

Archive Management

Suche nach Duplikaten Wenn man das Archivmanagement einschaltet (Checkbox »Enable archive management«), hat man die Möglichkeit das Programm nach Duplikaten suchen zu lassen, festzulegen was mit diesen geschehen soll und ein IPTC-Template auf die Dateien im durchsuchten Index-Ordner anwenden zu lassen (**Abb. 3.68**). Beides kann unabhängig voneinander genutzt werden.

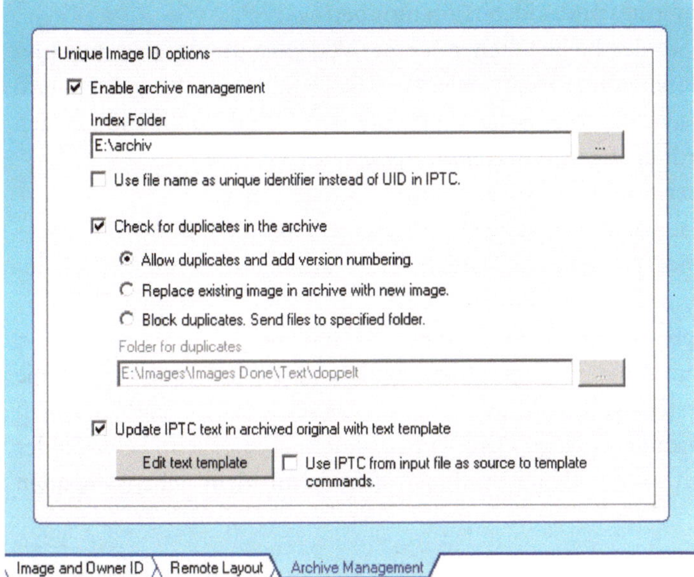

Abb. 3.68. Image ID: Datenabgleich mit einem Archivordner

Den Indexordner anzugeben, gegen den die Eingangsdaten des Kanals abgeglichen werden sollen, gehört an dieser Stelle zu den grundlegenden Einstellungen und wird als Erstes festgelegt. Geben Sie hierzu den Pfad im Eingabefeld »Index folder« ein. Danach werden weitere Einstellungen getroffen. Von Haus aus nutzt Color Factory die Unique Image ID, um die Dateipaare, bzw. Duplikate, zu erkennen. Im Gegensatz zur Karteikarte »Remote Layout« wird hier davon ausgegangen, dass es sich nicht um Versionen mit anderer Auflösung handelt, sondern um technisch und inhaltlich identische Paare, bzw. Dateien mit wenigstens gleicher UID. Da die UID das Vergleichsmerkmal ist, würde auch ein HighRes-/LowRes-Paar als identisch betrachtet werden, wenn in letzterer Datei der Marker »LO« fehlt. Sollte eine Datei, die in den Kanaleingangsordner gelegt wurde, keine UID besitzen, kann auf den Dateinamen als Vergleichsmerkmal zurückgegriffen werden. Die aktivierte Checkbox »Use file name as unique identifier instead of UID in IPTC« bewirkt, dass geprüft wird, ob im Indexordner eine gleichnamige Datei existiert. Auf diese Weise werden natürlich keine Kopien entdeckt, die im Nachhinein umbenannt wurden. Eine vorhandene UID sollte daher stets genutzt werden – es sei denn, es sollen explizit doppelt auftretende Dateinamen erfasst werden.

Damit Color Factory überhaupt nach Duplikaten sucht, klicken Sie die Checkbox »Check for duplicates in archive« an. Dadurch können Sie auswählen, was mit gefundenen Dopplungen geschehen soll. Drei Möglichkeiten stehen zur Verfügung:

– »Allow duplicates and add version numbering«:
Duplikate werden beibehalten, mit einer Versionsnummer versehen und
dadurch voneinander unterschieden. Die Datei im Archivordner wird
dort belassen, die identische Datei, die den Kanal durchläuft, in den
Ausgabeordner abgelegt und nummeriert.
– »Replace existing image in the archive with new image«:
Die Datei aus dem Kanaleingangsordner gelangt nicht in den Ausgabeordner, sondern ersetzt die Datei im Indexordner, die somit überschrieben wird.
– »Block duplicates. Send files to a specified folder«:
Die Datei im Kanal gelangt in den regulären Ausgabeordner. Die Kopie
im indizierten Archivordner wird aus diesem entfernt und in einem
anderen Ordner abgelegt. Den Pfad zu diesem geben Sie im Feld »Folder
for duplicates« ein. Ohne Eintippen geht es mit dem nebenstehenden
Button.

Das zweite Feature, das auf dieser Karteikarte konfiguriert wird, ist das
Update der IPTC-Texte im angegebenen Archivordner (Checkbox: »Update
IPTC text in archived original with text template«). Im Gegensatz zum
Feature der IPTC-Betextung in Kap. 3.2.9 werden hier nicht die Textfelder
der Bilder im Kanal editiert, sondern die der Bilddateien eines Archivs,
welches nicht direkt von einem Kanal überwacht wird. Um dies zu bewerkstelligen, haben Sie zwei Möglichkeiten: Sie klicken auf den Button und
legen ein neues Template an oder importieren es (Vorgehensweise jeweils
wie in Kap. 3.2.9 beschrieben). Sie können aber auch die IPTC-Betextung
des »Input files«, also der Datei im Kanal, benutzen und diese an die betreffende Datei im Archiv weitergeben (Checkbox: »Use IPTC from input file
as source to template commands«).

3.2.11 AutoPrinting

Auto Print

Automatisierte Ausgabe
von Bildern auf einen Drucker, einen Proof-Drucker,
in eine Datei

Wollen Sie rasch und unkompliziert eine größere Menge Bilder auf einem
Drucker ausgeben oder in eine Datei schreiben lassen, können Sie das mit
diesem Feature bewerkstelligen (**Abb. 3.69**). Mit den Einstellungen auf dieser Karteikarte sind keine Änderungen an den Bilddaten möglich, sondern
sie dienen ausschließlich der automatischen Druckausgabe. Auf Wunsch
werden Informationen aus Textfeldern und Dateieigenschaften mitausge-
geben.

Eine Entscheidung, die Sie wahrscheinlich gleich zu Beginn der Konfiguration dieses Features treffen, ist die, ob Dateien bearbeitet und ausgegeben werden sollen. Handelt es sich bei diesem Kanal um einen Abzweig Ihres Workflows, in dem die betreffenden Dateien lediglich gedruckt werden sollen, aktivieren Sie unten im Menü die Checkbox »Use this channel for printing only«. Jede Datei des Kanal-Eingangsordners wird den Einstellungen entsprechend gedruckt, aus dem Ordner entfernt, aber nicht im Ausgangsordner abgelegt. Weitere im Kanal festgelegte Bearbeitungsschritte werden damit ignoriert.

Durch die Verwendung eines »Print Templates« lässt sich das Aussehen der ausgegebenen Seiten präzise bestimmen. Sie können genau definieren, wie viele Abbildungen an welcher Stelle des Blattes und wie groß erscheinen. Des Weiteren legen Sie fest, welche Informationen mit ausgegeben, in welcher Schrift, Größe, Farbigkeit usw. sie dargestellt werden sollen und welcher Raum (Größe, Lage) für jeden Textrahmen jeweils zur Verfügung steht.

Print Templates

Gespeichert werden diese Einstellungen zur Gestaltung der Druckseite als »Print Layout Template«. Dabei handelt es sich um eine ASCII-Text-Datei, die als »*.plt« abgespeichert wird. Für die Erstellung eines Templates ist ein einfacher Texteditor ausreichend. Eine Erstellung direkt in Color Factory selbst ist nicht möglich. Benutzen Sie bereits FotoStation, können Sie auch dessen Print Templates verwenden, Ihren Anforderungen anpassen oder daran angelehnt neue erstellen. Die Syntax einer Print-Layout-Vorlage ist recht schnell nachvollziehbar. Im Anhang finden Sie eine Referenz, die Ihnen bei der Erstellung von PLT-Dateien hilft. Ein Beispiel dazu ist in Kapitel 4 dargestellt.

Wenn Sie sich für ein Print Template entschieden oder eines erstellt haben, geben Sie diese Datei und den Pfad zu ihr im Eingabefeld »Print Template« ein. Einfacher geht es mit dem nebenstehenden Button. Geben Sie kein Template an, ist das Ergebnis schwieriger vorhersehbar und enthält dann eben nur das Bild. Dessen Ausgabe bezüglich Größe und Stand ergibt sich aus den Dateieigenschaften und dem Setup Ihres Ausgabegerätes (z. B. Skalierung).

Je nach Definition im Print Template, wird auf einer Druckseite mehr als eine Abbildung ausgegeben. Trifft dies auf das Template Ihrer Wahl zu, ist die Checkbox »Use multi image print mode« nicht mehr ausgegraut und steht zur Verfügung. Erst mit deren Aktivierung ist es möglich mehrere Bilder auf eine Druckseite zu platzieren. Wählen Sie diese Option des »Multi image printings«, werden allerdings eine Reihe von Operationen (z. B. Bildbearbeitungen), die im Kanal konfiguriert sind, nicht ausgeführt – was eine eingeblendete Meldung mitteilt.

<table>
<tr><td style="width:25%; vertical-align:top">Mehrere Bilder auf eine Druckseite</td><td>

Bei der Verwendung des »Multi image print mode« kann sich ein weiteres Problem ergeben. Sind nicht genügend Bilder vorhanden, bleibt die entsprechende Anzahl von Flächen auf der Druckseite leer. Erst wenn genügend Dateien im Kanal eingetroffen sind, wird die Seite ausgegeben. Um damit verbundene lange Wartezeiten zu verhindern, kann man eine Wartezeit eingeben, die nicht überschritten werden darf. Im Eingabefeld »Maximum delay« geben Sie ein, wie viele Sekunden bis zum Ausdrucken gewartet werden soll. Ein Beispiel: Ein Print Template wurde ausgewählt, das Druckseiten mit 9 Abbildungen darauf ausgibt. Sind nur 8 oder weniger Dateien im Kanaleingangsordner vorrätig, wartet das Programm beispielsweise eine halbe Stunde (»1800 Sekunden« eingegeben) auf das neunte Bild. Trifft es in dieser Zeit nicht ein, wird nach Ablauf der Frist der Druckvorgang gestartet und eine Seite mit 8 Abbildungen und einer weißen Fläche ausgegeben. Kommt das fehlende Bild noch vor Ablauf der 30 Minuten hinzu, kann entsprechend früher gedruckt werden. Die Zeitmessung beginnt nach jedem Eintreffen eines weiteren Bildes bei Null. Anders ausgedrückt, wenn das achte Bild vorhanden ist, dauert es maximal noch 30 Minuten bis zur Ausgabe. Sollten alle Bilder einzeln und mit einem zeitlichen Abstand von ca. 29 Minuten eintreffen, wird die Seite mit den Abbildungen erst nach fast 3,5 Stunden gedruckt!

</td></tr>
<tr><td style="vertical-align:top">Ausgabe in eine Datei (Pixelbild)</td><td>

Wie in vielen anderen Anwendungsprogrammen auch, ist ein Ausdruck als Datei möglich. Dafür wird die Checkbox »Print to file« aktiviert. Die dadurch erzeugte Datei wird in den Ausgangsordner des Kanals abgelegt und übernimmt bei mehreren Bildern auf einer Seite den Dateinamen der ersten Datei. Unter »Format« können Sie zwischen drei Ausgabeformen der Datei wählen. Die Option »Normal image file« erzeugt eine Datei im eingestellten Ausgabeformat des Kanals. Letztlich können Sie somit die Druckseite in einem der in **Abb. 2.15** aufgelisteten Formate abspeichern. Welche Größe das erzeugte Bild haben soll, müssen Sie bei »Pixel width« und »Pixel height« eintragen. Wie die Bezeichnungen erahnen lassen, sind nur Angaben in Pixel, aber nicht in cm oder Zoll möglich. Da Sie eine Datei erzeugen und nicht auf einem Gerät ausgeben, ist diese Datei ohnehin für die Betrachtung am Bildschirm vorgesehen. Die Auflösung des so erzeugten Bildes beträgt 72 dpi. Möchten Sie diese Datei dennoch später in guter Qualität drucken und benötigen daher Daten mit 300 dpi Auflösung, müssen Sie dies bei der Größenangabe berücksichtigen. Bei einer A4-Seite z. B. ergeben sich 2480 Pixel in der Breite und 3508 Pixel in der Höhe. Bei 72 dpi hat dann die Datei die äußerst extensive Größe 87,49 x 123,75 cm. Nach einem Resizing auf 300 dpi erhalten Sie dann die korrekten 21,0 x 29,7 cm.

</td></tr>
<tr><td style="vertical-align:top">Ausgabe als PS/PDF</td><td>

Die beiden weiteren Ausgabeformate der Datei sind Postscript und PDF. Wenn Sie sich für eines der beiden entscheiden, müssen Sie einen Postscript-

</td></tr>
</table>

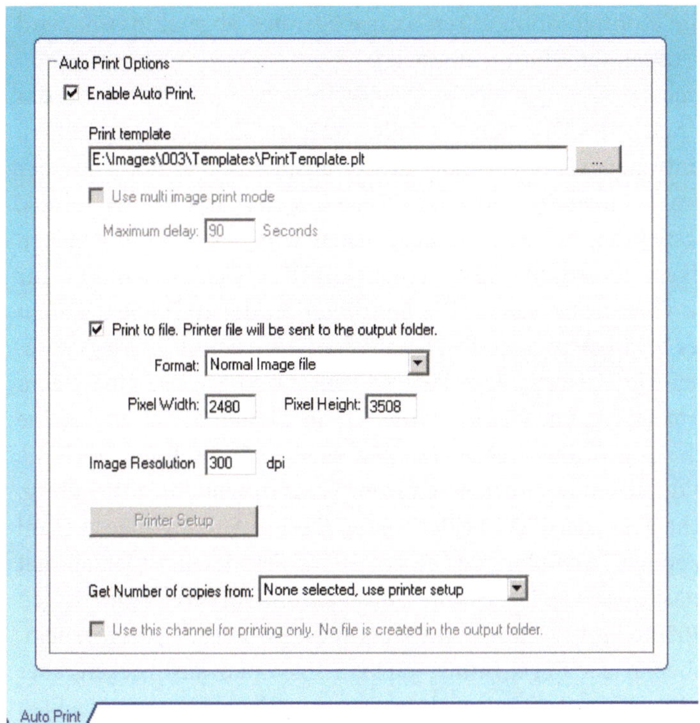

Abb. 3.69. AutoPrinting: Automatische Ausgabe auf einen (Proof-)Drucker

Druckertreiber auswählen. Neben dem Button »Printer Setup« erscheint der entsprechende Hinweis. Ein PDF lässt sich auf diesem Weg nur erstellen, wenn vorher Adobe Acrobat installiert wurde. Erstellen Sie Ihre PDFs auf anderem Weg als über Acrobat, z. B. mit Ghostscript, oder möchten Sie den Vorgang des Distillens manuell ausführen, bleibt Ihnen die Ausgabe einer PostScript-Datei. Egal, ob Sie eine PS- oder PDF-Datei erzeugen lassen, die Seitengröße ergibt sich aus den Einstellungen des Druckertreibers und Sie müssen keine Maßangaben dazu in Color Factory machen. Auch diese Dateien werden im Kanalausgangsordner abgelegt.

Direkt unter den Einstellungen für die Ausgabe als Datei befindet sich die der Auflösung. Sie hat nichts mit der Auflösung in der Datei zu tun, sondern mit der des Ausdrucks. Geben Sie daher bei »Image Resolution« die dpi an, mit der das Bild zu Papier gebracht werden soll.

Hinter dem Button »Printer Setup« verbirgt sich das Ihnen bereits bekannte Druck-Menü von Windows. In ihm wählen Sie den gewünschten Drucker aus und konfigurieren die Druckausgabe (Papierauswahl, Qualitätsstufe, Skalierung, Anzahl Exemplare, etc.). Die genauen Konfigurationsmöglichkeiten sind abhängig vom gewählten Modell und dem dafür installierten Treiber. Auf dieses Menü hat Color Factory keinen Einfluss.

Haben Sie die Konfiguration Ihres Ausgabegerätes abgeschlossen, wird dessen Name unter dem Button angezeigt.

mehrfache Ausgabe   Falls Sie mehrere Exemplare jeder Druckseite benötigen, können Sie das einerseits im Setup des Druckers einstellen oder die Zahl vorher in einem IPTC-Feld eintragen, welches Color Factory ausliest. Unter »Get number of copies from« wählen Sie entweder »None selected, use printer setup«, damit der Festlegung des Setups entsprochen wird, oder Sie übergehen die dortige Exemplaranzahl und benennen ein IPTC-Feld, welches Sie für diesen Zweck vorgesehen haben. Die Spezifikation der IPTC-Felder sieht kein spezielles Feld vor, in dem die Anzahl der Ausdrucke hinterlegt wird. Daher können Sie ein beliebiges Feld wählen, vorzugsweise eines, dem noch kein Inhaltstyp zugewiesen wurde. Da in diesem Menü aber keine »unused fields« zugeordnet werden können, bleiben faktisch nur noch die von 1 bis 20 durchnummerierten »Custom fields« (#200 bis #219) übrig. Eine Übersicht über die IPTC-Felder finden Sie im Anhang. Die Anzahl der zu druckenden Exemplare aus einem IPTC-Feld lesen zu lassen, hat den Vorteil, dass diese von Druckseite zu Druckseite variieren kann. Legen Sie sie im »Printer setup« fest, wird stets dieselbe Anzahl ausgedruckt. Wollen Sie aber in der Regel immer nur ein Exemplar ausdrucken, aber bestimmte Bilder eines Auftrags mehrmals, geben Sie bei diesen Objekten in das IPTC-Feld die gewünschte Anzahl ein. Danach schalten Sie vor dem AutoPrinting-Kanal einen Kanal mit einem IPTC-Template, das jede Datei daraufhin prüft, ob in das Feld eine Zahl eingetragen ist. Sollte es leer sein, wird der Standardwert »1« eingetragen.

3.2.12 Pixel Edit

Das Feature »Pixel Edit« erlaubt das Verändern der Pixelwerte. Der Bildinhalt wird somit sichtbar beeinflusst. Alle bisher beschriebenen Funktionen, mit Ausnahme von Farbraumkonvertierungen, haben nicht direkt auf den Bildinhalt eingewirkt. Sie haben die Möglichkeit, bestimmte Informationen und Elemente hinzuzufügen: ein Wasserzeichen hinterlegen (das Ihr Unternehmen als Eigentümer der Bilder kennzeichnet), einen Textblock mit weiteren Informationen ans Bild anfügen, einen Rahmen um das Bild anlegen und Bilder anhand eines Pfades freistellen. »Pixel Edit« gehört nicht zu den Bearbeitungsfunktionen, die die Bildqualität verbessern sollen, wie z. B. Kontrastbearbeitung oder Schärfen.

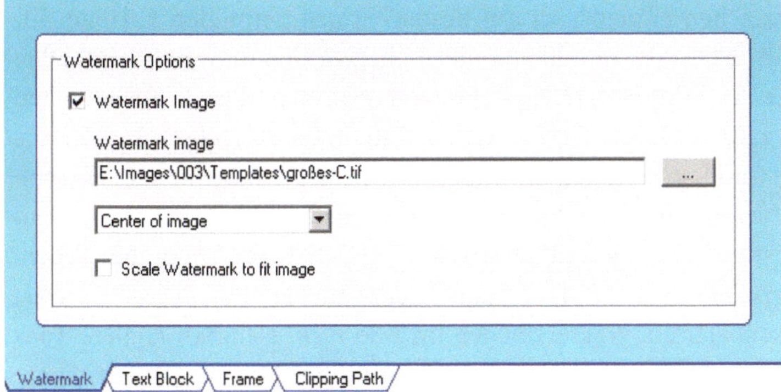

Abb. 3.70. Pixel Edit: Einfügen eines Wasserzeichens (Ergebnis: Abb. 3.71)

Watermark

Möchten Sie ein Wasserzeichen einfügen, um die Urheberschaft zu kennzeichnen und um unbefugtes Benutzen zu erschweren, aktivieren Sie die Checkbox »Watermark image« (**Abb. 3.70**). Danach geben Sie in das Eingabefeld »Watermark image« das Logo, bzw. die Datei mit dem dazugehörigen Pfad, ein, das in die zu bearbeitenden Bilder eingefügt werden soll.

Im darunterliegenden Pulldown-Menü legen Sie fest, in welche der vier Ecken des Bildes das Wasserzeichen platziert werden soll. Außerdem lässt es sich zentriert einfügen. Möchten Sie, dass es so weit wie möglich die Bildfläche ausfüllt, klicken Sie »Scale watermark to fit image« an. Das Logo wird dann proportional verkleinert oder vergrößert, so dass es weder gestaucht noch verzerrt wird. Beachten Sie aber, dass das Wasserzeichen identische Proportionen wie die Bilder haben sollte, wenn möglichst alle Bereiche des Bildes damit abgedeckt sein sollen.

Einfügen eines Wasserzeichens

Abb. 3.71. Einfügen eines Wasserzeichens. Das ursprünglich schwarze Symbol auf weißem Grund wurde in Adobe Photoshop mit dem Hochpass-Filter modifiziert. Dabei wurde ein Radius von 2,0 px verwendet. Diese Vorlage besitzt ebenfalls eine Auflösung von 72 dpi und die Bildgröße entspricht der Auflösung der Bilddaten

<table>
<tr><td>

</td><td>

Als Wasserzeichen eignen sich am besten Graustufenbilder. Farbige Bilder sind zwar ebenfalls möglich, ändern aber an den betreffenden Stellen die Farborte der Bildpixel. Daher ist davon abzuraten. Das Wasserzeichen können Sie z. B. mit Photoshop erstellen. Öffnen Sie zunächst eine Vorlage Ihres Logos und konvertieren Sie es ggf. in Graustufen. Bei heiklen Farben nutzen Sie besser den »Kanalmixer«. Ist das erledigt, können Sie mit dem Stilisierungsfilter »Relief« ein plastisches Modell Ihres Logos herstellen. Als Hintergrund wählt Photoshop dabei den Grauwert 128. Dieser Tonwert von 50 % ist später als Wasserzeichen im Bild *nicht* sichtbar. Hellere Tonwerte hellen die Bildpixel an dieser Stelle auf, dunklere umgekehrt. Diese Wasserzeichenvorlage kann auch außerhalb von Photoshop erstellt werden, z. B. in einem Grafikprogramm wie FreeHand. Nur sollten Sie darauf achten, dass der Hintergrund exakt 50 % schwarz ist.

</td></tr>
</table>

Des Weiteren ist zu beachten, dass Größe und Auflösung des Wasserzeichens ungefähr zu denen der Bilder im Kanal passen. Ohnehin ist es vorteilhaft, wenn alle Bilder stets in etwa gleiche Pixelmaße haben und dann das Wasserzeichen daraufhin angepasst ist. Hinterlegen Sie in ein High-Res-Bild ein Wasserzeichen mit 72 dpi, wirkt es in seiner zugewiesenen Ecke recht verloren. Ein 100 x 100 Pixel großes Wasserzeichen auf einem Bild mit 2000 x 2000 Pixel fällt entweder kaum auf oder lässt sich einfach wegretuschieren. Umgekehrt wäre für ein überdimensioniertes Wasserzeichen auf einem Bild für Online-Publikation die Fläche zu klein und nur ein kleiner Teil zu sehen. Überlegen Sie daher bei der Konfiguration des Kanals, welche Bilder mit dem Wasserzeichen versehen werden sollen und erstellen Sie eine entsprechende Vorlage.

Text Block

<table>
<tr><td>

</td><td>

Wenn bei der Betrachtung eines Bildes gleich die wichtigsten Informationen mit sichtbar sein sollen, ist die Option »Text Block« das richtige Mittel (**Abb. 3.72**). Color Factory erweitert am unteren Rand die Arbeitsfläche und fügt dort die von Ihnen gewünschten Informationen sowie bei Bedarf ein oder zwei Logos ein (**Abb. 3.73**). Die Informationen, die dort stehen können, muss der Benutzer nicht erst aus den IPTC-Feldern suchen. Das ist auch günstig für Anwender, die keine Möglichkeit haben, IPTC-Felder auszulesen. Aktiviert wird es mit der Checkbox »Add rasterized text block to image«.

</td></tr>
</table>

Die ersten Einstellungen auf dieser Karteikarte sind die der Logos. Sie können je ein Logo links neben oder unter den Text einfügen lassen. Wenn Sie die jeweilige Checkbox »Put logo image ...« anklicken, erscheint

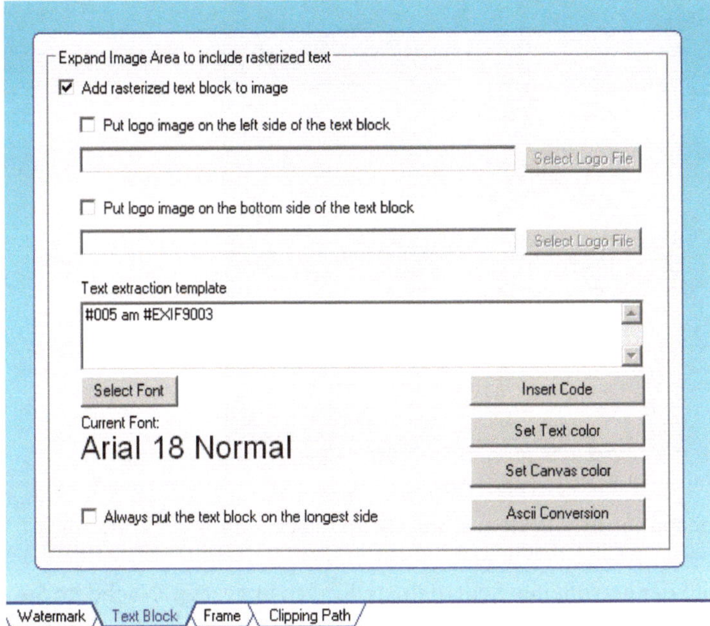

Abb. 3.72. Pixel Edit: Anfügen eines Textblocks

ein kleines Symbol, damit Sie sich ungefähr vorstellen können, wie Text und Logo angeordnet sind. Im Eingabefeld darunter wird die Logo-Datei und der Pfad dazu benannt. Sie können auch den nebenstehenden Button »Select logo file« dazu nutzen.

Der Text, den zukünftig jede Datei enthalten soll, trägt man in das dafür vorgesehene Feld »Text extraction template« ein. Oft ist es nicht sinnvoll, dass allen Bildern die gleichen Informationen mitgegeben werden. Deswegen können über den Button »Insert code« Platzhalterkürzel eingegeben werden, die jedem Bild im Kanal individuelle Informationen anfügen, die sich bereits in Textfeldern befinden oder Dateieigenschaften sind. Als Codes stehen wieder die bereits in Anhang A.4 genannten zur Verfügung.

Bestimmte Attribute, die das Erscheinungsbild des Textblocks beschreiben, lassen sich frei definieren. Dazu gehören: Schriftart, -schnitt, -größe und -farbe sowie die Farbe der Fläche, auf der der Text platziert wird. Klicken Sie auf den Button »Select font«, öffnet sich ein Menü, in dem Sie eine Schrift auswählen können, die auf Ihrem System installiert ist. Beinhaltet die gewählte Schrift mehrere Zeichensätze (z. B. westlich, griechisch, kyrillisch, mitteleuropäisch, ...), können Sie unter »Skript« auch aus diesen auswählen. Unter »Schriftschnitt« wählen Sie einen von standard, kursiv, fett und fett kursiv aus. Sollte der gewählte Schnitt als echter Schnitt vorliegen, wird dieser verwendet und nicht künstlich erzeugt. Komplettiert wird dieses Menü mit der Auswahl für eine Schriftgröße. Im Fenster »Beispiel« wird

Abb. 3.73. Anhand von IPTC-Feldern erzeugter Textblock

eine Vorschau der getroffenen Schrifteinstellungen angezeigt. Nachdem Sie das Schriftauswahlmenü geschlossen haben, erscheint unter dem Button bei »Current font« ebenfalls eine Vorschau der ausgewählten Schrift.

Mit dem Menü hinter dem Button »Set text color« legen Sie die Textfarbe fest und mit Klick auf »Set canvas color« die Hintergrundfarbe. Beide Menüs sind identisch aufgebaut. Sie haben die Auswahl zwischen vordefinierten Grundfarben und den benutzerdefinierten Farben. Des Weiteren lässt sich eine Farbe neu anlegen, indem ein HSB-Wert oder ein RGB-Wert eingegeben wird. Außerdem kann man in der Farbmatrix auf der horizontalen Achse den Farbton, auf der vertikalen die Sättigung und mittels nebenstehendem Regler die Helligkeit des gewünschten Farbtons regeln.

Der Button »ASCII Conversion« öffnet das Menü für die Konvertierung der Zeichensätze. Einstellungen in diesem Menü müssen Sie beispielsweise treffen, wenn die Betextung der IPTC-Felder auf einem Macintosh-Rechner erfolgte. Es ist dasselbe Menü wie in Kap. 3.2.9 beschrieben.

Als Standard fügt Color Factory den Infotext immer unter dem Bild ein – unabhängig, ob es sich um ein Querformat (»landscape«) oder Hochformat (»portrait«) handelt. Ist die Checkbox »Always put the textblock on the longest side« angeklickt, stellt Color Factory den Textblock an die längere Seite des Bildes. Bei Querformaten bleibt er wo er ist, bei Hochformaten steht er an der Seite.

Frame

Mit diesem Feature legt Color Factory einen Rahmen in einer bestimmten Farbe um die Bilder an, wenn die Checkbox angeklickt ist. Sie aktivieren zu diesem Zweck die Checkbox »Draw frame on image borders« (**Abb. 3.74**).

Geben Sie dazu bei »Thickness« die Breite des Rahmens an und wählen Sie eine Maßeinheit. Zur Verfügung stehen »Pixel« und »Points«, wobei bei Letzterem 72 points pro Inch angelegt werden. Wenn Sie also bei Thickness 72 points eintragen, erzeugen Sie einen Rand von 2,54 cm. Da an dieser Stelle keine metrischen Einheiten zur Verfügung stehen, müssen Sie Ihren gewünschten Wert umrechnen. Möchten Sie einen Rahmen von 1 cm erzeugen, müssen Sie 28 points eingeben. Damit erzeugen Sie einen Rand von annähernd 1 cm. Hingewiesen sei noch darauf, dass die 72 points nichts mit der Auflösung zu tun haben. Diese bleibt unverändert und HighRes-Bilder werden nicht für Online-Anwendungen zurechtgestutzt.

Normalerweise legt Color Factory den Rahmen »nach innen« an. Das heißt, das Bild bleibt gleich groß, der Bildinhalt wird um die eingegebene Breite verringert. Sollen alle Bildpixel erhalten bleiben und der Rahmen außerhalb des Bildes angelegt werden, aktivieren Sie »Expand canvas to fit frame«. Damit wird die Arbeitsfläche auf allen Seiten um die gewünschte Breite vergrößert. Vergleichbar sind diese beiden Modi mit dem in Photoshop verfügbaren »Kontur füllen« nach innen oder außen. Mittiges »Kontur füllen« ist nicht möglich. Möchten Sie dies in Color Factory ausführen, legen Sie zunächst einen Rahmen in der halben Breite nach außen an, danach klicken Sie das Häkchen wieder weg und legen den Rand in

Erstellen eines »Bilder«-Rahmens

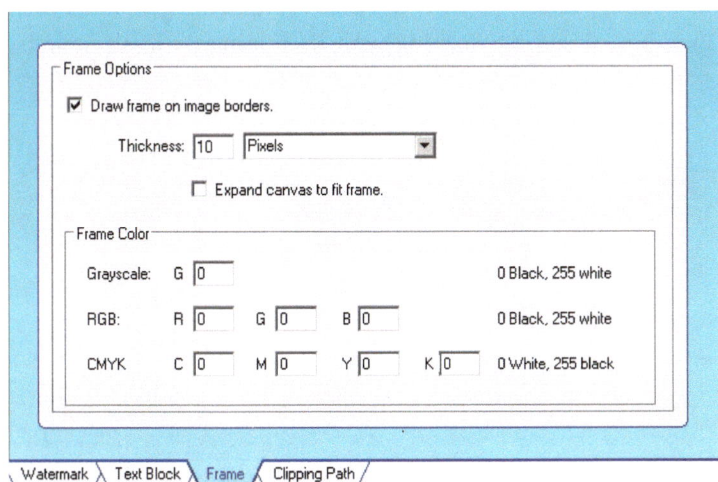

Abb. 3.74. Pixel Edit: Erzeugen eines Bildrahmens

der gewünschten Breite nach innen an, müssen demzufolge zwei entsprechende Kanäle hintereinander schalten.

Im Bereich »Frame Color« geben Sie die Farbe des Rahmens ein. Sie haben dazu drei Farbmodi zur Verfügung. Color Factory wählt automatisch den richtigen aus. Sie könnten demzufolge für CMYK-Bilder eine völlig andere Farbe wählen als für Bilder im RGB-Modus. Beachten Sie bitte, dass Sie bei CMYK keine Prozent-Werte eingeben, sondern auf 255 umrechnen müssen.

Clipping Path

Freistellen mittels vorhandenem Pfad

Möchten Sie ein Motiv anhand eines vorhandenen Beschneidungspfades freistellen, nutzen Sie dieses Feature und aktivieren die Checkbox »Stroke clipping path« (**Abb. 3.75**).

Ist ein Beschneidungspfad in der Datei hinterlegt, werden die außerhalb liegenden Bildbereiche mit einer Farbe gefüllt, die natürlich auch weiß sein kann. Die Farbe definieren Sie, nachdem Sie auf die Schaltfläche »Set background color« geklickt haben. Das Menü ist identisch mit dem bei »Text Block« beschriebenen. Sie können wieder aus vorgegebenen Farbflächen wählen, RGB- und HSB-Werte eingeben oder eine Farbe in der Farbmatrix anklicken. Handelt es sich um eine GIF-Datei, werden auf Wunsch die Bereiche außerhalb des Pfades transparent angelegt (Checkbox »Make background transparent on gif files«).

Sollte kein Pfad im Bild explizit als Beschneidungspfad definiert sein, greift Color Factory auf einen anderen möglicherweise vorhandenen Pfad zurück. Sind mehrere angelegt, wird der erste gefundene genutzt. Dazu muss die Checkbox »Use first working path if clipping path is missing« angeklickt sein.

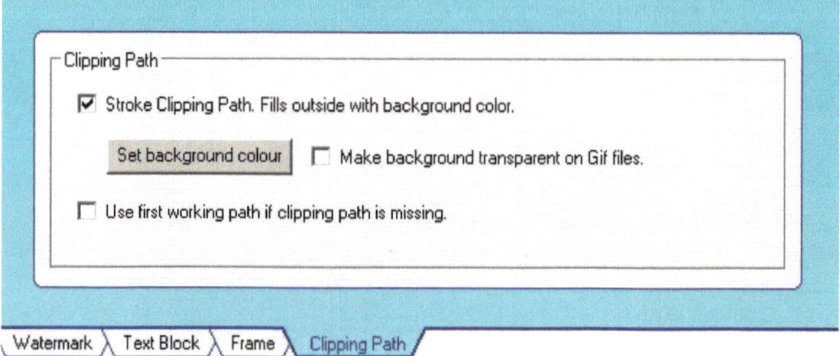

Abb. 3.75. Pixel Edit: Freistellen eines Bildmotivs mittels Beschneidungspfad

3.2.13 Color & Contrast

Unter »Color & Contrast« finden Sie alle Werkzeuge, um die Bildqualität bezüglich Farbe und Kontrast zu verbessern. Des Weiteren können Sie gezielt Farben im Bild verändern oder Helligkeit und Kontrast korrigieren. Einige Funktionen zur Qualitätsverbesserung funktionieren automatisch, d.h. Color Factory analysiert das Bild und trifft selbständig die erforderlichen Einstellungen ohne dass der Benutzer behelligt wird. Natürlich können Sie auch feste Vorgaben machen, z. B. mit Gradationskurven, die dann fest auf alle Bilder angewendet werden.

Contrast Enhancement

Für die Kontrastbearbeitung hält Color Factory auf dieser Karteikarte drei Möglichkeiten bereit (**Abb. 3.76**). Dazu gehört auch die automatische Bearbeitung, die verwendet wird, wenn Sie die Checkbox »Enable SmartContrast™ Technology« anklicken. Danach sind alle anderen Optionen ausgegraut und Sie übergeben die Kontrolle über die Kontrastbearbeitung an Color Factory. Auch wenn der Begriff vielleicht zunächst etwas anderes suggeriert, nicht nur der Kontrast, sondern auch Farbstiche werden mit dieser Option entfernt. Intern werden LowRes-Kopien des Bildes erstellt und in verschiedene Richtungen korrigiert. Color Factory vergleicht die Ergebnisse, entscheidet sich für das beste, wendet dieselben Korrekturmaßnahmen auf das HighRes-Bild an und gibt das korrigierte Bild aus.

Kontrastbearbeitung mit »SmartContrast«

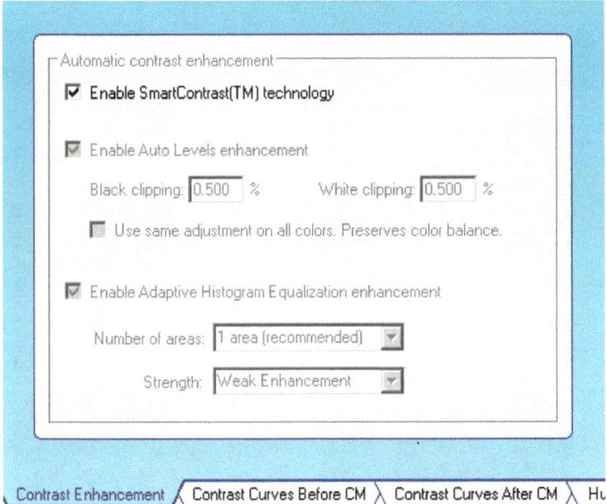

Abb. 3.76. Color & Contrast: Verschiedene Maßnahmen zur Farb-/Kontrastkorrektur

Abb. 3.77. Kontrastbearbeitung mit »SmartContrast«

Abb. 3.78. Kontrastbearbeitung mit »Auto Levels Enhancement« (0,5 % Clipping)

Abb. 3.79. Kontrastbearbeitung mit »Adaptive Histogram Equalization Enhancement« (1 Area, »normal«)

Abb. 3.80. Unkorrigierte Originaldaten

Möchten Sie sich nicht auf diesen gut funktionierenden Automatismus verlassen, wählen Sie eine andere Korrekturoption. Mit »Enable Auto levels enhancement« aktivieren Sie die Bearbeitungsoption, die in *Adobe Photoshop* »Auto-Farbkorrekturoptionen« heißt und sich dort im Menü »Tonwertkorrektur« unter dem Button »Optionen« verbirgt. Mit »Auto levels enhancement« reguliert Color Factory im Bild den Luminanzpegel. Möchten Sie, dass dabei ein bestimmter Anteil an Bildpixel »Schwarz« oder »Weiß« wird, geben Sie in den Eingabefeldern »Clipping« den jeweiligen Prozentsatz ein. Gemäß dem eingetragenen Wert werden in den Lichtern oder Schatten die hellsten, bzw. dunkelsten, Bildpunkte auf »Weiß« oder »Schwarz« gesetzt. Die absolute Anzahl der Pixel ergibt sich jeweils aus den x Prozent der Gesamtpixelanzahl. Dabei werden alle Farbkanäle individuell betrachtet und korrigiert. Daher müssten die Begriffe »Schwarz« und »Weiß« eigentlich durch »100 %« und »0 %« der jeweiligen Farbe ersetzt werden. Wenn Sie mit diesem Feature ausschließlich die Helligkeit ändern möchten und Farbort und Farbsättigung beibehalten werden soll, klicken Sie die Checkbox »Use same adjustment on all colors« an. Eventuell vorhandene Farbstiche bleiben im Bild erhalten. Die **Abb. 3.77–3.79** sind mit den genannten Features bearbeitet worden. **Abb. 3.80** zeigt im Vergleich dazu die unkorrigierten Daten.

»Auto-Farbkorrektur-optionen«

Solange SmartContrast (siehe oben) deaktiviert ist, können Sie die beiden anderen Features beliebig miteinander kombinieren. Eine weitere Option zur Kontrastbearbeitung aktivieren Sie mit »Enable Adaptive histogram equalization enhancement«. Hiermit wird die, mittels Histogramm visualisierte, Tonwertverteilung beeinflusst, wodurch die Tonwerte gleichmäßig verteilt werden. Das Histogramm kann auf Wunsch in 4 oder 9 Zonen unterteilt werden, die dann jeweils für sich betrachtet und optimiert wer-

»Adaptive histogram equalization enhancement«

Abb. 3.81. Ergebnis der Kontrastbearbeitung mit »Adaptive Histogram Equalization Enhancement«: 1. Zeile: schwach (weak), 2. Zeile: normal, 3. Zeile: stark; linke Spalte: keine Unterteilung, mittlere Spalte: vier Bereiche, rechte Spalte: neun Bereiche

Abb. 3.82. Bearbeitung mit »SmartContrast« (links), mit »Auto Levels Enhancement« (mitte), unbearbeitet (rechts)

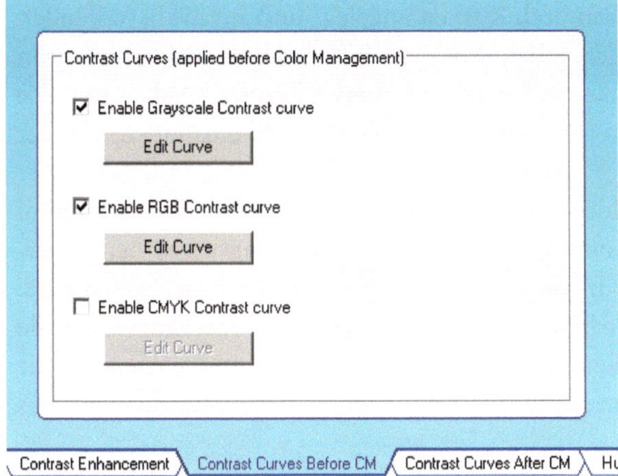

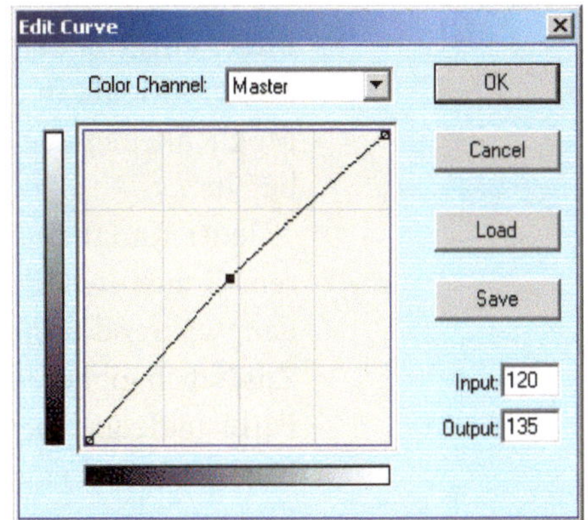

Abb. 3.83. Color & Contrast: Aktivieren von Kurven

Abb. 3.84. Color & Contrast: Editieren der RGB-Masterkurve

den. Color Factory empfiehlt allerdings, alle Tonwertbereiche als Ganzes zu betrachten und zu bearbeiten. Deswegen ist bei der Auswahl der Zonen (Pulldown-Menü: »Number of Areas«) die »1« als »recommended« gekennzeichnet. Abschließend wird unter »Strength« die Stärke angegeben, mit der die Änderungen vorgenommen werden sollen. Zur Auswahl stehen die drei Stufen »weak«, »normal« und »strong«. **Abb. 3.81** zeigt die Bearbeitung mit unterschiedlichen Einstellungen dieser Option. **Abb. 3.82** dient zum Vergleich.

Contrast Curves (before and after Color Management)

Für die Bearbeitung der Gradationskurven stehen zwei Karteikarten zur Verfügung (**Abb. 3.83**). Beide sind identisch aufgebaut und in ihrer Wirkungsweise gleichartig. Der Unterschied zwischen beiden besteht darin, dass die Einstellungen der einen *vor* und die der anderen *nach* dem Color Management zum Tragen kommen. Durch Farbraumkonvertierungen, Profilzuweisungen und damit einhergehende Farbverschiebungen aller drei Komponenten (Farbort, Sättigung, Helligkeit) entstehen nach dem Color Management bezüglich ihrer Farbigkeit »unterschiedliche« Bilder. Daher ist es manchmal nötig, unterschiedliche Gradationskurven zu applizieren. Um dem Rechnung zu tragen, gibt es in Color Factory dafür zwei unabhängig voneinander konfigurierbare Optionen.

Sie haben die Möglichkeit, für Graustufenbilder und Bilder im RGB- und CMYK-Modus farbraum-individuelle Kurven zu hinterlegen. Auf beiden Karteikarten finden Sie zunächst ein Menü, in dem Sie festlegen,

Gradationskurven

für welche(n) der drei Farbmodi Kurven angelegt und auf die betreffenden Bilder angewendet werden sollen. Mit dem Button »Edit Curve« gelangen Sie zum Menü, in dem Sie die Kurve(n) festlegen können (**Abb. 3.84**). Die Möglichkeiten, die darin vorgesehen sind, kennt der Photoshop-Anwender bereits.

Jeder Kanal eines Bildes lässt sich mit einer eigenen Kurve manipulieren. Graustufenbilder können daher nur mit einer Kurve bearbeitet werden, während es bei RGB-Bildern drei und bei CMYK vier Kurven sind. Zusätzlich gibt es bei den beiden Letztgenannten eine Masterkurve, die alle Farbkanäle gleichermaßen beinflusst. Color Factory wendet zunächst die Kurven für die einzelnen Farbkanäle und danach die Masterkurve auf das Bild an.

Wenn Sie eine Kurve editieren möchten, wählen Sie zunächst aus dem Pulldown-Menü »Color channel« den Farbkanal oder die Masterkurve aus. Danach können Sie durch Klicken und Ziehen die Kurve an Ihre Vorstellungen anpassen. Vom Prinzip her ist der Vorgang identisch mit dem in Photoshop. Wenn Sie einen Punkt auf der Kurve angeklickt haben, können Sie auch dadurch seine Lage ändern, indem Sie rechts genaue Werte für »Input« und »Output« eingeben. Bei Graustufen- und CMYK-Kurven sind es Prozentwerte von 0 bis 100 und bei RGB-Kurven Werte von 0 bis 255. Mit den Buttons »Load« und »Save« lassen sich Kurven abspeichern und vorhandene Kurven laden. Diese können auch in Photoshop erstellt worden sein. Color Factory unterstützt die entsprechenden Dateiformate »*.acv« und »*.amp«.

Bedenken Sie, dass Sie mit dieser Funktion nur arbeiten sollten, wenn alle Bilder gleichartig korrigiert werden sollen, da die Kurven prinzipiell auf jedes Bild, das im entsprechenden Farbraum vorliegt, angewendet werden. Ist nicht gewährleistet, dass alle Bilder des Kanals identisch bearbeitet werden müssen, sollten Sie die Automatikfunktionen der vorangegangenen Karteikarte nutzen.

Hue & Saturation

»Farbton/Sättigung« Sollen Farbort und Sättigung für alle Bilder geändert werden, aktivieren Sie die Checkbox »Enable Hue/Saturation adjustment«. Das Menü dieser Karteikarte enthält alle Funktionen, die das Äquivalent in Photoshop (»Farbton/Sättigung«) ebenfalls bereithält (**Abb. 3.85**).

Zunächst wählen Sie aus, welche der drei Hauptfarben des Farbkreises (Rot, Gelb, Grün, Cyan, Blau, Magenta) verändert werden sollen. Globale Änderungen über alle Farben sind ebenfalls möglich (»Master«). Mit drei

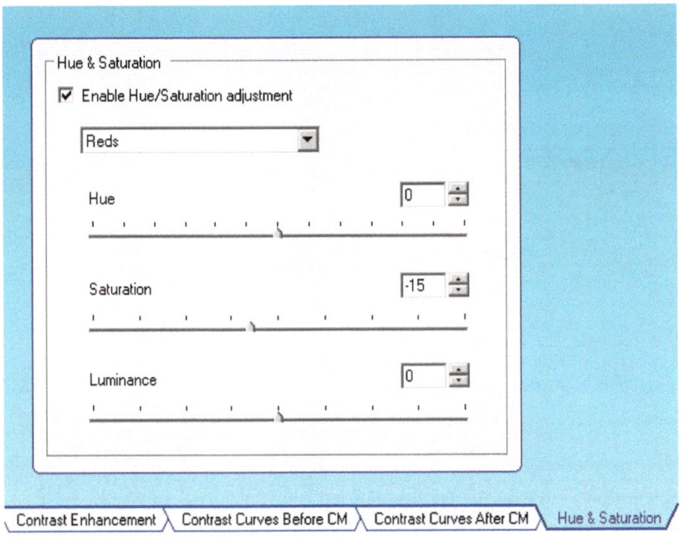

Abb. 3.85. Color & Contrast: Farbkorrektur über die HSL-Werte (hier: Rottöne)

Skalen, jeweils für »Hue«, »Saturation« und »Luminance«, kann man die drei Komponenten ändern, mit denen sich alle Farben geräteunabhängig definieren lassen. Die Skalenwerte, identisch mit denen in Photoshop, reichen von –180° bis +180° für den Farbwinkel (Hue) und jeweils von –100 % bis +100 % für Sättigung (Saturation) und Helligkeit (Luminance).

Auch hier gilt wieder: Die Einstellungen, die Sie in diesem Menü getroffen haben, werden ohne vorherige Analyse auf jedes Bild im Kanal angewandt. Haben nicht alle Bilder fast gleiche »Bedürfnisse«, z. B. den gleichen Farbstich, sollten Sie dieses Feature nicht nutzen, sondern die Automatikfunktionen, die individuell eingreifen können.

3.2.14 Image Size

Unter diesem Sammelbegriff finden Sie alle Funktionen vereint, die die Bildgröße und die Ausrichtung betreffen. Sie können eine andere Auflösung oder Bildgröße einstellen, beschneiden, spiegeln und drehen.

Image Size

Wird die Bildgröße verändert, kann dies mit gleichbleibender Pixelanzahl erfolgen oder mit deren Änderung einhergehen. Bleiben die Pixel bei einer Skalierung unverändert, muss sich folglich die Auflösung ändern – bei

Ändern von Auflösung, Bildgröße, Pixelanzahl

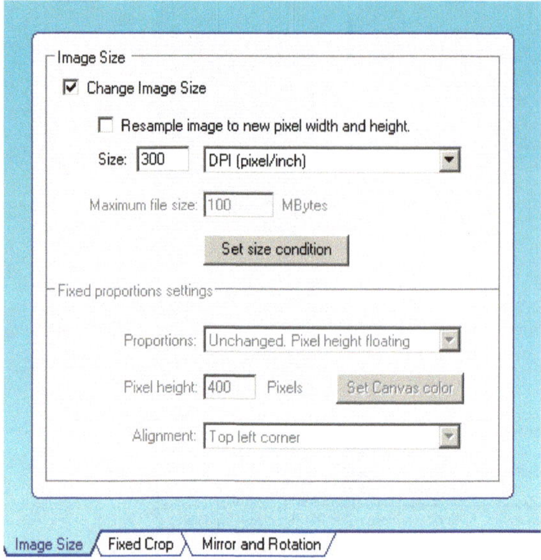

Abb. 3.86. Image Size: Vergabe einer bestimmten Bildgröße oder Auflösung
(hier: Resizing auf 300 dpi)

einer Verkleinerung erhöht sie sich, bei einer Vergrößerung umgekehrt.
Mit Photoshop verglichen, entspricht dies der Deaktivierung der Checkbox
»Bild neu berechnen mit:« im Menü »Bildgröße«. Erfolgt keine Skalierung
und die Auflösung wird dennoch verändert, handelt es sich um Resampling. Ebenso ist es, wenn die Auflösung gleich bleibt, das Bild aber skaliert
wird. Beide Vorgänge sind nur möglich, wenn die Pixelanzahl geändert
und neuberechnet wird. Resizing und Resampling von Bildern konfigurieren Sie auf dieser Karteikarte.

Resampling ≠ Resizing
Unabhängig, ob Sie »resampeln« oder »resizen« möchten, klicken Sie die
Checkbox »Change Image size« an, wenn Sie eine der beiden Operationen
ausführen lassen möchten (**Abb. 3.86**). Soll die Anzahl der Pixel gleichblei-
ben, klicken Sie *nicht* die Checkbox »Resample image to new pixel width
and height« an. Bleibt diese deaktiviert, können Sie den vorhandenen Bildpunkten neue Maße zuweisen, indem Sie die Auflösung und dadurch die
Bildgröße ändern. Geben Sie dazu im Eingabefeld »Size« den gewünschten
Zahlenwert ein und wählen im Pulldown-Menü daneben die gewünschte
Einheit. Zur Auswahl stehen: dpi, pixel/cm, inch und cm. »Dpi« und
»Pixel/cm« finden bei der Eingabe einer neuen Auflösung Verwendung. Die
anderen beiden nutzen Sie wenn Sie eine neue Breite für das Bild festlegen
möchten. Die Höhe ergibt sich aus der Proportion und die Auflösung aus
der unverändert bleibenden Pixelanzahl. Da die Pixelanzahl, die letztlich
die Dateigröße bestimmt, unangetastet bleibt und alle anderen Parameter,

die sich auf den Speicherbedarf auswirken, unbeeinflusst bleiben, ist das Eingabefeld »Maximum file size« ausgegraut.

Mit »Resample image to new pixel width and height« vergeben Sie ein neues Maß oder eine neue Auflösung an die Bilder des Kanals. Den neuen Wert geben Sie wieder ins Feld »Size« ein und legen im nebenstehenden Menü den gewünschten Parameter fest. An dieser Stelle haben Sie nun beim Resampling mehr Auswahl. Dem eingegebenen Wert kann wieder eine Einheit für die Auflösung (dpi oder pixel/cm) oder ein Längenmaß (inch oder cm) zugewiesen werden. Sie können auch eine Angabe in Megabyte machen. Diese bezieht sich entweder auf die Dateigröße oder auf den Speicherbedarf, der für einen Farbkanal des Bildes notwendig ist.

Die beiden Optionen »Pixel/max (width, height)« und »Pixel/min (width, height)« sind dafür gedacht, den eingegebenen Pixelwert entweder auf die längere oder die kürzere Seite des Bildes anzuwenden. Die Länge der anderen Seite wird proportional dazu skaliert.

Soll der Wert als neue Bildhöhe oder -breite verwendet werden, wählen Sie im Pulldown-Menü entweder »Pixel height« oder »Pixel width. Enable fixed proportions« aus. Entscheiden Sie sich für eine Veränderung der Pixelanzahl in der Breite, sind die Optionen in der unteren Hälfte des Menüs, im Bereich »Fixed proportions settings«, nicht mehr ausgegraut. Dort können Sie einstellen, was mit der Bildhöhe, also der Bildproportion, geschehen soll. Dafür werden unter »Proportions« folgende drei Optionen bereitgehalten:
- »Unchanged. Pixel height floating« lässt die Höhe unangetastet (Proportion bleibt gleich)
- »Fixed. Expand Canvas« ändert die Bildhöhe ohne Verzerrung und erweitert die Arbeitsfläche so, dass das ausgegebene Bild die Maße hat, um der festen Proportion zu entsprechen
- »Fixed. Crop image« ändert die Bildhöhe, beschneidet aber das Bild, um der Proportion zu entsprechen

Wählen Sie eine der beiden »Fixed«-Optionen, müssen Sie noch die gewünschte Höhenangabe in Pixel eingeben. Dazu ist das Feld »Pixel height« nicht mehr ausgegraut. Des Weiteren bestimmen Sie unter »Alignment« die Position der Eingangsbilddaten auf der ausgegebenen Arbeitsfläche (bei »Expand Canvas«) oder den Bildbereich, der bei »Crop image« nicht abgeschnitten werden soll. Als Bildbereiche können so eine der vier Ecken oder die Bildmitte gewählt werden. Soll die Arbeitsfläche vergrößert werden, können Sie deren (Hintergrund-)Farbe festlegen (Button »Set canvas color«). Es handelt sich dabei um dasselbe Menü wie in Kap. 3.2.12 beschrieben.

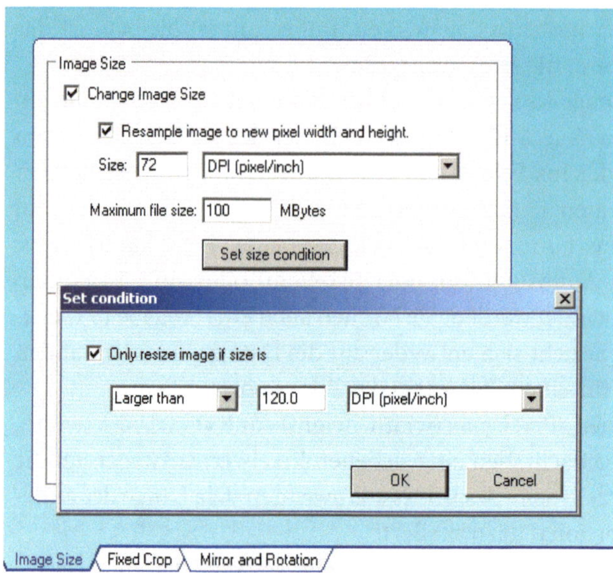

Abb. 3.87. Image Size: Resampling auf 72 dpi bei allen Bildern über 120 dpi

Entschieden Sie sich für »Resample Image« und eine neue Auflösung (in dpi oder pixel/cm), können Sie für die dabei enstehenden Bilder die maximale Dateigröße festlegen (Eingabe ins Feld »Maximum file size« in Megabyte). Wählen Sie dafür sinnvollerweise eine Größe, die in Ihrem Workflow und nach Ihrem Bedarf maximal auftreten kann. Diese Option soll verhindern, dass durch »ungünstige Umstände« eine Datei mit astronomisch hohem Speicherbedarf entsteht, z. B. ein Bild jenseits eines Quadratmeters Fläche von 72 dpi auf 600 dpi hochgerechnet wird.

Wählten Sie keine neue Auflösung, sondern entschieden sich für neue Bildmaße, egal ob in cm, inch oder pixel, erscheint nicht »Maximum file size«, sondern das Eingabefeld »Resolution«, in dem Sie nun explizit einen Wert für die Auflösung des auszugebenden Bildes eingeben sowie die dazu passende Einheit (dpi, pixel/cm) benennen. Diese Eingabe an dieser Stelle ist nötig, da mit dem Bild ein Resampling stattfinden soll. Die Eingabe einer neuen Bildgröße allein sagt schließlich noch nichts über die neue Bildauflösung aus.

Festlegen von Bedingungen
: Wenn nicht in allen Bildern des Kanals Größe und/oder Auflösung bearbeitet werden soll, klicken Sie auf den Button »Set size condition«. In diesem Menü legen Sie fest, welche Größe ein bestimmter Wert des eingehenden Bildes mindestens aufweisen muss oder maximal aufweisen darf, um bearbeitet zu werden. Wird die Bedingung nicht erfüllt, führt Color Factory die eingestellte Größenänderung nicht aus und legt das Bild, diesbezüglich unbearbeitet, im Ausgabeordner ab. Möchten Sie eine derartige Selek-

tion ausführen, klicken Sie in diesem Menü das Häkchen »Only resize if« an. Danach wählen Sie die Bedingung aus (»Larger than« oder »Smaller than«), geben einen Zahlenwert ein und weisen diesem abschließend die Einheit zu. Dies kann eine Auflösung (dpi, pixel/cm), der Datenumfang der Datei oder eines Farbkanals (MB), ein Längenmaß (cm, inch) oder ein Pixelmaß (Höhe, Breite, längere/kürzere Seite) sein.

Beispiel: Die Vorgaben Ihres Workflows besagen, dass Abbildungen für Online-Publikationen eine maximale Auflösung von 120 dpi, idealerweise aber 72 dpi, haben sollen. Sie legen daraufhin einen Kanal an, der die Abbildungen auf 72 dpi resampelt, kombiniert mit einer Bedingung, dass nur Bilder, die die Vorgabe von 120 dpi überschreiten, neuberechnet werden sollen. Die Bedingung lautet dann wie folgt: »Only resize if – Larger than – 120 – dpi« (**Abb. 3.87**).

Fixed Crop

Sind alle Bilder eines Kanals um ein definiertes Maß zu beschneiden, ist dies das richtige Werkzeug dafür (**Abb. 3.88**). Beispielsweise lassen sich so Rahmen und Textblöcke, die in vorangegangenen Kanälen angefügt wurden, wieder entfernen. Bilder, die Sie für das Layout eines Printprodukts genutzt haben und die wegen eines Anschnitts 3 mm größer angelegt waren, können Sie so ebenfalls um dieses Maß beschneiden. Da alle Bilder identisch beschnitten werden, sollten Sie nur Bilder in den Kanal schicken, die einen gleich großen Überhang aufweisen.

Beschnitt um ein festes Maß (Pixel oder Prozent)

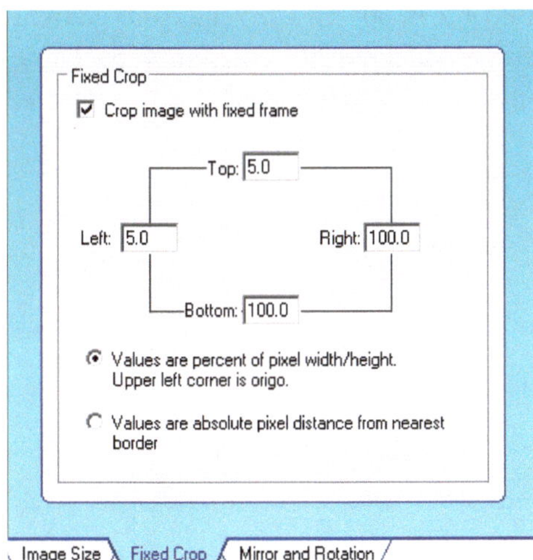

Abb. 3.88. Image Size: Beschneiden der Bilder um einen festen Wert

Das Beschneiden der Bilder wird mit der Checkbox »Crop image with fixed frame« aktiviert. In vier Eingabefelder geben Sie jeweils ein, wie viel, vom Rand der betreffenden Seite aus gemessen, entfernt werden soll. Unter diesen Eingabefeldern wählen Sie noch aus, ob es sich bei diesen Werten um Prozentangaben oder Abmessungen in Pixel handelt. Eine Angabe in inch oder cm ist nicht vorgesehen. Benötigen Sie einen solchen Wert, müssen Sie ihn anhand der Auflösung der vorhandenen Bilder (die ohnehin in diesem Fall stets gleich sein sollte) in Pixel umrechnen. Hat das Bild also z. B. 300 dpi und soll um 3 mm beschnitten werden, müssen Sie 35 Pixel eingeben. Statt Pixel ist auch die Eingabe von Prozentwerten möglich. Diese basieren auf der linken oberen Ecke des Bildes.

Mirror and Rotation

Spiegeln und Drehen

Das Menü für Spiegeln und Drehen ist sehr überschaubar (**Abb. 3.89**). Lediglich drei Einstellungen sind zu treffen. Zwei Checkboxen sind jeweils für das Aktivieren des horizontalen und vertikalen Spiegelns zuständig. In Color Factory wurden die Begrifflichkeiten physikalisch korrekt gewählt: »Mirror horizontally« spiegelt das Bild und »Flip vertically« vertauscht ›oben‹ und ›unten‹.

Für das Drehen des Bildes gibt es ein Pull-Down-Menü, in dem Sie einen vorgegebenen Winkel auswählen. Benötigen Sie einen anderen als die üblichen Winkel von 45°, 90°, 180°, 270° und 315°, können Sie direkt in dieses Menü den Wert eintippen. Dezimalstellen sind dabei erlaubt. Beachten Sie hierbei, dass Color Factory prinzipiell *gegen* den Uhrzeigersinn dreht (»counter clockwise«). Sollen die Bilder z. B. 60° im Uhrzeigersinn gedreht werden, muss »300« eingegeben werden. Möchten Sie in diesem Kanal keine Drehung ausführen lassen, belassen Sie die Einstellung auf »Do not rotate«.

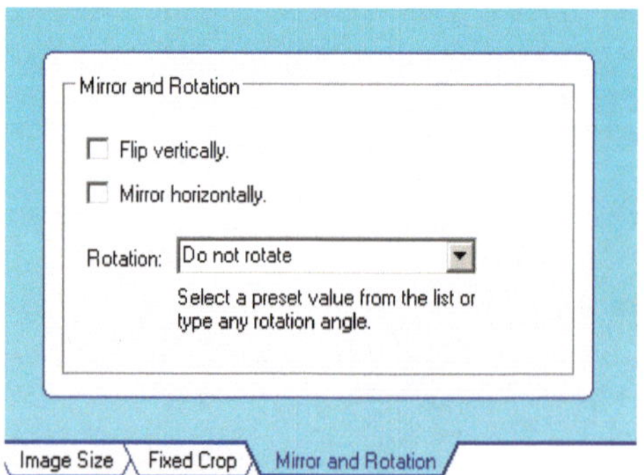

Abb. 3.89. Image Size: Spiegeln und Drehen

3.2.15 Image Filters

Unsharp Mask

Die Bildqualität wird in hohem Maße von der Schärfe bestimmt. Um Bilder diesbezüglich zu verbessern, hält Color Factory ein umfangreiches Menü für die Unscharf Maskierung (USM) bereit. Die Grundeinstellungen sind identisch mit denen in Photoshop. Im FotoWare-Produkt haben Sie aber wesentlich mehr Stellschrauben, die einerseits für ein automatisiertes Schärfen notwendig sind und andererseits – unabhängig vom Automatismus – über die Einstellmöglichkeiten im USM-Menü von Photoshop hinausgehen. Eine Reduzierung des Bildrauschens beispielsweise kann in Color Factory gleich mitkonfiguriert werden.

Zum Prinzip des Schärfens gehört es, den Kontrast zwischen den Bilddetails zu erhöhen. Durch Ihre Einstellungen legen Sie fest, was als »Detail« interpretiert werden soll. Um das Unscharf Maskieren zu konfigurieren, gibt es drei Parameter, mit denen Sie einstellen können, bis in welche Detailtiefe geschärft werden und wie intensiv dies geschehen soll. Dazu gehören die Stärke des Schärfens (»Amount«), der »Radius« und der Schwellwert (»Threshold«). Diese drei Größen lassen sich in Color Factory festlegen, kombiniert mit weiteren Optionen. Eine Automatik-Option, die die Bilder analysiert und mit angepassten Werten schärft, können Sie ebenfalls auswählen. In diesem Fall sind natürlich eine Reihe von Optionen ausgegraut.

In Color Factory kann man bis zu vier USM-Filter anlegen, denen eine bestimmte Bildgröße, bzw. ein Größenbereich, zugewiesen wird, bei dem sie angewendet werden (**Abb. 3.90**). Anders ausgedrückt, Color Factory lässt sich so konfigurieren, dass die Parameter in Abhängigkeit von der Bildgröße eingestellt werden. In diesem Fall sollten aber alle Bilder möglichst die gleiche Auflösung besitzen.

Nutzen Sie nur einen USM-Filter, werden dessen Einstellungen auf alle Bilder des Kanals angewendet. Aktivieren Sie einen weiteren, müssen Sie einen Grenzwert benennen. Dann kommt der erste Filter oberhalb und der zweite Filter unterhalb dieser Grenze zum Einsatz. Bei einem dritten Filter wird statt eines strikten Schwellwerts ein weiterer Wert benannt. Ist das Bild größer als der eine und kleiner als der andere Wert, schärft Color Factory mit diesem Filter. Die beiden anderen Filter werden jeweils auf das Bild angewendet, wenn es außerhalb des Bereichs liegt. Bei einem vierten USM-Filter wird ein weiterer Bereich eingefügt. Sie können auch einzelne Filter deaktiviert lassen, bzw. nach der Konfiguration (zeitweise oder dauerhaft) deaktivieren. Möchten Sie, dass Bilder in einem bestimm-

Bis zu vier USM-Filter pro Kanal in Abhängigkeit von der Bildgröße

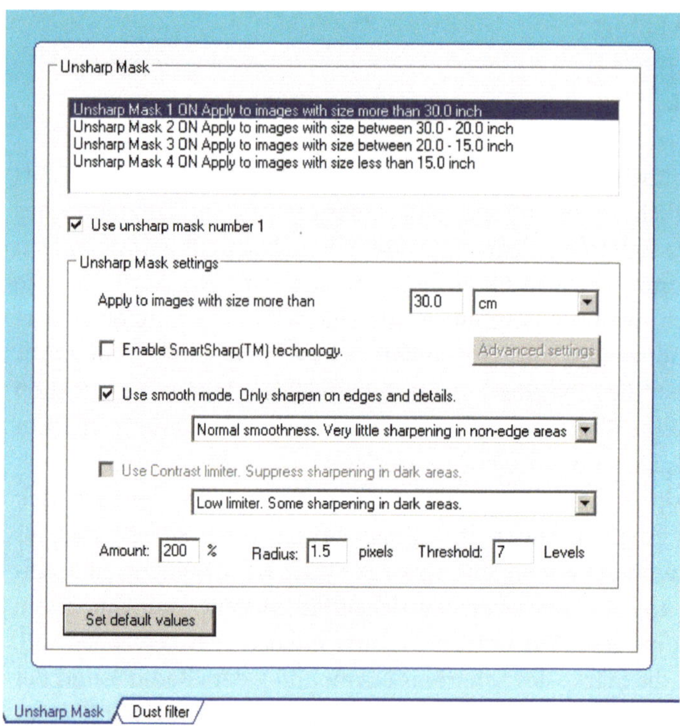

Abb. 3.90. Image Filters: Unscharf maskieren mit den Default-Werten

ten Größenbereich *nicht* geschärft werden, konfigurieren Sie den Filter an der betreffenden Position so, dass er diesen Größenbereich abdeckt – und schalten ihn ab. Bilder, die die entsprechende Größe haben, bleiben somit unbehandelt.

Für die Konfigurationen von USM-Filtern in Color Factory stehen Ihnen eine Reihe von Optionen zur Verfügung. Diese sind unabhängig von der Anzahl der aktivierten Filter und bis auf logische Unterschiede bei der Eingabe des Größenbereiches vollkommen identisch aufgebaut. Ist mehr als ein Filter aktiv, wird »Apply to images with size [more|less] than« eingeblendet sowie ein Eingabefeld für einen Zahlenwert und ein Auswahlmenü für »cm« oder »inch«. Ist lediglich der erste Filter eingeschaltet, lautet die Einblendung folglich »Apply to all images«.

Automatisch: mit »SmartSharp™« Bei der Konfiguration des Schärfens kann man wieder einen Automatismus nutzen (»SmartSharp™«, **Abb. 3.91** und **Abb. 3.92**) oder alle Einstellungen selbst vorgeben (Beispiele: **Abb. 3.93–3.100**). Die Verfügbarkeit bestimmter Optionen hängt vom Status der anderen Optionen dieses Menüs ab, die sich zum Teil gegenseitig ausschließen.

Im unteren Teil des Bereichs »Unsharp mask settings« befinden sich die USM-Parameter
Eingabefelder der drei Grundparameter, die dem Photoshop-Nutzer aus
dem dortigen USM-Menü bekannt sind. Diese sind:
- Stärke des Schärfens (»Amount«): Eingabe eines Prozentwertes, der
  beschreibt, wie intensiv die Konturen hervorgehoben werden sollen;
  Empfehlung FotoWare: 150–200 % bei HighRes-Bildern
- der »Radius«: Bestimmung der Breite der geschärften Kontur in Bildpixel; Faustregel[1]: Auflösung (in dpi) geteilt durch 150 – ergibt bei 225 dpi
  einen Radius von 1,5 Px oder bei 72 dpi 0,5 Px;
  Empfehlung FotoWare: 1–2 Pixel bei HighRes-Bildern
- der Schwellwert (»Threshold«): Eingabe der Differenz der Helligkeits-
  stufen zweier benachbarter Bildpixel, die gegeben sein muss, um als
  Kontur zu gelten;
  Eingabewerte von 0 bis 255 möglich;
  sinnvoll: maximal 10, Empfehlung FotoWare: 7;
  Eingabe einer Null verstärkt das Bildrauschen massiv, da alle Pixel als
  Kantenpixel zueinander behandelt werden.

In der Literatur werden unterschiedliche Empfehlungen für die USM-
Parameter ausgesprochen. McClellands Faustregel[1] weicht durchaus von
Kraus[2] ab, der beispielsweise als Bildradius 1 Pixel bei Bildern mit 300 dpi
Auflösung für ausreichend erachtet. Außerdem wird an derselbe Stelle dar-
auf verwiesen, dass der Pixelradius immer abhängig von der Bildauflösung
gewählt wird. Und Bredenfeld[3] verweist darauf, dass der Radius von der
Ausgabegröße abhängt.

Erschwerend kommt hinzu, dass das Schärfen bei identischen Werten
in Color Factory und in Photoshop unterschiedliche Ergebnisse hervor-
bringt (**Abb. 3.93–3.96**). Sie können daher nicht an einem Musterbild die
Schärfung in Photoshop ausführen und die dabei ermittelten Werte 1:1
in Color Factory übernehmen. Den Test, was die optimalen USM-Werte
für eine Reihe von gleichartigen Bildern sind, müssen Sie in Color Factory
durchführen. Erst danach können Sie den Kanal für das USM final konfigurieren und live stellen. Oder Sie vertrauen den Analysefähigkeiten und

---

[1] McClelland, Deke: »Die Photoshop 7 Bibel«; 1. Aufl. 2003; mitp-Verlag Bonn
     Seite 581 ff. (Kapitel 10.2.1 Den Filter Unscharf maskieren benutzen)
[2] Kraus, Helmut: Scannen. Einstellungen, Farbmanagement, Nachbearbeiten;
     1. Aufl. 2004; Galileo Press; Bonn
     Seite 240 ff. (Scharfzeichnen)
[3] Bredenfeld, Thomas: »Photoshop CS2 professionell«; 1. Aufl. 2006;
     Galileo Press; Bonn
     Seite 51 (Unscharf maskieren)

wählen die Option »SmartSharp™«. Grundsätzlich ist es immer ratsam, Kanäle für USM mit repräsentativen Bildern und unterschiedlichen Konfigurationen zu testen und anhand der dabei erzielten Ergebnisse eine Konfiguration zu ermitteln, die Sie in der Produktion einsetzen können. Die in der Literatur genannten Werte der Parameter können daher bestenfalls Anhaltspunkt sein.

»Default values« Welche Werte Sie nun tatsächlich eingeben sollten, hängt von der Beschaffenheit Ihrer Bilder und Ihren Testergebnissen ab. Um Ihnen die Konfiguration zu erleichtern, sind in Color Factory Standardwerte hinterlegt, die mit einem Klick auf den Button »Set default values« gesetzt werden können (**Abb. 3.90**). Dabei werden alle vier Filter aktiviert und mit folgenden Werten versehen:

– 1. Filter für Bilder über 30 cm:
  Amount: 200 %, Radius: 1,5 Px, Threshold: 7
– 2. Filter für Bilder zwischen 20 und 30 cm:
  Amount: 200 %, Radius: 1,0 Px, Threshold: 7
– 3. Filter für Bilder zwischen 15 und 20 cm:
  Amount: 250 %, Radius: 1,0 Px, Threshold: 10
– 4. Filter für Bilder unter 15 cm
  Amount: 250 %, Radius: 0,5 Px, Threshold: 10

Zusätzlich ist bei allen Filtern der »Smooth mode« in der Stufe »normal« aktiviert (Erläuterung »Smooth mode« siehe unten).

»Smooth mode« Um das Schärfen weiter zu verfeinern, können Sie zusätzlich auf eine der beiden Optionen »Smooth mode« (Glättungsmodus) oder »Contrast limiter« (Kontrastbegrenzer) zurückgreifen, die Sie mit der jeweiligen Checkbox aktivieren. Beide lassen sich nicht gleichzeitig nutzen. Mit dem »Smooth mode« wird ausschließich an Kanten und Details geschärft, also weniger in Flächen. Bilder wirken danach trotz Schärfung glatter, da Unregelmäßigkeiten, wie z. B. Bildrauschen, nicht zusätzlich verstärkt oder gar erst sichtbar gemacht werden. Die Intensität von »Smooth mode« stellen Sie im darunterliegenden Pulldown-Menü ein. Sie haben die Wahl zwischen »Low Smoothness«, bei der doch noch gut sichtbar in den ›kantenlosen Gebieten‹ geschärft wird, »Normal Smoothness« mit ein wenig Schärfen in diesen Bereichen und »High Smoothness«, das überhaupt nicht mehr an den betreffenden Stellen schärft (**Abb. 3.99**).

»Contrast limiter« Eine ähnliche Aufgabe erfüllt der »Contrast limiter« speziell in den dunklen Bildteilen. Er soll das für die Bildtiefen typische Rauschen unterdrücken. Nachdem Sie ihn mit der Checkbox aktiviert haben (und damit »Smooth mode« deaktivieren), steht das Auswahl-Menü zur Verfügung, in dem Sie wieder die Intensität festlegen. Auch hier besteht die Auswahl wieder zwischen niedrig, normal und stark. Analog zum »Smooth mode« stehen diese Stufen wieder für »einiges Schärfen«, »ein bisschen Schärfen« und »kein Schärfen« in den betroffenen Bildpartien (**Abb. 3.100**).

Soll automatisiert geschärft werden, klicken Sie die Checkbox »Enable SmartSharp™ technology« an. SmartSharp analysiert jedes eintreffende Bild des Kanals und optimiert es auf das Analyseergebnis hin. Dieses Feature ist am besten dafür geeignet, wenn sich die Bilder bezüglich Qualität, vorhandener Schärfe und Größe stark unterscheiden. Ist SmartSharp aktiviert, sind »Smooth mode« und »Contrast limiter« ausgegraut. Stärke, Radius und Schwellwert geben Sie wie gewohnt ein. SmartSharp lässt sich im Menü »Advanced Settings« detaillierter konfigurieren. Nach Klick auf den Button haben Sie die Möglichkeit, den Radius und den Schwellwert für jedes Bild von SmartSharp ermitteln zu lassen (Checkboxen »Use automatic radius detection« und »Use automatic threshold detection«). Des Weiteren verfügen Sie in diesem Menü über zwei Schieberegler (»Noise sensitivity« und »Sharpness sensitivity«), mit denen Sie einstellen können, wie sich Color Factory gegenüber vorhandenem Bildrauschen und Vorschärfung verhalten soll. Hierbei definieren Sie die Empfindlichkeit und ab welchem Rauschen-/Schärfe-Niveau (Schwellwert) Color Factory schärfen

»SmartSharp«

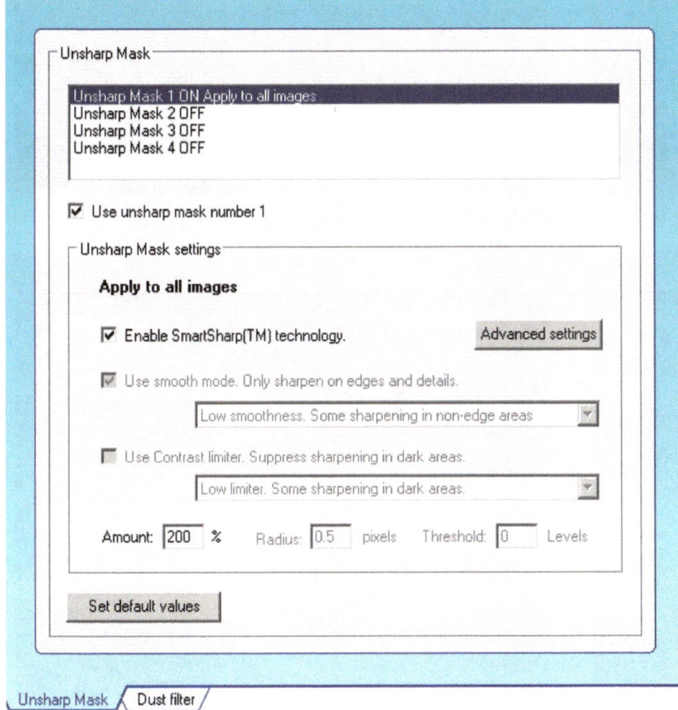

Abb. 3.91. Image Filters: USM mit SmartSharp™

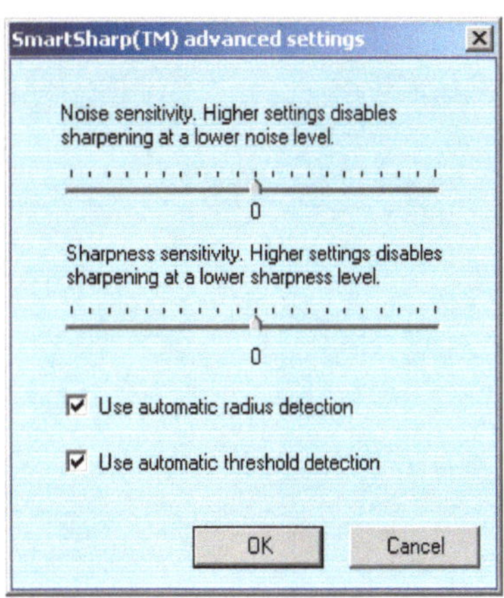

Abb. 3.92. SmartSharp-Einstellungen

Abb. 3.93. In Color Factory geschärft mit: Amount 200 %, Radius 1 px, Threshold 7, ohne SmartSharp

Abb. 3.94. In Color Factory geschärft mit: Amount 200 %, Radius 1 px, Threshold 7, mit SmartSharp

Abb. 3.95. In Color Factory geschärft mit: Amount 200 %, SmartSharp und »Automatic detection«

Abb. 3.96. In Photoshop geschärft mit: Amount 200 %, Radius 1 px, Threshold 7

Abb. 3.97. In Color Factory geschärft (Default values)

Abb. 3.98. unbearbeitet (Vorschärfung durch Kamera)

Abb. 3.99. In Color Factory geschärft mit: Amount 200 %, Radius 1 px, Threshold 7, »Smooth mode«: low (links), normal (mitte), high (rechts)

Abb. 3.100. In Color Factory geschärft mit: Amount 200 %, Radius 1 px, Threshold 7, »Contrast limiter«: low (links), normal (mitte), high (rechts)

soll. Sie können somit festlegen, dass ein Bild, das ein Rauschen aufweist, zurückhaltender geschärft werden soll. Ebenso muss ein ohnehin schon gut geschärftes Bild nicht weiter behandelt werden. Die Skalen der beiden Regler reichen jeweils von –100 bis +100.

Obwohl SmartSharp das Bild analysiert und dementsprechend bearbeitet, kann diese Option auch bei mehreren aktivierten Filtern angewendet werden. Eine vorherige Analyse des Bildes mag zwar die Existenz mehrerer Filter überflüssig erscheinen lassen, macht aber dennoch Sinn, wenn in den unterschiedlichen Größenbereichen mit differierenden Amount-Werten gearbeitet werden soll.

Dust Filter

Mit der zweiten Filterart, die in Color Factory verfügbar ist, können bestimmte Störungen im Bild entfernt werden. Dieser Filter ist hauptsächlich für die Korrektur von gescannten Bildern vorgesehen. Im Gegensatz zu den Aufnahmen einer Digitalkamera können unsaubere Scans sichtbare Staubpartikel oder Kratzer aufweisen. Ebenso wie in Photoshop können Sie dieses Problem in Color Factory mit diesem Filter behandeln. Er

Filter zum Entfernen von Staub und Kratzern bei Scans

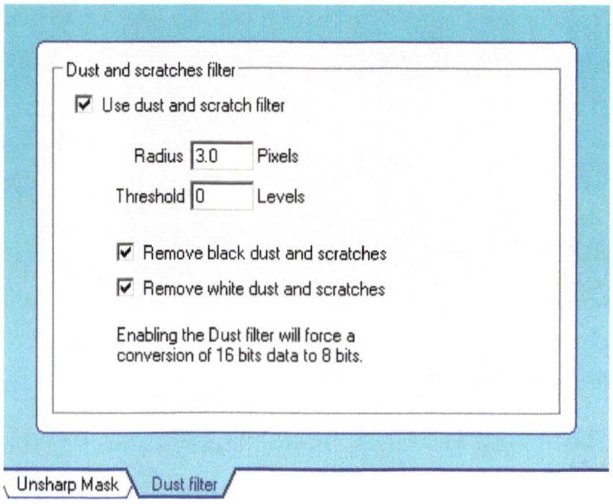

Abb. 3.101. Image Filters: Staub und Kratzer entfernen

untersucht die Umgebung jedes Pixels daraufhin, ob sich in dessen Nähe deutlich unterschiedliche Bildpunkte befinden, die nicht zum eigentlichen Bildinhalt gehören könnten und somit eine Störung darstellen, wie es z. B. bei Staubpartikeln der Fall ist. Je nach Verschmutzungsgrad und Qualitätsanspruch ist eine manuelle Nachbearbeitung mit hohem Zeitaufwand verbunden.

Color Factory weist auf dieser Karteikarte darauf hin, dass dieser Filter nur auf Dateien mit einer Datentiefe von 8 Bit pro Kanal angewendet werden kann (**Abb. 3.101**). 16-Bit-Dateien werden auf 8 Bit reduziert. Dieses Feature können Sie demzufolge nur auf Dateien anwenden, die nicht mit 16 Bit den Workflow durchlaufen sollen. Gegebenenfalls müssten die betreffenden Dateien *vor* diesem Kanal aussortiert werden.

Das Menü, das Color Factory für die Konfiguration bereithält, enthält dieselben Parameter wie das in Photoshop. Sie aktivieren es zunächst mit der Checkbox »Use dust and scratch filter«. Im ersten Feld geben Sie den »Radius« (Pixel) ein, in dem um jeden Bildpunkt herum nach Störungen gesucht werden soll. Das zweite Eingabefeld ist für den Schwellwert (»Threshold«) vorgesehen. Hier geben Sie ein, wie viele Tonwertstufen Differenz zwischen zwei benachbarten Bildpunkten vorhanden sein muss, um sie als Störung einzuordnen. Mittels zwei Checkboxen legen Sie fest, ob schwarze oder weiße Störungen entfernt werden sollen. Beide Checkboxen können auch gleichzeitig angewählt werden.

3.3 Ausblick: XMP

Im zweiten Quartal 2007 erscheint die Version 5.6 von Color Factory. Als wesentliche Neuerung wird das XMP-Feature implementiert sein. XMP (Extensible Metadata Platform) ist Adobes aktueller Standard zur Speicherung von Metadaten (**Abb. 3.102**) und im Vergleich zu IPTC flexibler sowie einfacher zu erweitern. Prinzipiell hat man mit XMP dieselben Möglichkeiten wie mit dem IPTC-Standard. Dieser Entwicklung trägt FotoWare Rechnung, indem die XMP-Funktionalität in die neuen Versionen der Produkte FotoStation, FotoWeb, Index Manager und Color Factory implementiert wird.

Color Factory 5.6 erscheint im zweiten Quartal 2007

Das Speichern von Metadaten nach XMP-Standard bringt eine Reihe von Vorteilen. So ist es nun möglich, Metadaten in mehreren Sprachen in einer Datei abzulegen. Dies ist vorteilhaft, wenn Daten in mehreren Ländern benötigt werden, ohne sich explizit auf *eine* Sprache festlegen zu müs-

Vorteile von XMP

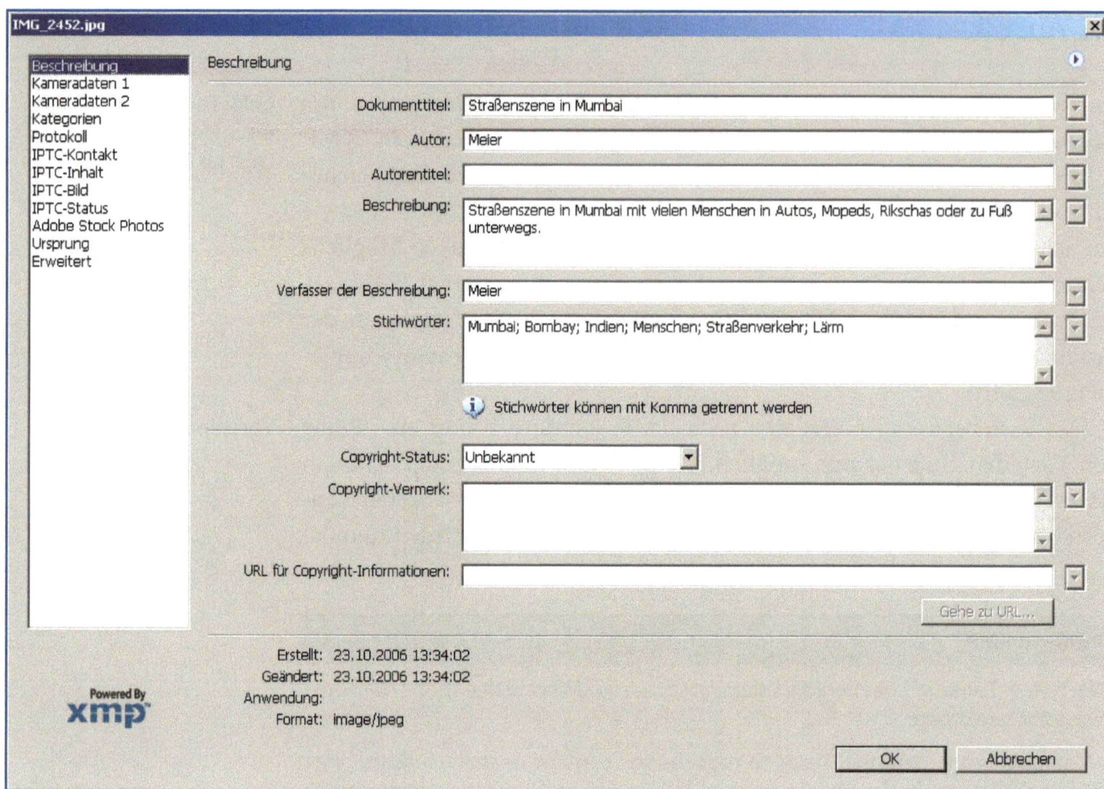

Abb. 3.102. Eingabe von Metadaten in Photoshop CS2

sen. Bei der Suche nach Informationen in den Dateien lässt sich auf die Inhalte in einer Sprache oder allen Sprachen zurückgreifen.

Die freie Konfigurierbarkeit erlaubt es, eigene Felder mit selbstgewählten Namen und Datentypen (Text, Zahl, Datum, Liste) festzulegen. Da die Felder nun nicht mehr ausschließlich über deren Feldnummer identifiziert werden, ist es unwahrscheinlich, dass es zu Konflikten mit anderen Metadaten-Schemata kommt. Die Eingaben in die Datenfelder können gegen verschiedene Validierungsmechanismen geprüft werden, ob sie gültig sind.

Durch die Einführung des XMP-Standards wird die Verknüpfung zu Adobe-Produkten weiter ausgebaut. Alle Feldinhalte werden nun auch z. B. in Photoshop angezeigt und lassen sich editieren. Dies traf bisher auf die Custom fields des IPTC-Standards nicht zu. Ebenso sind die Soft-Crop- und Soft-Rotation-Festlegungen zwischen den FotoWare- und Adobe-Programmen austauschbar.

EXIF-Daten von Digitalfotos werden ebenfalls vollständig unterstützt und in alle Dateiformate geschrieben. Dazu gehört auch das Schreiben von EXIF-JPEG-Dateien wie in Photoshop. Auf die EXIF-Inhalte kann in erweitertem Umfang zugegriffen werden, z. B. in Print Templates.

Grundsätzlich können jedem Dateityp Metadaten hinzugefügt werden. Sollte dies nicht innerhalb der Bilddatei möglich sein (z. B bei Raw-Daten), wird eine gleichnamige Datei erstellt, die parallel abgespeichert wird. Diese Datei wird als »Sidecar« bezeichnet. Lautet der Name der Bilddatei z. B. DSC0001.RAW, werden die Metadaten in DSC0001.XMP geschrieben. Es ist sichergestellt, dass ein exisitierendes Sidecar immer vom FotoWare-Programm mit der jeweiligen Datei mitgezogen wird und nicht verloren geht.

Alle Metadaten-Einstellungen (Definitionen der Felder) werden in einer zentralen Konfigurationsdatei gesichert, auf die alle FotoWare-Programme zugreifen. Dadurch ist gewährleistet, dass innerhalb eines Unternehmens nach einer einheitlichen Definition gearbeitet werden kann.

Die Implementierung des XMP-Standards nötigt den FotoWare-Nutzer nicht dazu, seinen Workflow umzustellen. Genügt der IPTC-Standard weiterhin den Anforderungen, kann dieser beibehalten werden. Abwärtskompatibilität ist somit gegeben. Nur aufgrund des neuen Features müssen die Metadaten ganzer Bildarchive *nicht* umkopiert werden.

Ein Workflow-Beispiel 4

4.1 Allgemeines zum Aufbau eines Workflows

Bevor man einen Workflow aufbaut, muss natürlich feststehen, was damit Richtige Planung erledigt werden soll, welche Teile Color Factory übernehmen kann und ob alle Voraussetzungen (Verfügbarkeit) dafür gegeben sind. Oftmals scheitert eine effektive Konfiguration daran, dass überzogene Vorstellungen bestehen oder falsch geplant wurde.

Im vorangegangenen dritten Kapitel haben Sie einen Überblick erhalten, welche Funktionen Color Factory im Detail bietet. Die nun folgenden Ausführungen sollen einen möglichen Workflow aufzeigen. Es wäre reiner Zufall, wenn das dargestellte Beispiel direkt auf Ihren Bedarfsfall zutreffen würde, sind doch die möglichen Konfigurationen und Anforderungen daran zu zahlreich. Mit diesem Beispiel soll versucht werden, einen möglichst großen Teil der Funktionen zu erklären. Anhand dessen sollen Sie eine Vorstellung vom Wirken von Color Factory bekommen und können möglicherweise Teile davon für Ihre Konfiguration nutzen.

Workflowaufbau allgemein

Ein typischer Color-Factory-Workflow kann in bis zu fünf Bereiche unter- Fünf Bereiche eines Workflows gliedert werden, in die alle Arbeitsschritte eingeordnet werden können. Jeder angelegte und benutzte Kanal lässt sich mindestens einem der aufgezählten Punkte zuordnen:
- Sammeln/Dateneingang
- ggf. Normalisieren
- ggf. Sortieren
- Bearbeiten/Interpretieren
- Ausgeben der finalen Datei

Unter »Sammeln/Dateneingang« ist der Eintritt der Dateien in den Work- Dateneingang flow zu verstehen. Dies geschieht in der Regel dadurch, dass die Daten in einen Ordner abgelegt werden, der von Color Factory überwacht wird. Im Kanal, der diesen Ordner überwacht, kann bereits eine Normalisierung (Vereinheitlichung) der Daten vorgenommen werden

Je gleichartiger die zu verarbeitenden Daten bezüglich Qualität und Datennormalisierung Eignung für das vorgesehene Ausgabemedium sind, um so weniger ist ein Kanal für eine Normalisierung des Datenbestandes notwendig. Stammen Bilder aus unterschiedlichen Quellen, ist es in manchen Anwendungsfällen sinnvoll, diese auf eine einheitliche Auflösung umzurechnen (ohne Interpolation oder Verwerfung von Pixeln).

Sortierung
Nach einer Dateinormalisierung kann man Color Factory besser nach gewünschten Kriterien sortieren lassen oder selbst leichter eine visuelle Bewertung vornehmen. Bei einer Durchsicht des Datenbestandes in diesem Stadium können die Bilder manuell sortiert und den jeweils geeigneten Bearbeitungsschritten zugeführt werden. Ist nicht der Inhalt an sich ein Sortierkriterium, sondern ein technisches Merkmal, das vom AutoRouting erfasst werden kann, lässt sich diese Aufgabe auf Color Factory übertragen. Dazu wird ein Kanal mit einer oder mehreren geeigneten AutoRouting-Methode(n) konfiguriert. Sollen alle Bilder vom gleichen nachfolgenden Kanal bearbeitet werden, entfällt die Sortierung und die Sichtkontrolle.

Bearbeitung und Ausgabe
Die endgültige Bearbeitung der Daten erfolgt in einem nachfolgenden Kanal. Ob sich alle Bearbeitungsschritte in einem Kanal zusammenfassen lassen, entscheidet darüber, wie viele Kanäle dafür notwendig und wie sie angeordnet sind. Am Ende steht ein Ordner, in dem das finale Bild ausgegeben wird. Infolge von Sortierungen oder Verzweigungen im Workflow können es natürlich mehrere Ausgabeordner von mehreren Kanälen sein.

Infobox: Empfehlungen zur Erstellung eines Workflows

»So wenige Kanäle wie möglich, so viele wie nötig.«
Das reduziert den Konfigurationsaufwand.

»Möglichst viele Funktionen in einen Kanal zusammenfassen.«
Reduziert die Anzahl der Kanäle.
(Aber: Interne Bearbeitungsreihenfolge von Color Factory beachten!)

»Zunächst möglichst viele Dateien gemeinsam bearbeiten, durch gemeinsame Kanäle schleusen, bevor sie sortiert und individuell bearbeitet werden.«
Reduziert die Kanalanzahl und erleichtert den Überblick.

»Sinnvolle Gruppen bilden.«
Alle Kanäle einer Gruppe lassen sich so schnell ein- und ausschalten. Damit kann schneller zwischen Grundkonfigurationen gewechselt werden.

4.2 Konfiguration

In diesem Anwendungsbeispiel für einen Color-Factory-Workflow soll speziell auf den Umgang mit digitalen Fotografien eingegangen werden. Fotos von unterschiedlichen Kameras, von Consumer-Modellen bis hin zu hochwertigen Profigeräten, bilden im folgenden Beispiel die Datenbasis. Die eingehenden Bilder sollen am Ende mit angepasster Auflösung, verbessertem Kontrast, geschärft und vollständig betextet vorliegen. Dieser Workflow erzeugt ein Archiv, welches komplett verschlagwortet ist, in dem alle Bilder identische technische Eigenschaften aufweisen und sich die beteiligten Mitarbeiter mit FotoStation Bilddaten nach bestimmten Kriterien (Motiv, IPTC-Feld-Inhalte) für die weitere Verwendung auswählen können. Des Weiteren sollen von den Bildern dieses Archivs niedrigaufgelöste Kopien erstellt, mit Wasserzeichen versehen und für jedes Bild eine HTML-Datei erzeugt werden. Diese Datei enthält bestimmte Dateieigenschaften und IPTC-Feld-Inhalte, die im Webbrowser dann angezeigt werden. Das niedrigaufgelöste Bild steht zusammen mit der HTML-Datei für eine Onlineveröffentlichung zur Verfügung. Zusätzlich sollen bestimmte Bilder auf einem Proof-Drucker ausgegeben werden.

Am Ende wurden von jedem Bild drei Versionen erzeugt: Eine HighRes-Variante für den Druck (CMYK), eine LowRes-Datei zum Layouten oder für Online-Publikationen und eine weitere LowRes-Datei zur Voransicht mit Wasserzeichen. Um die gewünschten Arbeitsschritte ausführen zu können, sind sieben Kanäle notwendig, deren Konfiguration in den nachfolgenden Abschnitten ausführlich dargestellt wird. In **Abb. 4.1** ist dieser Workflow grafisch dargestellt. Auf den letzten Seiten des Kapitels werden an zwei Beispielen die Ergebnisse jedes Kanals dargestellt (**Abb. 4.38**).

1. Kanal: »01_Normalisierung«

Alle Bilder werden im gemeinsamen **Eingangsordner** gesammelt, der vom ersten der sieben Kanäle überwacht wird. Dieser Ordner soll im Beispiel »01_Dateneingang« heißen. Der Kanal »01_Normalisierung« überwacht diesen Ordner und vereinheitlicht die darin befindlichen Daten (Vergabe einer Bild-ID, Resizing auf 300 dpi, Kontrastkorrektur mit SmartContrast). Des Weiteren werden von den Bildern Thumbnails und Previews gerechnet, wodurch diese Aufgabe der FotoStation abgenommen wird. Wichtig ist noch die Befüllung einiger IPTC-Felder, die im nachgelagerten Arbeitsschritt (FotoStation) nicht mehr manuell ausgefüllt werden müssen.

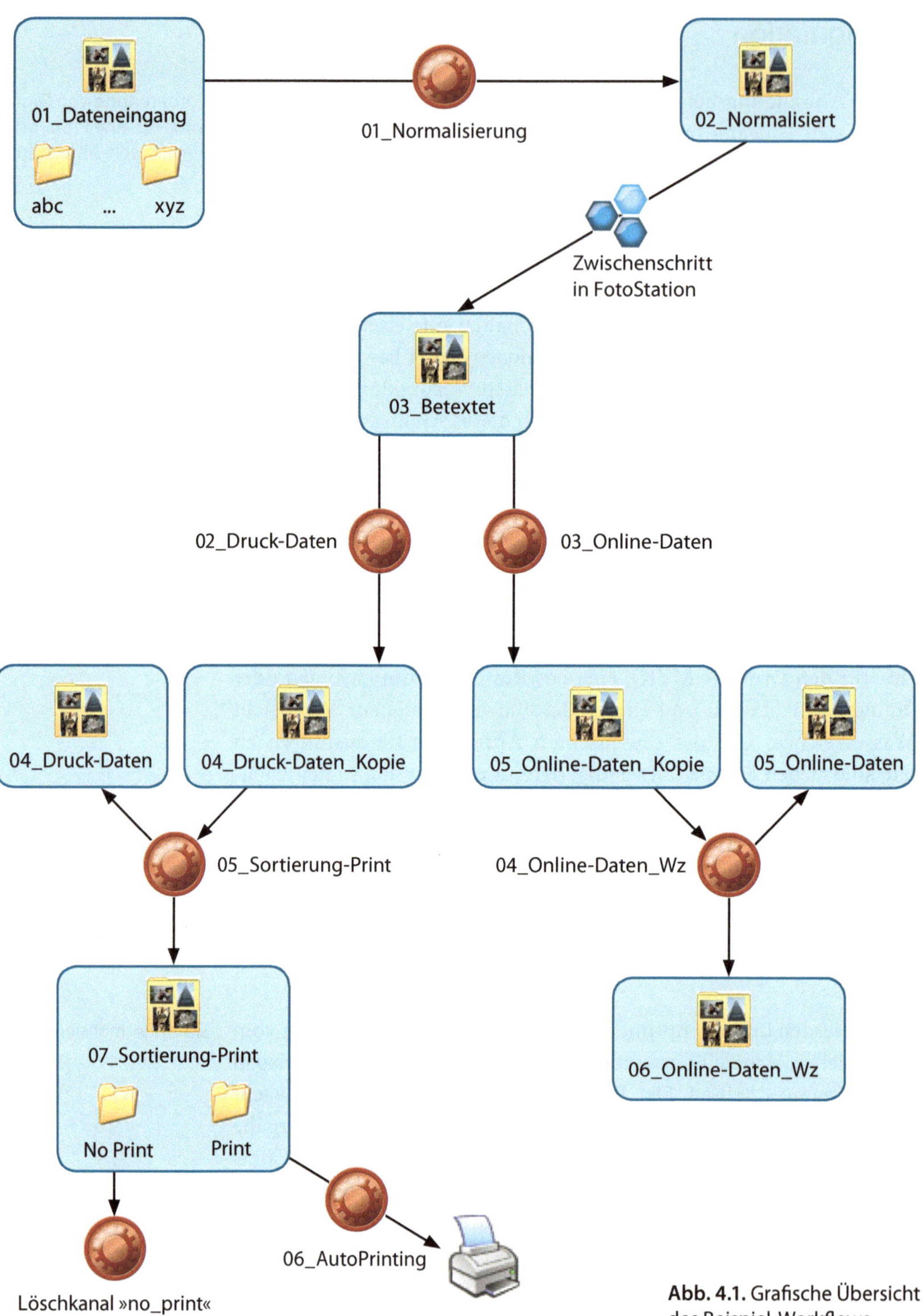

Abb. 4.1. Grafische Übersicht des Beispiel-Workflows

Unter den »**Main Channel Settings**« wurde der oben genannte Inputfolder, der Outputfolder und das Ausgabeformat (TIFF) festgelegt (**Abb. 4.2**). Die anderen Einstellungen wurden so belassen. Auf der Karteikarte »Enable Features« sind die in den folgenden Absätzen benannten Features angeklickt.

Das erste Feature, das in diesem Kanal aktiviert wird, ist »**Input Options**« (**Abb 4.3**). Dort sind in erster Linie die Einstellungen der Karteikarte »Miscellaneous« relevant. Die Checkboxen »Include Subfolders« und »Remove Empty Folders« sind angeklickt, um auch Unterordner des überwachten Eingangsordners miteinzubeziehen. Dies ist deshalb notwendig, weil die Fotografen dazu angehalten sind, ihre Dateien in einem Ordner, benannt nach ihrem Nachnamen, abzulegen. Der Grund dafür ist die Konfiguration des IPTC-Features, die in einem der nächsten Absätze erläutert wird. Nach der Bearbeitung in diesem Kanal müssen die Unterordner nicht mehr beibehalten werden. »Mirror Subfolder Structure« wird daher deaktiviert. Erfolgt die Einstellung der Daten via FTP, sollte noch »Wait until stops growing« eingestellt sein. Die Karteikarte »Run Schedule« muss nicht weiter konfiguriert werden, da »Run always« als Standard eingestellt ist und der Kanal jederzeit aktiv sein soll. Stammen die Bilder aus vertrauenswürdigen Quellen, kann »Virus Scanning« deaktiviert bleiben. Im Beispiel wird kein Index Manager eingesetzt und folglich auch nicht auf »Index Manager Input« konfiguriert.

Bei den Einstellungen von »**Input File Formats**« ist nur der Bereich »Digital Camera Files« auf der Karteikarte »Images« von Interesse (**Abb. 4.4**). Dort wird eingestellt, inwieweit Raw-Dateien bearbeitet werden sollen. Davon ausgehend, dass ein Fotograf auch unbearbeitete Daten in diesem Format direkt von der Kamera in den Workflow einstellen kann, sollte dieses Feature mit »Normal processing« ausgewählt werden. Alle anderen Dateiformate wie PDF-Dokumente, 1-Bit-Bilder, Vektor-Daten und Movie-Files sollten in diesem Workflow nicht vorkommen und werden daher als »Unknown« behandelt. CMYK-Bilder können nicht unbearbeitet von Digitalkameras kommen und sollten somit nicht an dieser Stelle in den Workflow gelangen. Daher kann unter »General image handling« jede Option für CMYK ausgewählt werden, da dieser Punkt nicht relevant sein sollte. Falls man diese Möglichkeit nicht ausschließen möchte, können CMYK-Daten entweder normal weiterverarbeitet oder einem anderen Kanal, der denselben Ordner überwacht, überlassen werden.

Nach diesem Kanal ist eine Sichtung der Bild-Daten in FotoStation vorgesehen. Um einen Überblick über den Ordner-Inhalt zu bekommen, arbeitet dieser Bildbrowser mit Thumbnails und Previews. Diese kann er selbst erzeugen oder von Color Factory rechnen lassen. Letztere Variante

Berücksichtigung von Unterordnern

Raw-Daten

Datenvorbereitung für FotoStation

beschleunigt die Arbeit in FotoStation, da die Vorschauen schon erzeugt und in den Bilddateien hinterlegt sind. Deswegen ist das Feature »**Foto-Station Data**« aktiviert (**Abb. 4.5**). Auf der Karte »Reading/Saving files« werden im oberen Teil die Thumbnails und die Previews definiert (Größe, Kompressionsqualität, Schärfe). Vorhandene IPTC-Inhalte und Dateieigenschaften werden in den FotoStation File tag kopiert (»Save IPTC and image info«). Der Bereich »Reading Files« kann außer Acht gelassen werden, da dieser nur von Bedeutung ist, wenn die Daten bereits in FotoStation gesichtet wurden.

Automatische Befüllung einiger Text-Felder

Innerhalb dieses Kanals wird mit »**IPTC/Image options**« ein Text Template auf alle Dateien angewendet (**Abb. 4.6**). Das Menü dafür wird mit dem Button »General Text Template« auf der Karteikarte »General« aufgerufen. Alle anderen Karteikarten dieses Features sind an dieser Stelle nicht von Belang. Für das vorliegende Beispiel werden zunächst vier IPTC-Felder ausgefüllt. Feld #220 wird mit dem Pixelmaß der Datei befüllt, Feld #007 (Edit status) wird mit der Zeichenkette »unveröffentlicht« versehen und Feld #121 (Local caption) mit »Aus aller Welt«. Die Info für das Feld #080 (By-Line) stammt aus dem Ordnernamen, in dem die Datei vorgefunden wurde. Die Fotografen sind dazu angehalten, ihre Dateien nicht direkt in den Eingangsordner zu legen, sondern einen Unterordner, benannt nach ihrem Nachnamen, zu verwenden. Somit kann über diesen Ordnernamen das Feld »Credit« ausgefüllt werden. Für die Betextung kommen zum Teil die »Codes« zum Einsatz (siehe Anhang). Da viele Textfelder nicht automatisch, sondern mit individuellen Inhalten gefüllt werden müssen, erfolgt dies in FotoStation.

Grundsätzlich stellt sich an dieser Stelle die Frage, ob nicht der Fotograf bereits vollständig betextete Bilder abliefert oder abliefern muss – was der gängigen Praxis entspricht. Dann könnte das gesamte IPTC-Betexten an dieser Stelle entfallen.

Unique Image ID

Im Laufe des Workflows sollen von jeder Datei drei Versionen erstellt werden – eine für Print- und zwei für Screen-Anwendungen. Um beide auch später noch eindeutig einander zuordnen zu können, wird dem Bild eine Image ID vergeben. Dazu wird einfach das Feature »**Image ID**« aktiviert (**Abb. 4.7**). Eine weitergehende Konfiguration auf diesen Karteikarten ist nicht notwendig. Die ID wird in das IPTC-Feld #187 eingetragen und an alle nachgelagerten Bearbeitungsversionen der Datei weitergereicht. Das gilt für alle IPTC-Inhalte.

Farb- und Kontrast-bearbeitung

Es ist gut möglich, dass Farbe und Kontrast des Bildes noch verbessert werden könnten. Deshalb bietet sich eine Bearbeitung mit »SmartContrast« an, die unter »**Color & Contrast**« aktiviert wird (**Abb. 4.8**). Mit einem Klick auf die Checkbox ist dies geschehen. Alle anderen Optionen bleiben deaktiviert.

Unterschiedliche Kamera-Modelle und -Einstellungen erzeugen Dateien in unterschiedlichen Auflösungen. Für einen einfacheren Vergleich ist es günstig, alle Bilder auf eine einheitliche Auflösung (z. B. 300 dpi) zu setzen. Die Pixelanzahl bleibt unverändert. Unter **»Image Size«** wird auf der gleichnamigen Karteikarte »Change Image Size« angeklickt und eine Auflösung eingegeben (**Abb. 4.9**). »Resample Image« muss dabei zwingend deaktiviert bleiben, da dann die Bildpixel neuberechnet werden (Bildgröße bleibt gleich, Auflösung wird geändert).

Durchlief eine Datei alle Features des Kanals problemlos, wird sie in den **Ausgangsordner** abgelegt. Dieser heißt in diesem Beispiel »02_normalisiert«.

Vergabe einer einheitlichen Auflösung bei unveränderter Pixelanzahl

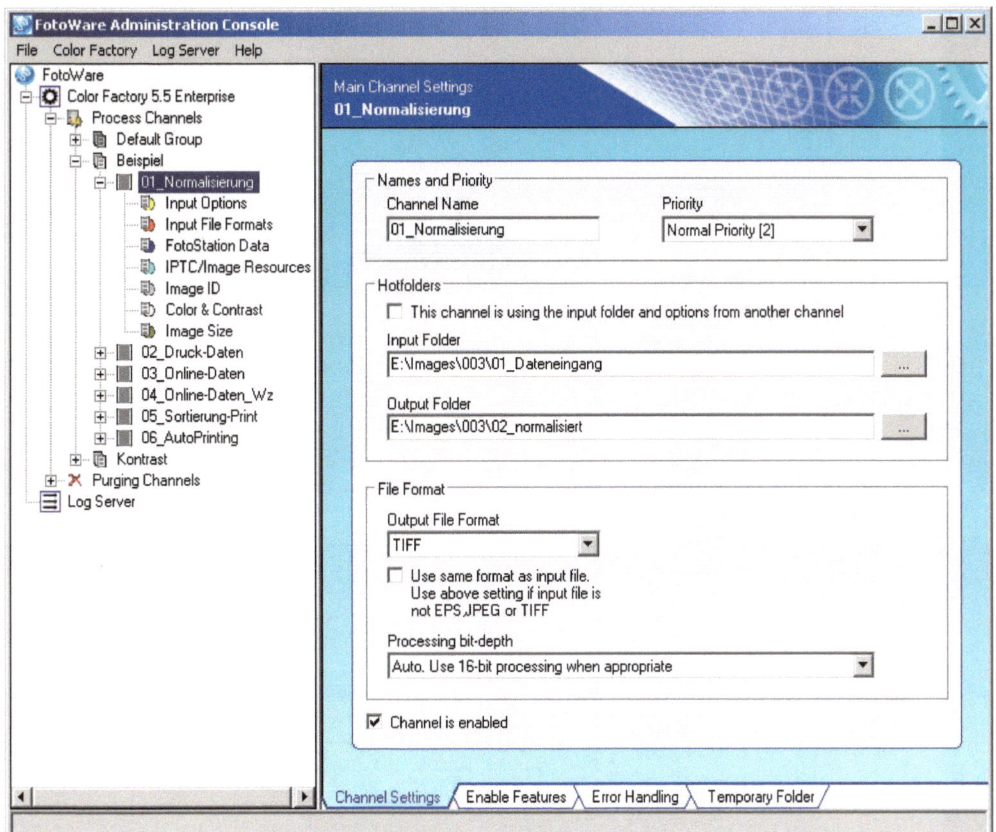

Abb. 4.2. Kanal »01_Normalisierung«: Main Channel Settings

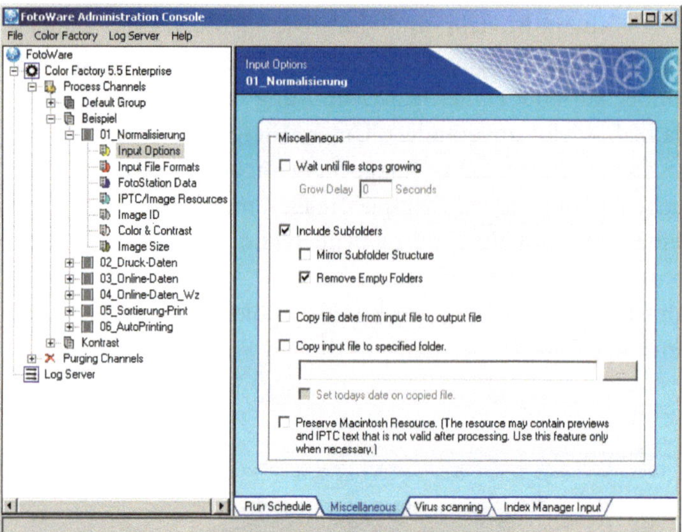

Abb. 4.3. Kanal »01_Normalisierung«: Input Options (Miscellaneous)

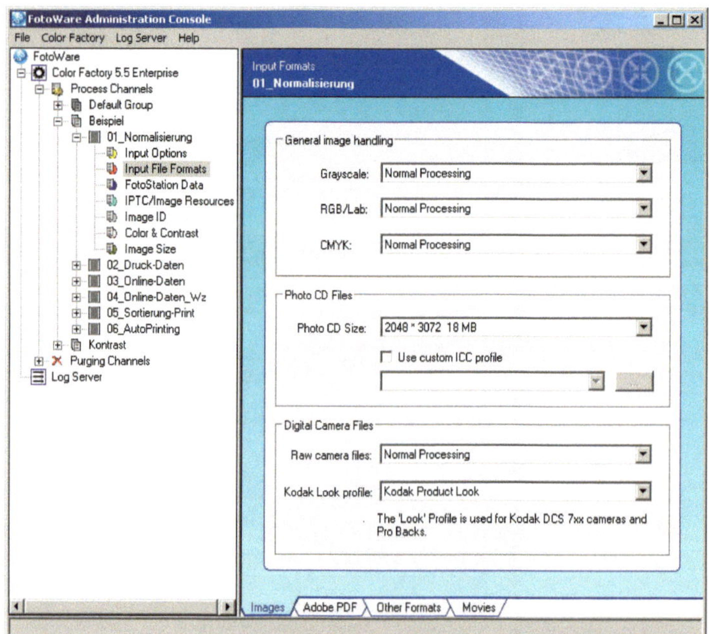

Abb. 4.4. Kanal »01_Normalisierung«: Input File Formats (Images)

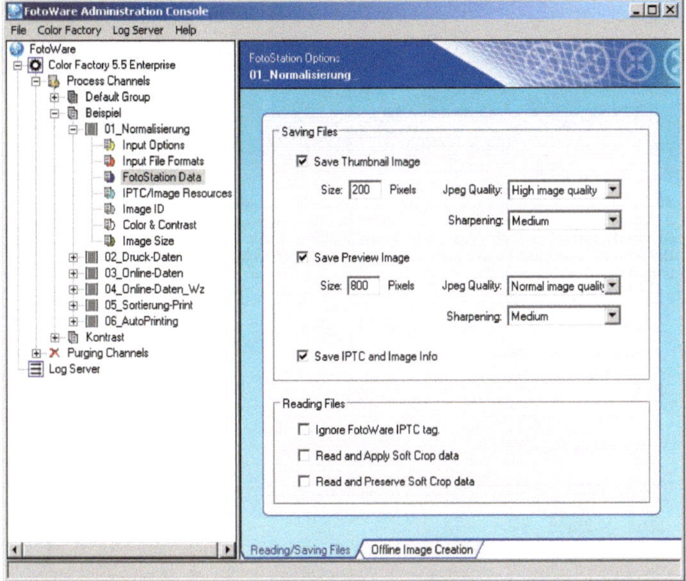

Abb. 4.5. Kanal »01_Normalisierung«: FotoStation Data (Saving Files)

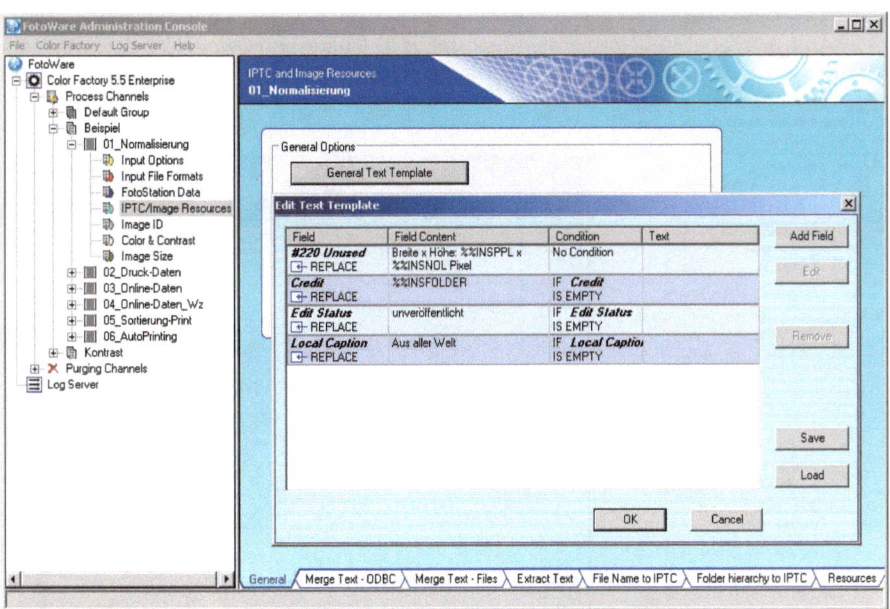

Abb. 4.6. Kanal »01_Normalisierung«: IPTC/Image Resources (General Text Template)

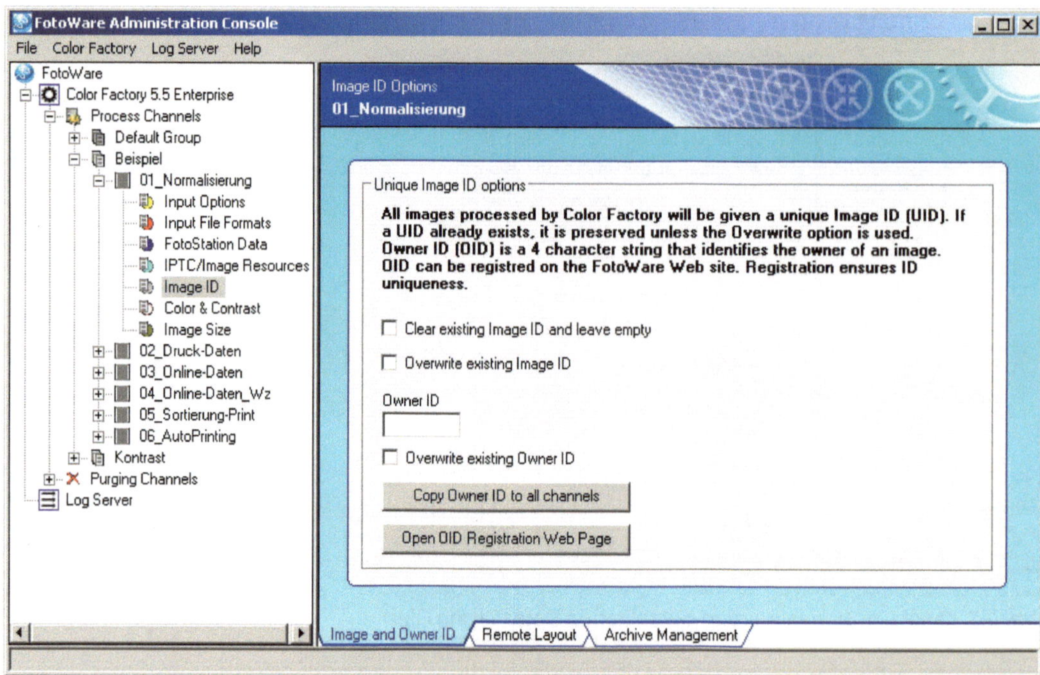

Abb. 4.7. Kanal »01_Normalisierung«: Image ID (Image and Owner ID)

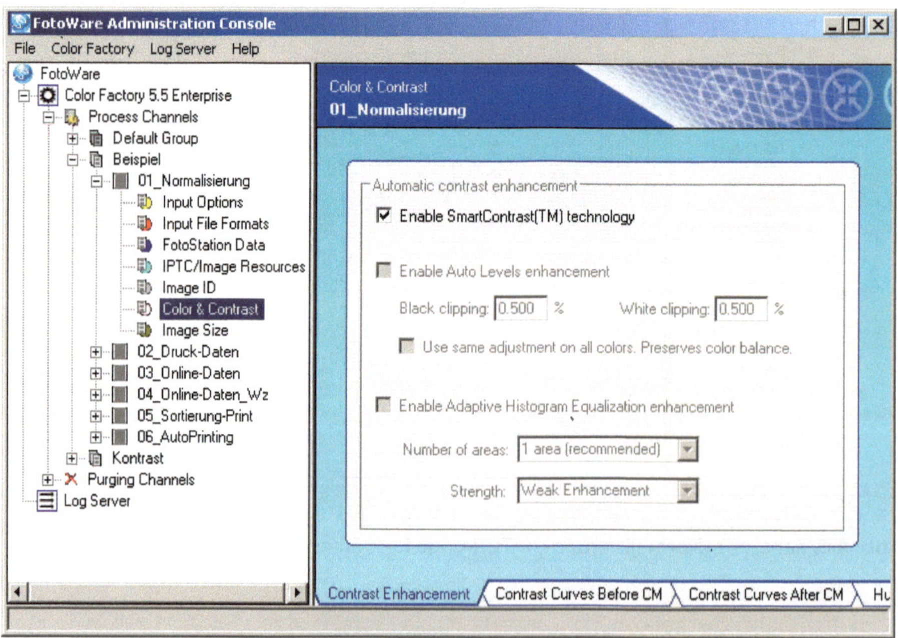

Abb. 4.8. Kanal »01_Normalisierung«: Color & Contrast (Contrast Enhancement)

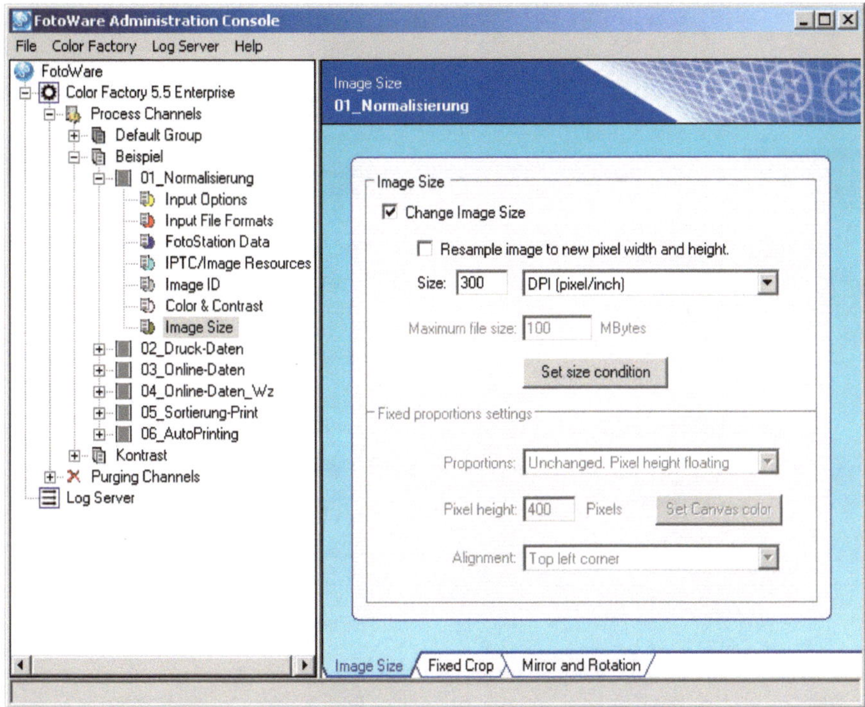

Abb. 4.9. Kanal »01_Normalisierung«: Image Size (Image Size)

Zwischenschritt: FotoStation

Die vom vorangegangenen Kanal erzeugten Bilder werden in FotoStation gesichtet. Soll nur ein Ausschnitt des Bildes weiterverwendet werden, lässt sich ein Beschnitt festlegen, der im nachfolgenden Kanal ausgeführt wird. Des Weiteren können an dieser Stelle ungeeignete Bilder aussortiert werden. Ein weiterer wichtiger Grund für den FotoStation-Einsatz an dieser Stelle ist das Befüllen weiterer benötigter IPTC-Felder (**Abb. 4.10**). In Foto-Station lässt sich zu diesem Zweck eine angepasste Eingabemaske erstellen. Bei dieser Gelegenheit wird ferner festgelegt, ob das jeweilige Bild ausgedruckt werden soll. Falls ja, trägt man in das IPTC-Feld #040 (»Special instructions«) den Vermerk »print« ein. Jedes betrachtete und betextete Bild wird in den »Ordner 03_betextet« transferiert. Dieser wird von zwei Kanälen (»02_Druck-Daten« und »03_Online-Daten«) überwacht und als Eingangsordner benutzt.

Datensichtung

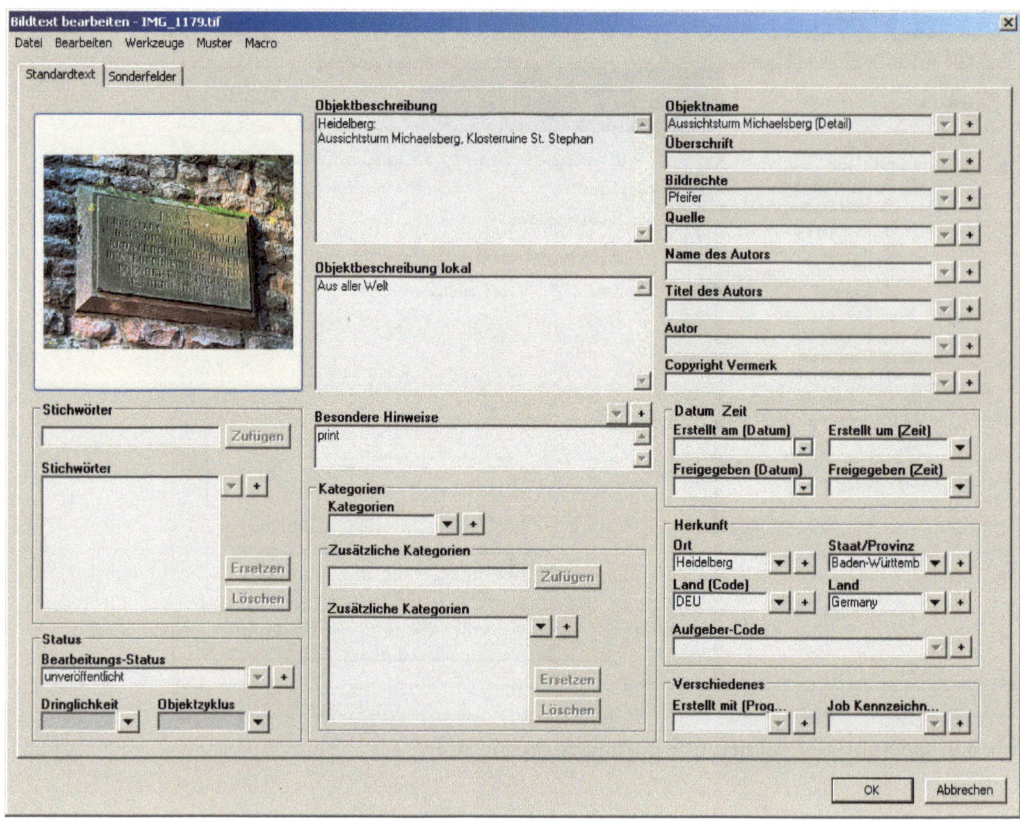

Abb. 4.10. Eingabemaske für IPTC-Inhalte

2. Kanal: »02_Druck-Daten«

Unter »**Main Channel Settings**« wird der oben genannte Ordner »03_betextet« als Eingangsordner festgelegt (**Abb. 4.11**). Nach den Arbeitsschritten dieses Kanals gibt Color Factory die Datei (als TIFF) in »04_Druck-Daten« aus. Als Ergebnis steht somit eine druckfähige Datei.

Ausführen des Beschnitts   Das Feature »**FotoStation Data**« wird aktiviert, um den vorher in Foto-Station gekennzeichneten Beschnitt nun auch physisch an den Daten auszuführen (**Abb. 4.12**). Zu diesem Zweck ist auf der ersten Karteikarte im Bereich »Reading Files« die Option »Read and apply soft crop data« angeklickt. Alle anderen Funktionen werden im Moment nicht benötigt und bleiben/werden abgeschaltet.

Farbraumkonvertierung   Um druckfähige Daten zu erhalten, müssen die Daten von RGB nach CMYK gewandelt werden. Dies wird unter »**Color Management**« konfiguriert (**Abb. 4.13** und **Abb. 4.14**). Falls einem Bild kein Profil zugewiesen ist, wurde die Aufnahme möglicherweise mit einer einfacheren Kamera gemacht, die kein Profil verwendet. In diesem Fall soll Color Factory vom sRGB-Farbraum ausgehen, aber ansonsten das eingebettete Profil berücksichtigen. Die Fotos sollen später auf gestrichenem Papier ausgedruckt werden, weswegen das entsprechende Profil gewählt wurde und in die Datei eingebettet wird.

Damit die von diesem Kanal ausgegebenen Dateien bereits durch ihren Namen als Druckdaten zu erkennen sind, soll die Zeichenkette »_druck« angehängt werden. Diese Einstellung wird auf der Karteikarte »Extension/Prefix/Suffix« von »**File Name Options**« vorgenommen (**Abb. 4.15**). In die Felder »CMYK Suffix« und »Grayscale Suffix« wird »_druck« eingetragen. Weil auch in Digitalkameras Graustufenbilder erzeugt werden können, müssen sie ebenfalls in diesem Workflow mit berücksichtigt werden. Die Verwendung der »File Name Options« bringt gleichzeitig ein kleines Problem mit sich: Auf der ersten Karteikarte ist die maximale Zeichenanzahl eingetragen. Diese beträgt bei der Erstaktivierung immer »31«. Das kann unter Umständen zu wenig sein und muss daher z. B. auf sichere »70« hochgesetzt werden (**Abb. 4.16**).

Als qualitätsverbessernde Maßnahme wird der Schärfefilter aktiviert, der sich auf der ersten Karteikarte des Features »**Image filters**« konfigurieren lässt (**Abb. 4.17**). Da jedes Kamera-Modell unterschiedlich schärft, bzw. unterschiedliche Einstellungen bei jeder Aufnahme verwendet wurden, kann die bereits vorhandene Schärfe von Bild zu Bild variieren. Folglich ist es nicht ratsam, alle Bilder mit identischen Parametern zu schärfen. Stattdessen wird in diesem Beispiel auf »SmartSharp« zurückgegriffen, kombiniert mit automatischer Erkennung geeigneter Werte für Radius und Schwellwert. Lediglich der Prozentwert für die Stärke muss eingegeben werden.

Der Schärfefilter kommt nicht nur hier, sondern auch im Kanal für die Online-Daten zum Einsatz. In beiden Kanälen wird er identisch konfiguriert. Gleich bei der Normalisierung zu schärfen ist nicht ratsam, da im nachfolgenden Kanal (»03_Online-Daten«) ein Resampling der Bilder stattfindet. Schärfen ist in der Bildbearbeitung grundsätzlich einer der letzten Schritte und wird daher *nach* Kontrastbearbeitung und Resampling ausgeführt.

Normalerweise könnten die von diesem Kanal bearbeiteten Bilder gleich in den **Ordner** »04_Druck-Daten« **abgelegt** werden. Stattdessen werden sie in »04_Druck-Daten_Kopie« ausgegeben. Erst der Kanal »05_Sortierung-Print« kopiert die Daten in den korrekten Ordner. Vorher prüft er jedes Bild, ob es ausgedruckt werden soll und im IPTC-Feld #040 entsprechend gekennzeichnet ist. Falls ja, wird das Bild automatisch ausgedruckt.

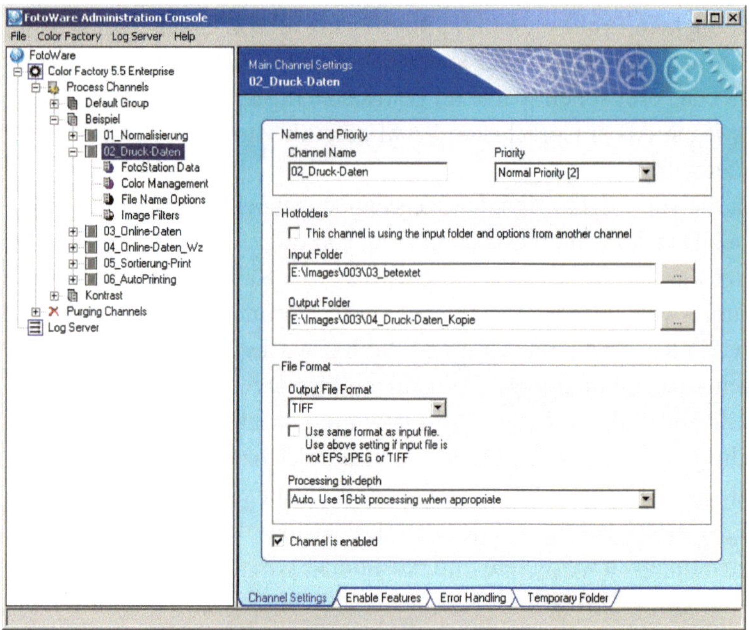

Abb. 4.11. Kanal »02_Druck-Daten«: Main Channel Settings

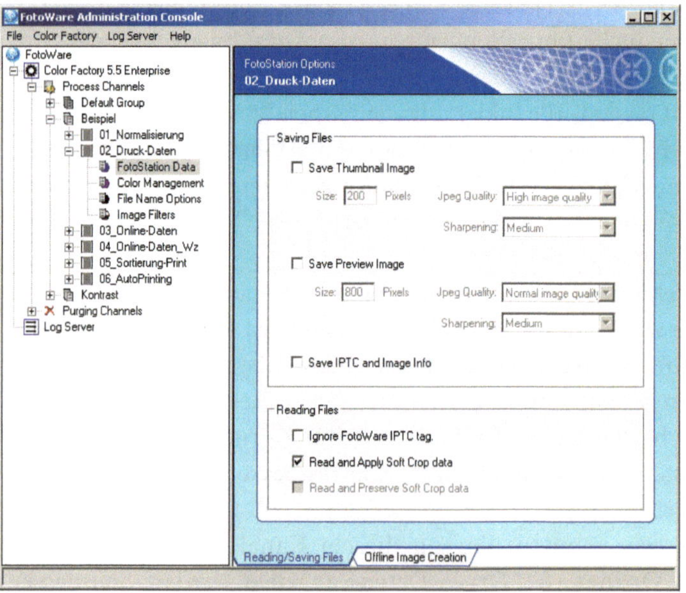

Abb. 4.12. Kanal »02_Druck-Daten«: FotoStation Data (Reading Files)

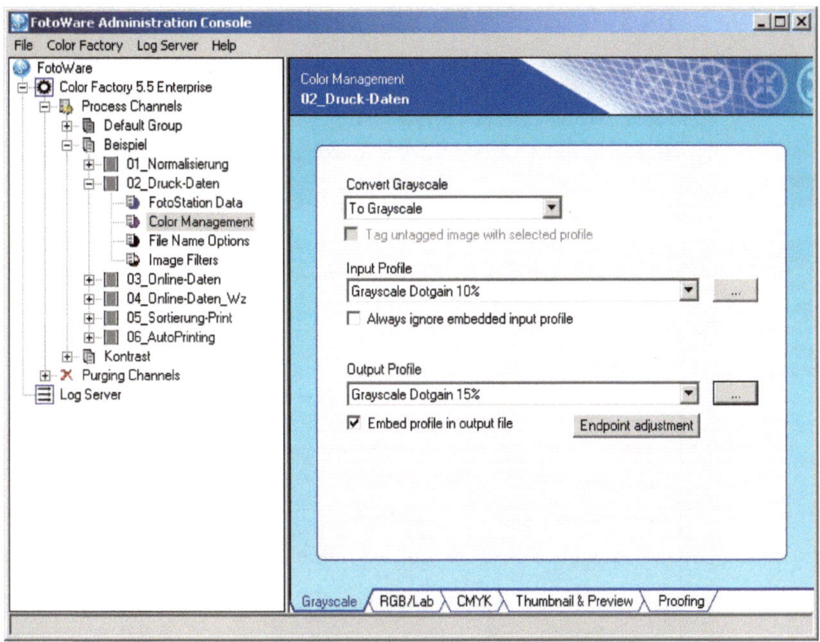

Abb. 4.13. Kanal »02_Druck-Daten«: Color Management (Grayscale)

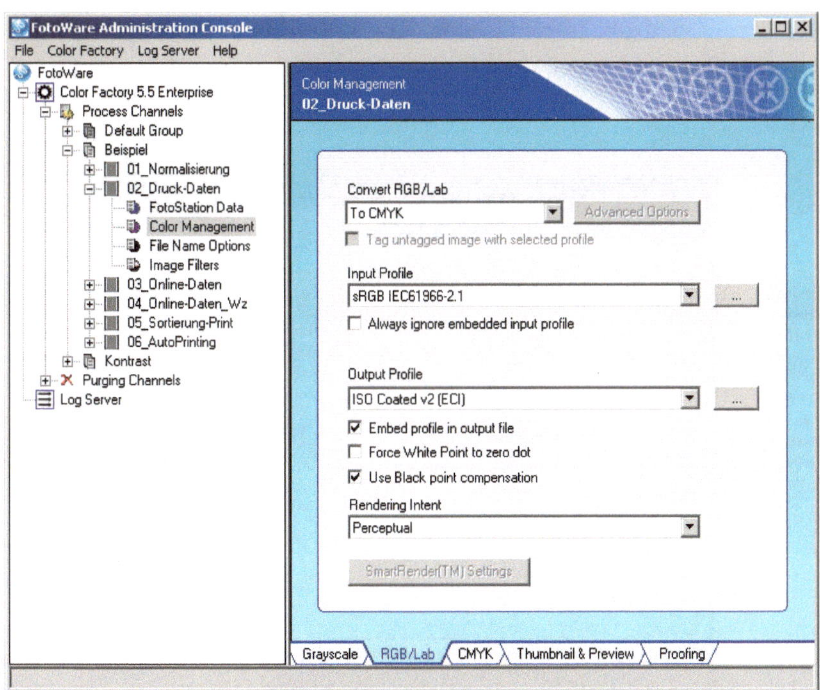

Abb. 4.14. Kanal »02_Druck-Daten«: Color Management (RGB)

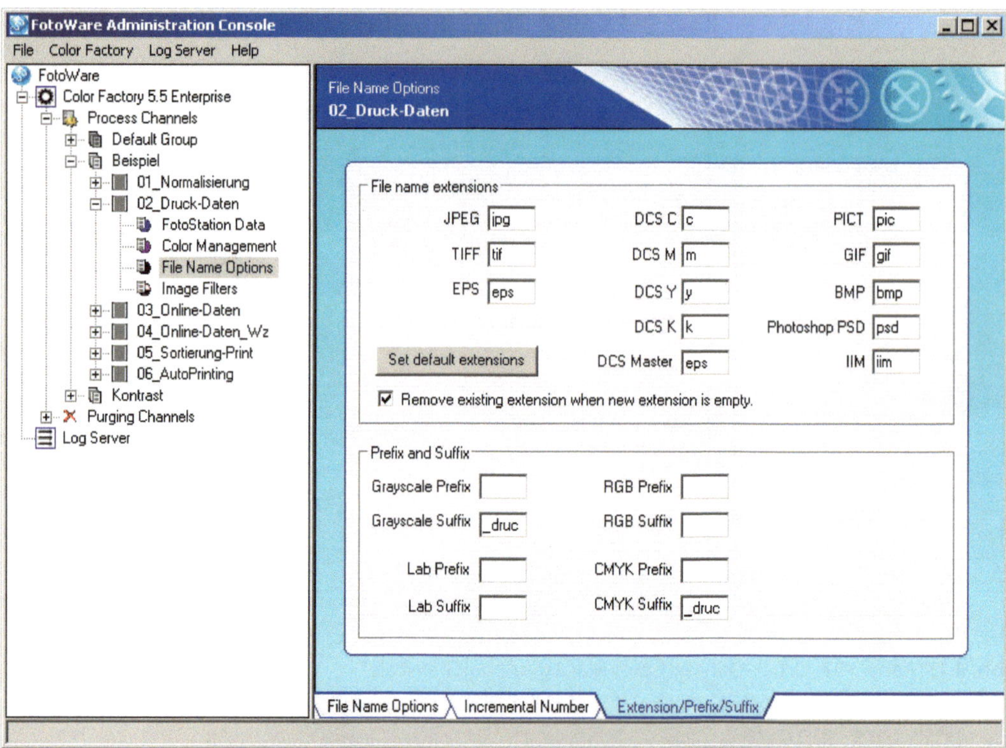

Abb. 4.15. Kanal »02_Druck-Daten«: File Name Options (Suffix)

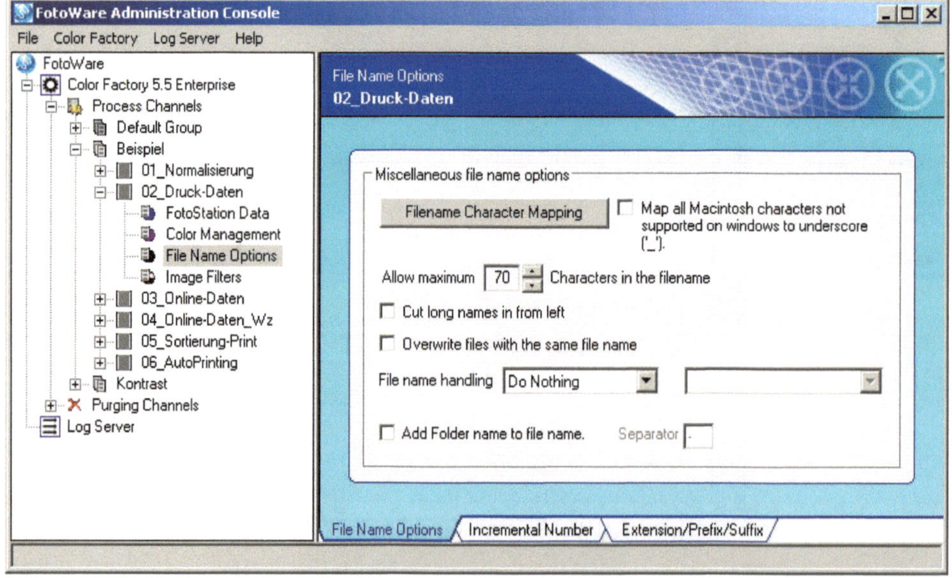

Abb. 4.16. Kanal »02_Druck-Daten«: File Name Options (File Name Options)

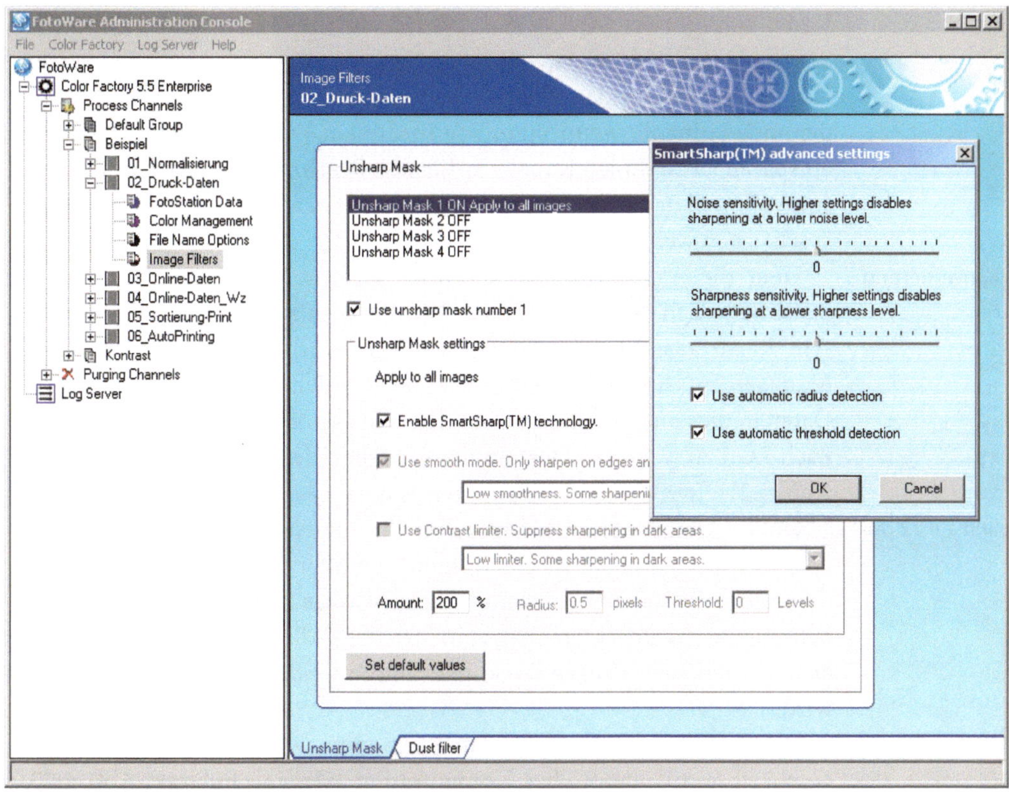

Abb. 4.17. Kanal »02_Druck-Daten«: Image Filters (Unsharp Mask)

3. Kanal: »03_Online-Daten«

Parallel zum zweiten Kanal versieht der dritte Kanal seinen Dienst. Er bezieht seine Daten ebenfalls aus dem Ordner »03_betextet«, verwendet also denselben Datensatz wie Kanal 02. Deshalb wird unter den »**Main Channel Settings**« nicht der Ordner benannt, sondern der Kanal (in diesem Fall Kanal »02_Druck-Daten«) dessen Eingangsordner verwendet werden soll (**Abb. 4.18**). Aber Ergebnis und Ausgabeordner dieses Kanals unterscheiden sich vom Parallelkanal. Als Dateiformat wird JPEG gewählt.

Ein Eingangsordner für zwei Kanäle

Die Online-Bilder sollen sich inhaltlich nicht von den Druckdaten unterscheiden. Infolgedessen müssen sie identisch beschnitten sein. Es handelt sich um dieselben Daten, die auch der vorangegangen beschriebene Kanal verwendet. Für diese Daten wurde ein Beschnitt festgelegt, der gleichermaßen für die Online-Daten angewendet werden muss. Deshalb ist wieder der in FotoStation angelegte Beschnitt in den Daten auszuführen. Zu diesem Zweck wird wieder »**FotoStation Data**« aktiviert und wie im vorherigen

Ausführen des Beschnitts

Kanal konfiguriert (**Abb. 4.19**). Es wird nur die Option »Read and Apply Soft Crop data« aktiviert, während alle anderen nicht verwendet werden. Das Feature erneut identisch zu konfigurieren mag redundant sein, ist aber dennoch sinnvoll, wenn man, wie in diesem Fall, einen weiteren Kanal einsparen kann. Einen Kanal nur für den Beschnitt anzulegen, wäre nicht sinnvoll, weil dadurch ein weiteres Mal die Daten geöffnet, verarbeitet und geschrieben werden müssten.

Farbraumkonvertierung

Über die Aktivierung des Features »**Color Management**« an dieser Stelle ließe sich durchaus streiten. Wenn man davon ausgeht, dass in diesem Kanal ausschließlich RGB-Daten zu verarbeiten sind, kann »Color Management« an dieser Stelle eingespart werden. Falls aber doch CMYK-Daten in diesem Workflow vorhanden sein können, ist es notwendig, diese nach RGB zu wandeln – was an dieser Stelle geleistet wird (**Abb. 4.20** und **Abb. 4.21**). RGB-Bilder bleiben unverändert.

Resampling auf 72 dpi

Online-Daten weisen für gewöhnlich eine Auflösung von 72 dpi auf. Dieser Kanal bezieht aber seinen Input aus einer Quelle (Eingangsordner), die Daten mit 300 dpi Auflösung liefert. »**Image Size**« wird daher verwendet, um die gewünschten 72 dpi einzustellen (**Abb. 4.22**). Dabei ist nur die erste Karteikarte (»Image Size«) relevant, in welcher der Wert eingetragen wird.

Unscharf maskieren

Wie im Kanal für die Druckdaten-Erstellung wird auch in diesem Kanal geschärft – mit identischer Konfiguration (»**Image Filters**«, **Abb. 4.23**). Das in diesem Kanal ebenfalls stattfindende Resampling stört in diesem Fall nicht. Aufgrund der Prozess-Sequenz (**Tabelle 3.2**), ändert Color Factory erst die Bildgröße und führt danach den Schärfefilter aus.

Datenablage

Mit der Herstellung des richtigen Farbraums und der Auflösung sind die Online-Daten fertig und können z. B. in Web-Anwendungen genutzt werden. Ebenso wie der Kanal »02_Druck-Daten« legt dieser Kanal seine Daten zunächst nicht in den eigentlichen Ausgabeordner (»05_Online-Daten«), sondern in »05_Online-Daten_Kopie« ab. Der nachfolgende vierte Kanal nutzt diesen Ordner als Eingangsordner und kopiert die Eingangsdaten vor deren Bearbeitung in den Ordner »05_Online-Daten«.

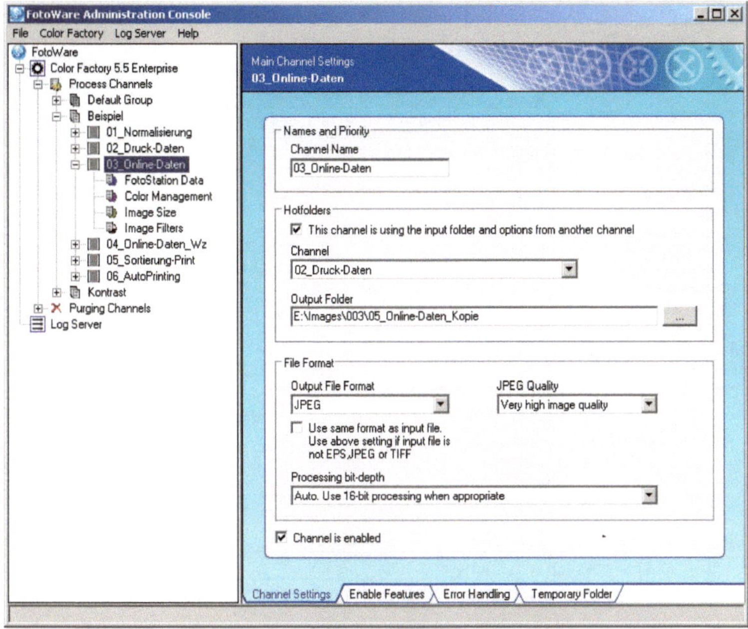

Abb. 4.18. Kanal »03_Online-Daten«: Main Channel Settings

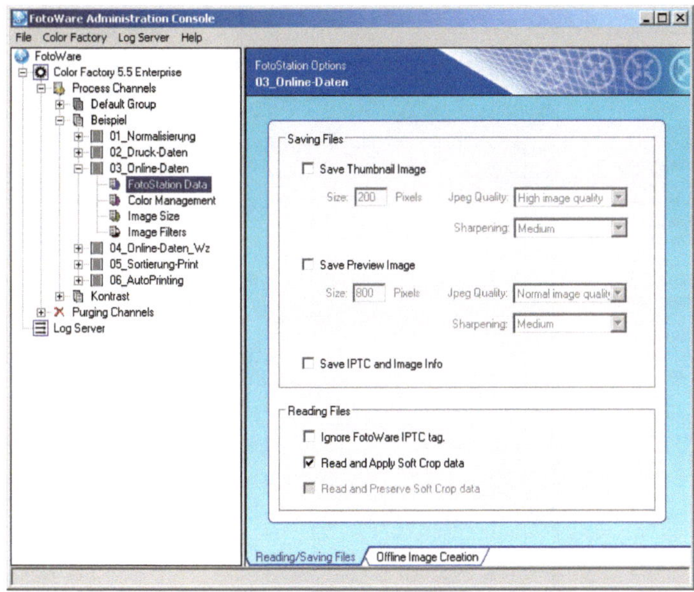

Abb. 4.19. Kanal »03_Online-Daten«: FotoStation Data (Reading Files)

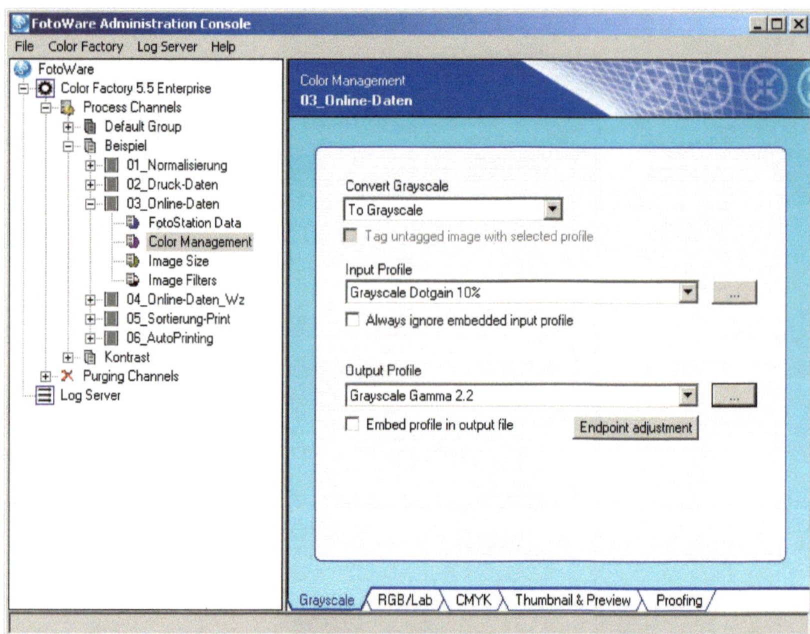

Abb. 4.20. Kanal »03_Online-Daten«: Color Management (Grayscale)

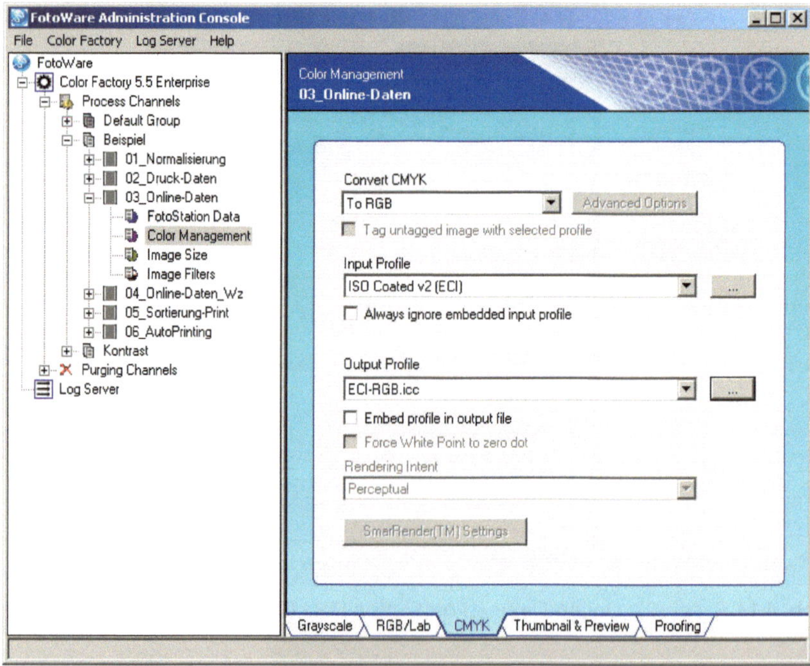

Abb. 4.21. Kanal »03_Online-Daten«: Color Management (CMYK)

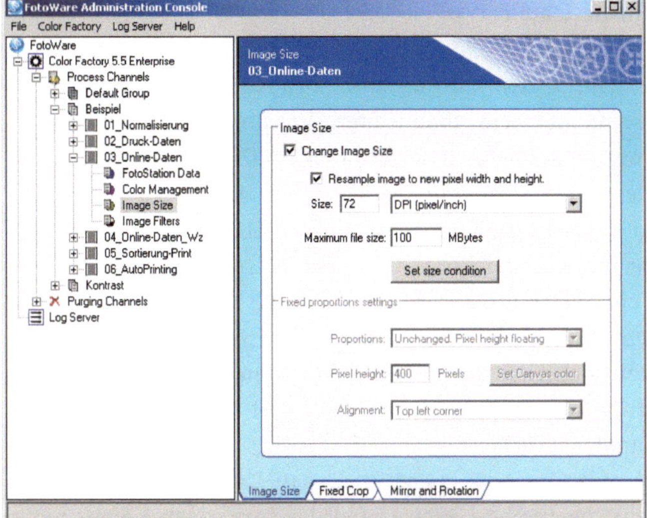

Abb. 4.22. Kanal »03_Online-Daten«: Image Size (Image Size)

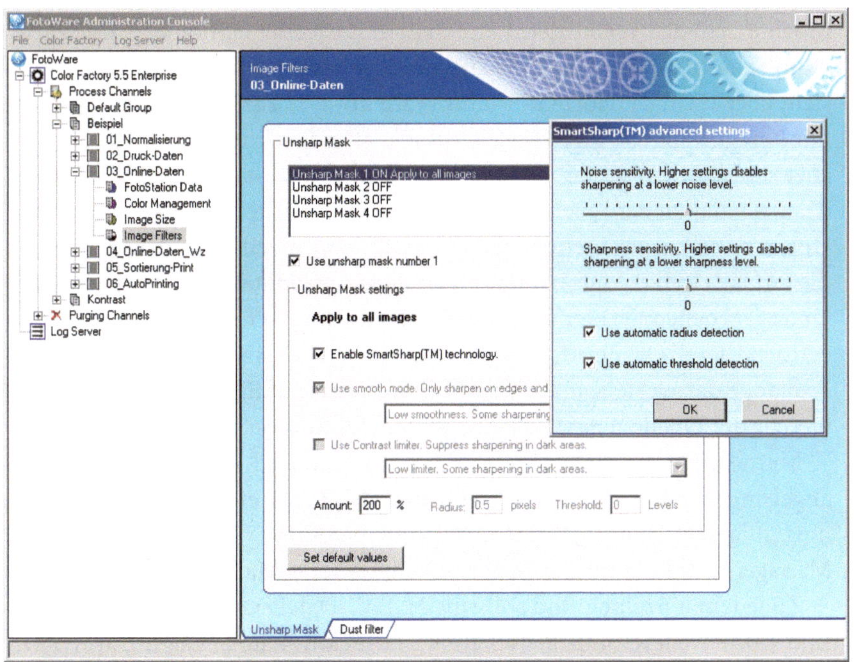

Abb. 4.23. Kanal »03_Online-Daten«: Image Filters (Unsharp Mask)

4. Kanal: »04_Online-Daten_Wz«

Kanal für die Erzeugung der Online-Daten mit Wasserzeichen

Obwohl nach Erstellung der Online- und Druckdaten alle benötigten Versionen vorhanden sind, wird eine weitere Variante von Online-Daten erstellt. Diese dienen ausschließlich der Voransicht. Die nach diesem Kanal vorhandenen Dateien sollen für einen nicht zur Verwendung autorisierten Personenkreis zur Betrachtung vorliegen. Um den Status und den Rechteinhaber der Bilder zu kennzeichnen, wird ein Wasserzeichen eingefügt. Außerdem wird eine HTML-Datei erzeugt, die das Bild und bestimmte Dateieigenschaften im Web-Browser anzeigt. Die **»Main Channel Settings«** sind nahezu identisch mit denen des dritten Kanals (**Abb. 4.25**). Der Eingangsordner »05_Online-Daten_Kopie« ist der Ausgangsordner des vorherigen Kanals.

Umkopieren der Daten

Das Feature **»Input Options«** dient in diesem Kanal als kleiner Notbehelf, da einerseits die ausgegebenen Daten des vorherigen Kanals nicht gelöscht werden dürfen, sich dies aber andererseits nicht so einfach festlegen lässt. Grundsätzlich löscht Color Factory die Daten des Eingangsordners. Möchte man dies vermeiden, kann man unter »Input Options«, Karteikarte »Run Schedule«, die Checkbox »Do not delete source file« anklicken. Diese steht aber nicht im Normal-Modus »Run always« zur Verfügung, sondern nur bei Anwahl von »Run once – disable after first run«. Dieser Kanal soll aber ständig aktiv sein und somit scheidet dieser Modus (und folglich auch das Beibehalten der Quelldatei) aus. Als Ersatz dafür kann man sich unter »Input options« der Option »Copy input file to specified folder« bedienen, die auf »Miscellaneous« zu finden ist. Jede Quelldatei wird in den darunter angegebenen Ordner (»05_Online-Daten«) verschoben. Somit ist letztendlich dieser Ordner der tatsächliche Output-Ordner der Online-Daten – solange der vierte Kanal eingeschaltet ist. Bis auf die Option des Umkopierens der Quelldaten wird keine weitere Option verwendet (**Abb. 4.26**).

Man könnte auf diesen Kunstgriff verzichten und – wie die beiden vorangegangenen Kanäle auch – den Ordner »03_betextet« als Eingangsordner nutzen lassen. Dann müssten aber alle Operationen (Beschneiden, Color Management, Resampling, Schärfen) ein weiteres Mal ausgeführt werden.

Erzeugen der HTML-Datei

Zu jedem einzelnen Bild soll eine HTML-Datei erzeugt werden, die das Bild sowie weitere Bildeigenschaften und Feldinhalte anzeigt. Dafür werden die Möglichkeiten genutzt, die unter »Extract text« von **»IPTC/Image Resources«** zu finden sind (**Abb. 4.27**). Nach der Aktivierung dieser Funktion wurde festgelegt, dass für jedes Bild eine eigene Textdatei angelegt wird und dass diese gemeinsam mit dem bearbeiteten Bild in den regulären Ausgabeordner des Kanals abgelegt wird. Wenn ein anderer Speicherort für die zu erzeugenden HTML-Dateien gewählt worden wäre, müsste der Bildordner in der Vorlage bereits angegeben sein. Als Dateiextension sollte natürlich »htm« eingegeben werden, um die Textdatei gleich als HTML-Dokument zu kennzeichnen. Der Speicherort des HTML-Templates (**Abb. 4.24**) wird als letzter Punkt vorgegeben. Diese Vorlage darf keinesfalls die Zeichenketten »/t« und »/n« enthalten. Deswegen werden im Template die Tags konsequent groß geschrieben. Bestimmte schließende Tags wie z. B. </table> werden sonst verändert ausgegeben.

Jedes Bild dieses Workflow-Beispiels soll später zur Voransicht im Internet frei zugänglich sein. Damit es nicht von unbefugten Personen für eigene Zwecke verwendet werden kann, versieht man es mit einem Wasserzeichen. Mit dem Feature »**Pixel Edit**« wird es in jedes Bild eingefügt (Karteikarte

Einfügen des Wasserzeichens

```
<HTML>
<HEAD>
<TITLE>Daten zum Bild %%INSFILENAME</TITLE><meta HTTP-
EQUIV="Content-Type" CONTENT="text/html; CHARSET=UTF-16">
</HEAD>
<BODY>
<CENTER>
<TABLE cellpadding=0 cellspacing=10 border=0 width=80%>
   <TR>
      <TD align=center>
         <H2>Daten zum Bild %%INSFILENAME</H2>
         <TABLE cellpadding=0 cellspacing=0 border=0 class=image>
         <TR>
         <TD><IMG SRC="%%INSFILENAME" Alt="%%INSFILENAME"></TD>
         </TR>
         </TABLE>
         <BR>
         Name der Datei: %%INSFILENAME<BR>
         Objekt: #005<BR>
         Fotograf: #080<BR>
         Bild-ID: #187<BR>
         Edit Status: #007<BR>
         Local Caption: #121<BR>
         #220
         <BR>
      </TD>
   </TR>
</TABLE>
</CENTER>
</BODY>
</HTML>
```

Abb. 4.24. Ein einfacher HTML-Quellcode (Template) mit Codes als Platzhalter für die einzufügenden Inhalte

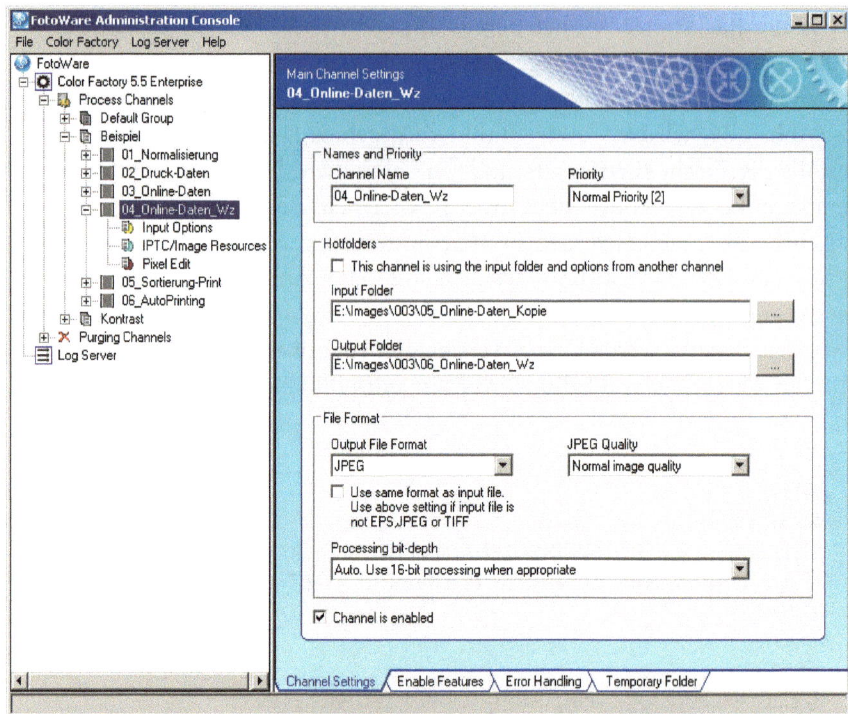

Abb. 4.25. Kanal »04_Online-Daten_Wz«: Main Channel Settings

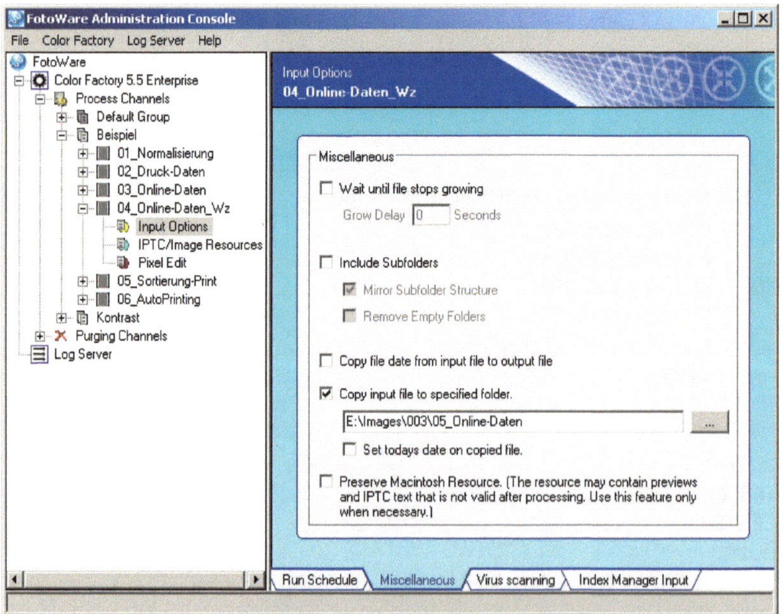

Abb. 4.26. Kanal »04_Online-Daten_Wz«: Input Options (Miscellaneous)

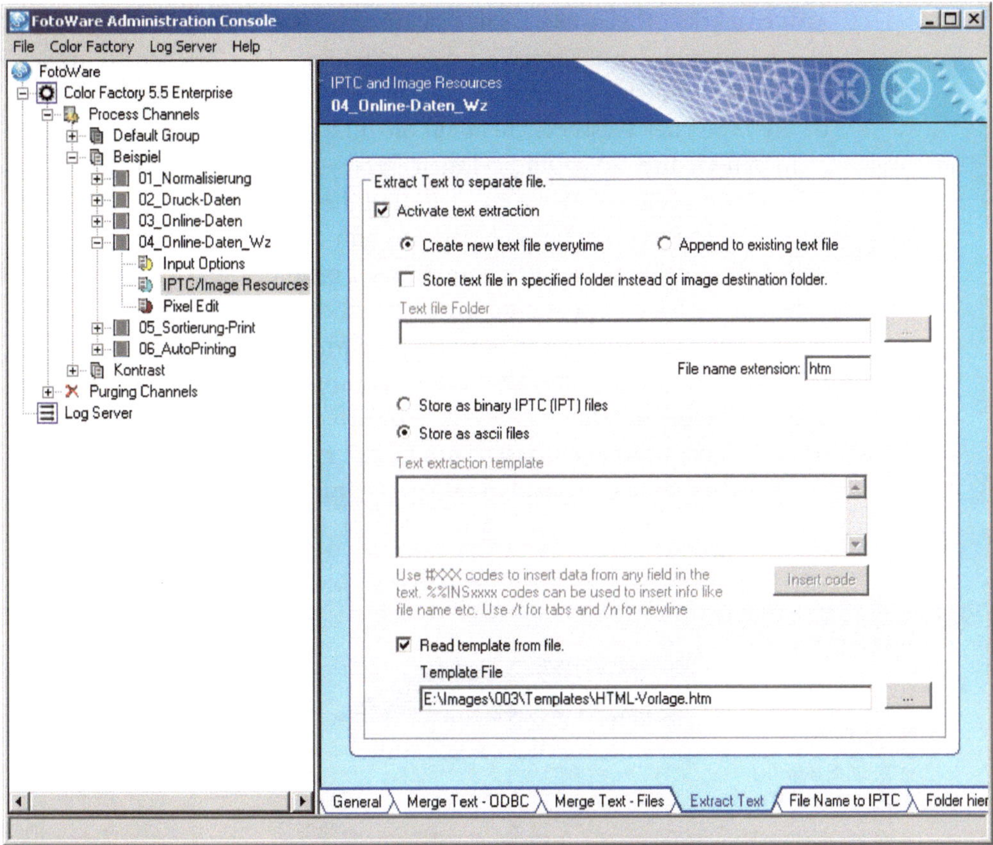

Abb. 4.27. Kanal »04_Online-Daten_Wz«: IPTC/Image Resources (Extract Text)

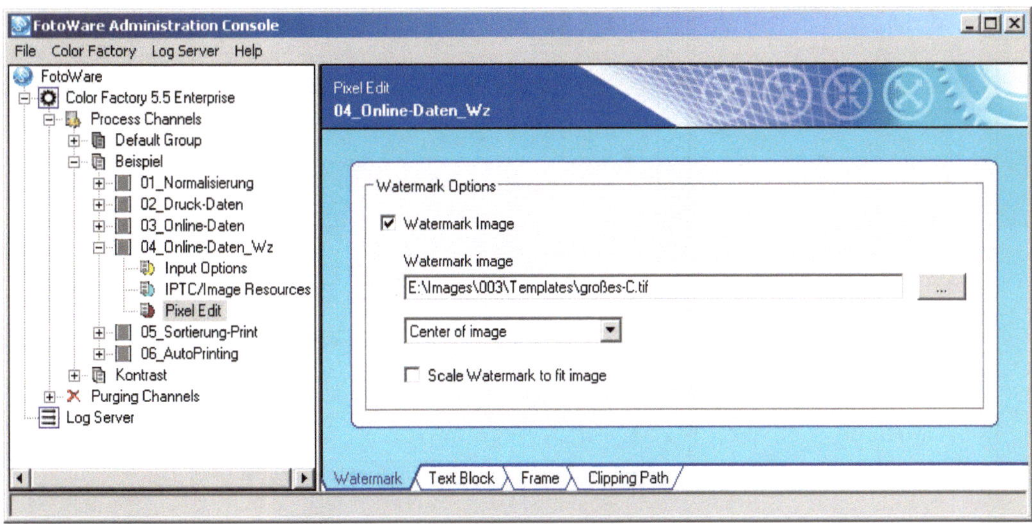

Abb. 4.28. Kanal »04_Online-Daten_Wz«: Pixel Edit (Watermark)

»Water mark«, **Abb. 4.28**). Dazu erzeugt man eine Vorlage des Wasserzeichens und gibt den Ordnerpfad dieser Datei an. Das Zeichen soll mittig eingefügt und nicht skaliert werden. Auf Letzteres kann verzichtet werden, da die Größe des Wasserzeichens auf die Bildgröße angepasst ist.

Dateiablage   In den **Ordner** »06_Online-Daten_Wz« werden das niedrig aufgelöste Bild mit eingefügtem Wasserzeichen und die dazugehörige HTML-Datei **ausgegeben**. Beide Dateien müssen von nun an immer im selben Ordner liegen, da das Bild sonst nicht vom Browser gefunden und angezeigt wird. Sollen beide Dateien später an unterschiedlichen Orten abgelegt werden, müsste im HTML-Code der Datei im Nachhinein der Pfad eingefügt werden. Der wahrscheinlich einfachere Weg wäre es, das HTML-Template zu korrigieren und die Dateien – bei deaktiviertem Wasserzeichen – erneut in diesem Kanal bearbeiten lassen. Am besten erstellt man dann eine Kopie des Kanals, die entsprechend modifiziert wird.

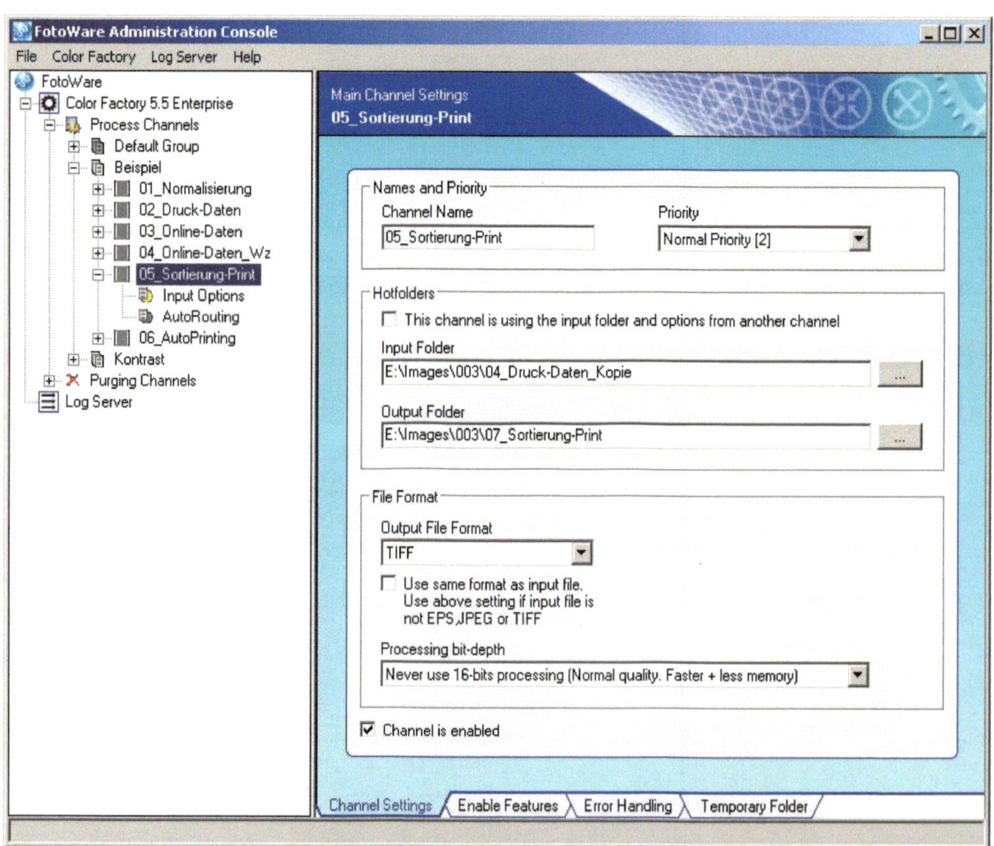

Abb. 4.29. Kanal »05_Sortierung-Print«: Main Channel Settings

5. Kanal: »05_Sortierung-Print«

Hauptaufgabe dieses Kanals ist das Sortieren der Druckdaten hinsichtlich des Inhalts eines IPTC-Feldes – was darüber entscheidet, ob ein Bild ausgedruckt wird oder nicht. Dieser Kanal bezieht als Eingangsdaten den Inhalt des Ordners »04_Druck-Daten_Kopie« und legt diese Daten in den Ordner »04_Druck-Daten« (**Abb. 4.29**). Der reguläre Ausgabeordner ist »07_Sortierung-Print«.

Sortieren der auszudruckenden Bilder

Die **»Input Options«** sind aktiviert, um unter »Miscellaneous« die Option »Copy input file to specified folder« einzuschalten (**Abb. 4.30**). Eine Aufgabe des Kanals ist es, die Druckdaten vor der Sortierung in einen anderen Ordner zu kopieren, damit die Eingangsdaten, die gleichzeitig die finalen Druckdaten sind, nicht gelöscht werden. Diese werden in den Ordner für die finalen Druckdaten umkopiert. Die gleiche Funktion wird auch im Kanal »04_Online-Daten_Wz« verwendet.

Umkopieren der Daten

Unter **»AutoRouting«** wird eine IPTC-Sortiermethode angelegt. Diese prüft in jedem Bild den Inhalt des IPTC-Feldes #040 (»Special instructions«). Befindet sich dort der Eintrag »print«, wird die betreffende Datei in

Sortieren

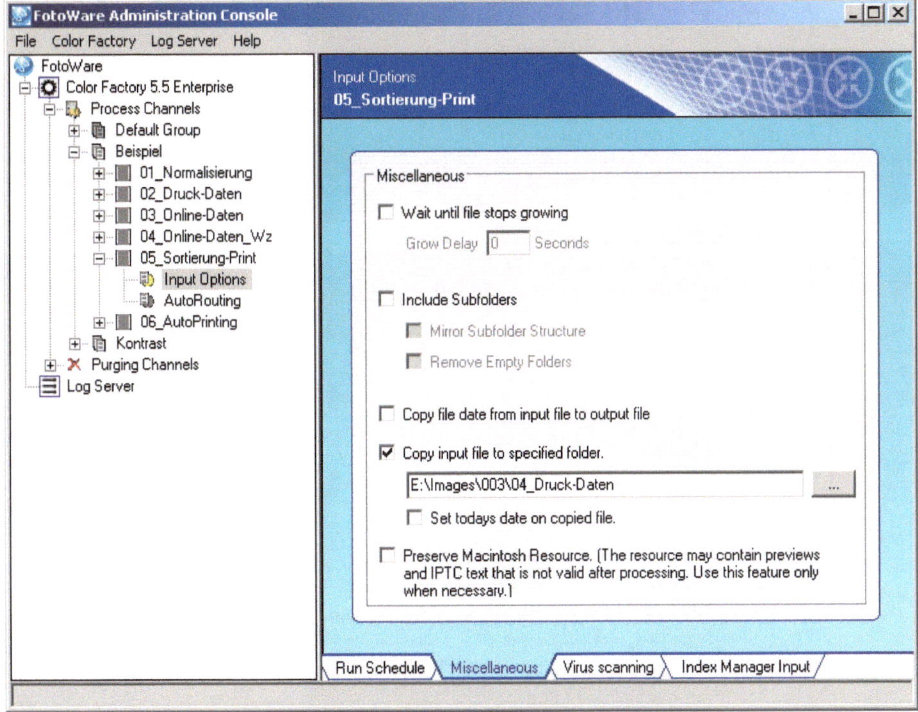

Abb. 4.30. Kanal »05_Sortierung-Print«: Input Options (Miscellaneous)

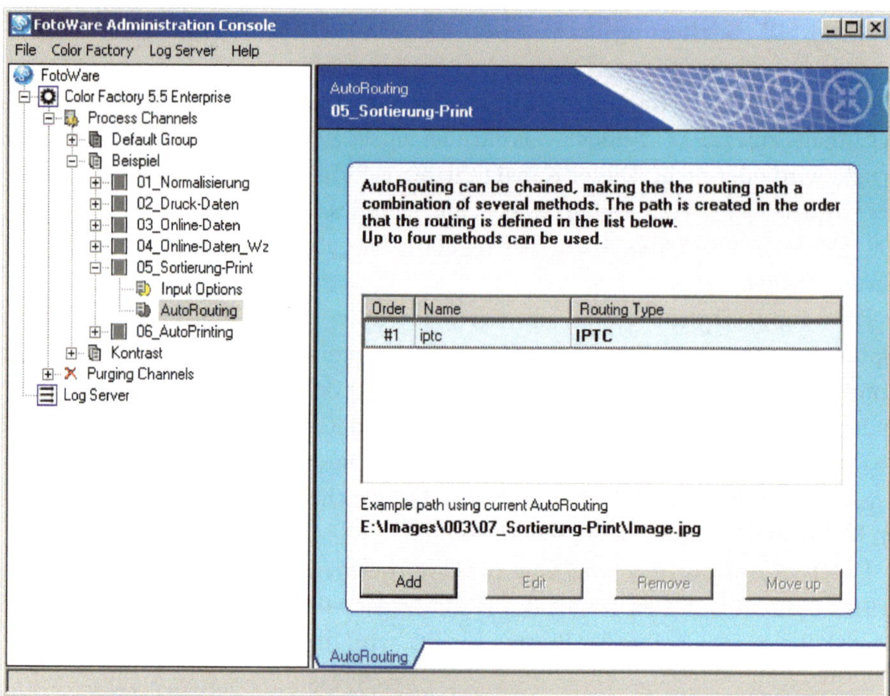

Abb. 4.31. Kanal »05_Sortierung-Print«: AutoRouting

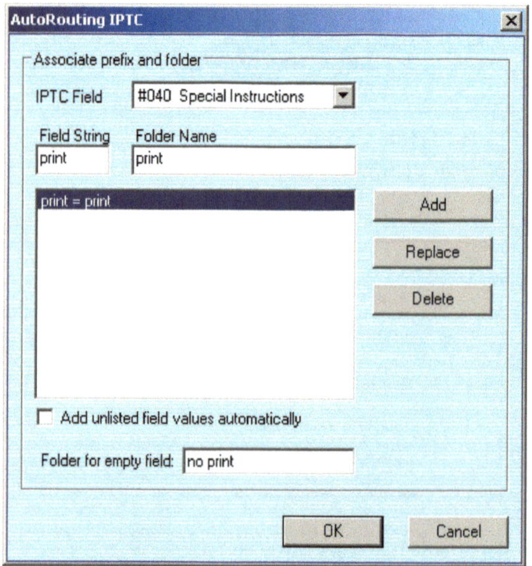

Abb. 4.32. Kanal »05_Sortierung-Print«: AutoRouting (Menü IPTC-Sortierung)

den Unterordner »print« im Kanalausgangsordner »07_Sortierung-Print« verschoben (**Abb. 4.31** und **Abb. 4.32**). Dieser Feldeintrag wurde nach der Normalisierung mittels FotoStation vorgenommen.

Eine weitere Bearbeitung findet in diesem Kanal nicht statt. Dateien, auf die das Sortierkriterium nicht zutrifft, werden direkt in den Kanalausgangsordner verschoben. Dieser wird dann mit einem Löschkanal geleert. Die Daten im Ordner »print« bleiben aber vorerst erhalten und werden vom Kanal »06_AutoPrinting« nach dem Ausdrucken gelöscht.

Dateiablage

6. Kanal: »06_AutoPrinting«

Von den »**Main Channel Settings**« dieses Kanals ist lediglich der Input-Ordner »07_Sortierung-Print\print« von Interesse (**Abb. 4.33**). In diesen Ordner hat der AutoRouting-Kanal alle Bilder sortiert, die aufgrund ihrer IPTC-Betextung ausgedruckt werden sollen.

Alle weiteren Einstellungen dieses Kanals werden unter »**AutoPrinting**« getroffen (**Abb. 4.34**). Unter »Print template« wurde die gewünschte Druckvorlage angegeben, welche verwendet werden soll (**Abb. 4.35**).

Ausdrucken der Bilder anhand eines Templates

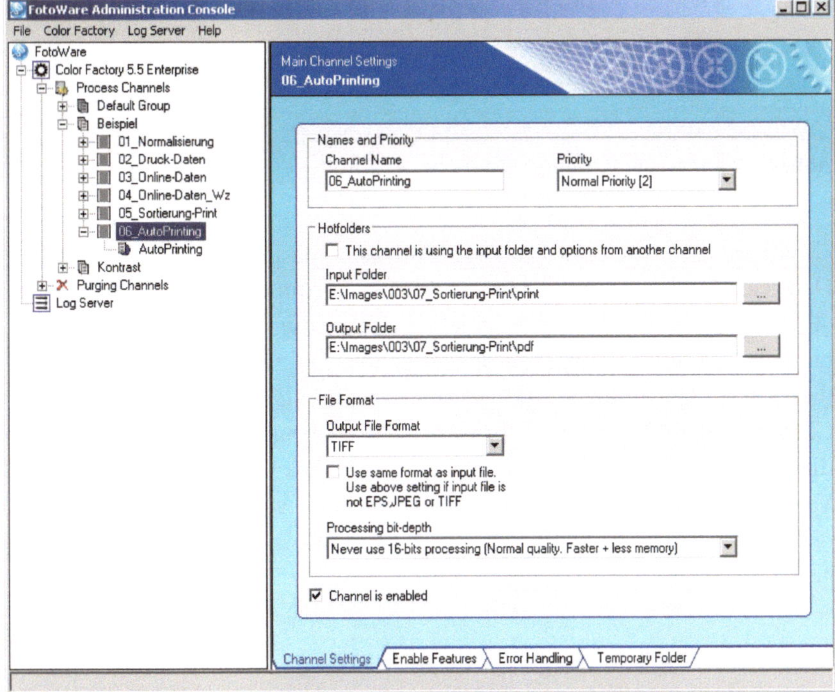

Abb. 4.33. Kanal »06_Printing«: Main Channel Settings

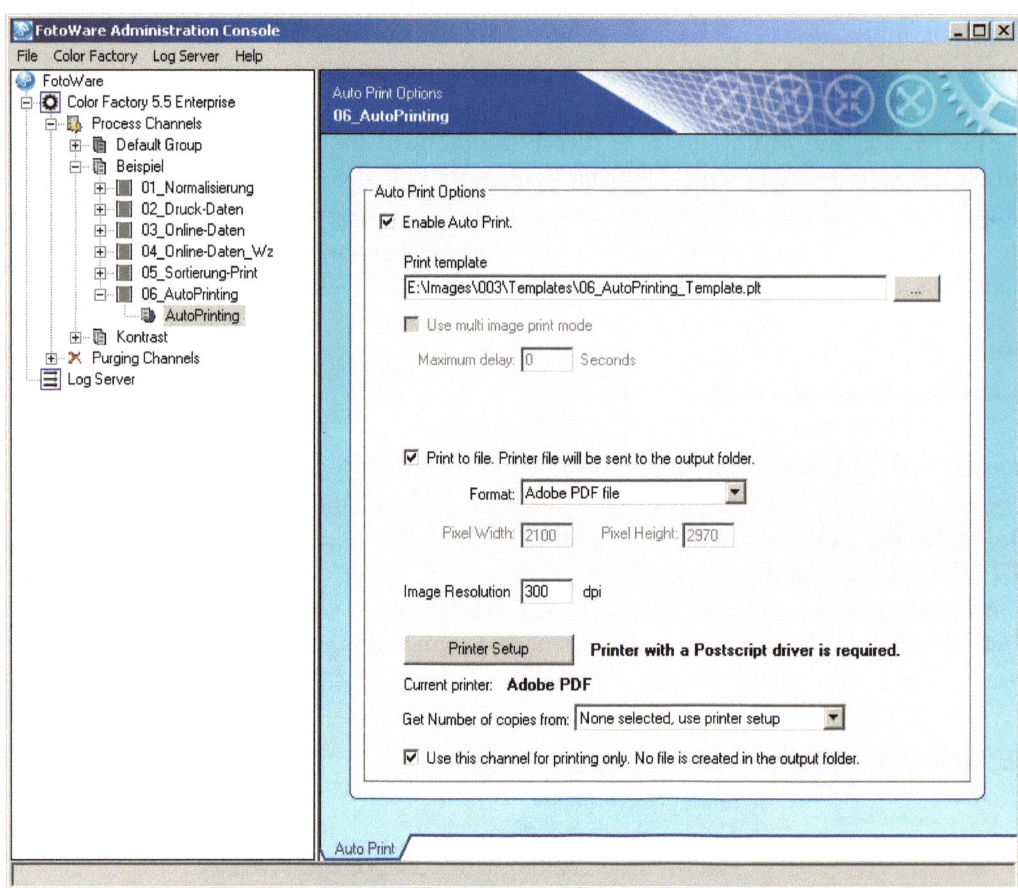

Abb. 4.34. Kanal »06_Printing«: AutoPrint

»Multi Image print mode« bleibt deaktiviert, da immer nur ein Bild pro
Druckseite ausgegeben werden soll. Ebenso wird nicht auf die Möglichkeit
»Print to file« zurückgegriffen. Wichtig ist aber die richtige Druckereinstel-
lung, welche unter »Printer setup« vorgenommen wurde. Damit die Bilder
dieses Kanals nicht im Ausgangsordner des Kanals abgelegt werden, ist die
Checkbox »Use this channel for printing only« angeklickt. Somit wird von
diesem Kanal keine Datei erzeugt. Da Kanäle ihre Eingangsdaten nach der
Verarbeitung aus dem Eingangsordner löschen (Ausnahme mittels »Input
options« möglich), ist folglich der Ordner »print« in »07_Sortierung-Print«
geleert.

Löschkanal: »no_print«

Unter »**Purging Channels**« wurde ein Löschkanal angelegt, der die Dateien entfernt, die sich direkt im Ordner »07_Sortierung-Print« befinden (**Abb. 4.36**). Dabei handelt es sich um die Bilder, die nicht ausgedruckt werden sollten und daher vom AutoRouting des Kanals »05_Sortierung-Print« aussortiert wurden. Diese Daten befinden sich ebenfalls im Ausgabeordner für die Druckdaten, sind somit doppelt vorhanden und können demzufolge gelöscht werden.

Löschen der Datei

In den »**Purge Channel Settings**« (»Main Options«) wird der zu leerende Ordner benannt und ab wann welche Daten gelöscht/verschoben werden sollen. Weil es sich um doppelte Dateien handelt, können diese gelöscht werden. Dabei muss unbedingt »Include Subfolders« deaktiviert bleiben, da dann auch der Unterordner »print« gelöscht werden würde, der sich im angegebenen Ordner befindet. Um die Daten sofort zu löschen, werden keine Kriterien wie Mindestmenge oder Datum festgelegt. Zeitliche Einschränkungen der Kanalaktivität und abweichende Anweisungen bei bestimmten Dateinamen werden nicht getroffen.

Löschen der Dateien, die *nicht* ausgedruckt werden sollen

```
[PAGE_LAYOUT]
TEXT_FIELD1_CONTENT=Abgelegt im Ordner: #FNA
USE_PRINTAREA_MARGIN=1
TEXT_FIELD1_LEFT=2
TEXT_FIELD1_TOP=2
TEXT_FIELD1_RIGHT=21
TEXT_FIELD1_BOTTOM=3
TEXT_FIELD1_BKGCOLOR=-1,-1,-1
TEXT_FIELD1_COLOR=0,0,0
TEXT_FIELD1_FONT_SIZE_ITALIC_BOLD=10,0,0
TEXT_FIELD1_FONT_NAME=arial
TEXT_FIELD1_ALIGN=0
TEXT_FIELD1_MULTILINE=0
AUTOSCALE=0
COLUMNS=1
ROWS=1
UNITISINCH=0
LEFT_MARGIN=1
TOP_MARGIN=0
COLUMN_SPACE=0
ROW_SPACE=0
IMAGE_FIELDS=0
DRAW_RECTS=0
TEXT_FIELDS=1
```

Abb. 4.35. Quelltext des Print-Templates

```
[LABEL_LAYOUT]
IMAGE_FIELDS=0
IMAGE_FIELD1_RESOLUTION=0
WIDTH=21
HEIGHT=29.7
FRAME_LABEL=0
SHOW_IMAGE=1
FRAME_IMAGE=0
IMAGE_USE_REAL_SIZE=0
IMAGE_AUTO_ROTATE=0
IMAGE_USE_CROP=1
IMAGE_LEFT=1
IMAGE_TOP=3
IMAGE_RIGHT=20
IMAGE_BOTTOM=24
IMAGE_RESOLUTION=0
TEXT_FIELDS=2
TEXT_FIELD1_CONTENT=Maße:/t/t#SCM cm \Pixelmaße:/t#PPL x #NOL \
Speicherbedarf:/t#IMS \Dateigröße:/t#FIS \Datum:/t/t#FID \Farbraum:/t#COL
TEXT_FIELD1_LEFT=8
TEXT_FIELD1_TOP=24.5
TEXT_FIELD1_RIGHT=16
TEXT_FIELD1_BOTTOM=29.5
TEXT_FIELD1_MULTILINE=0
TEXT_FIELD1_FONT_NAME=arial
TEXT_FIELD1_FONT_SIZE_ITALIC_BOLD=8,0,0
TEXT_FIELD1_BKGCOLOR=-1,-1,-1
TEXT_FIELD1_COLOR=0,0,0
TEXT_FIELD1_ALIGN=-1
TEXT_FIELD2_CONTENT=Datei: %%INSFILE
TEXT_FIELD2_LEFT=1
TEXT_FIELD2_TOP=0
TEXT_FIELD2_RIGHT=20
TEXT_FIELD2_BOTTOM=1
TEXT_FIELD2_MULTILINE=1
TEXT_FIELD2_FONT_NAME=arial
TEXT_FIELD2_FONT_SIZE_ITALIC_BOLD=12,0,1
TEXT_FIELD2_BKGCOLOR=255,200,200
TEXT_FIELD2_COLOR=0,0,0
TEXT_FIELD2_ALIGN=0
DRAW_RECTS=0
```

Abb. 4.35. Quelltext des Print-Templates *(Fortsetzung)*

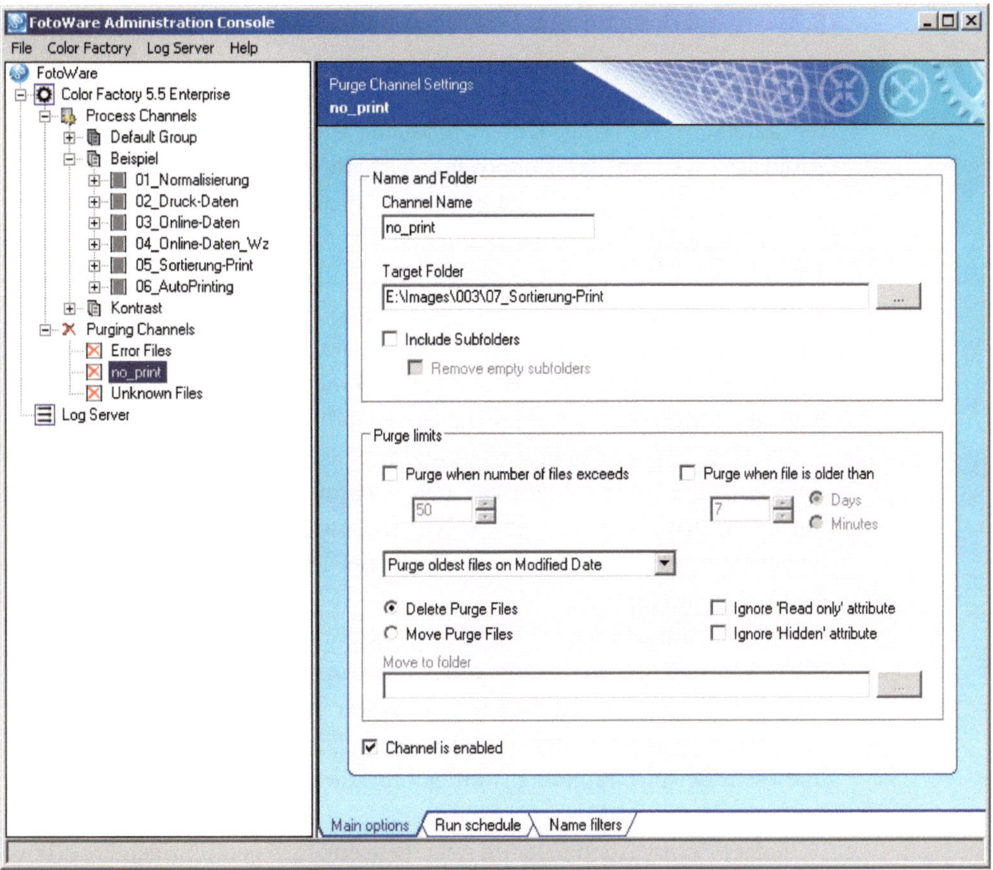

Abb. 4.36. Löschkanal »no_print«: Purge Channel Settings

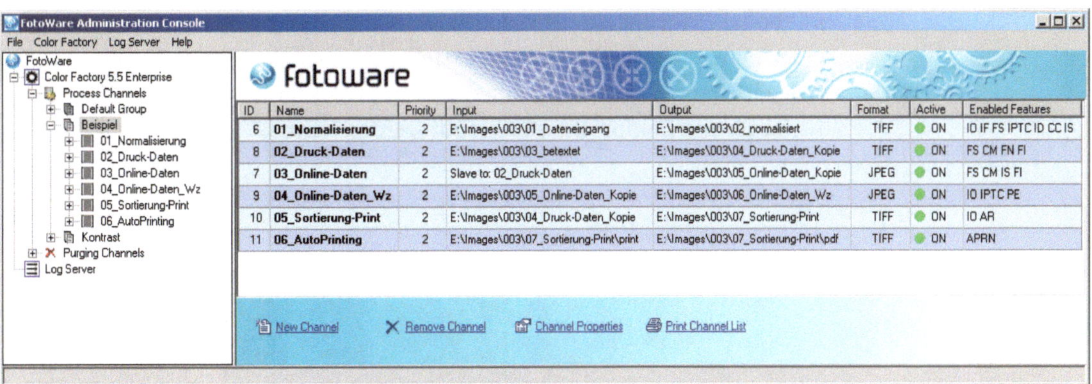

Abb. 4.37. Überblick über alle Kanäle des Beispiel-Workflows

Schlussbemerkungen zum Workflow-Beispiel

Die Möglichkeiten einen Workflow mit Color Factory zu konfigurieren sind sehr vielfältig. Unterschiedliche Produktionsbedingungen und Anforderungen an das Endprodukt »Abbildung« erfordern jeweils eine individuelle Lösung. Zum vorgestellten Beispiel ließen sich noch weitere Varianten gestalten, um die ein oder andere Anforderung besser umzusetzen. PDF-Dokumente oder Grafiken/Diagramme z. B. wurden in diesem Workflow noch nicht berücksichtigt. Über Sortierungen (manuell oder mit »AutoRouting«) oder einen gezielteren Einsatz der »Input File Formats« ließen sich weitere nützliche Verzweigungen einbauen. Dann wäre aber nicht mehr die für dieses Buch gebotene Übersichtlichkeit gegeben (**Abb. 4.37**).

Ob eine Umwandlung der Daten von RGB nach CMYK überhaupt erfolgen muss, ist abhängig von den nachfolgenden Produktionsprozessen. Wird grundsätzlich erst im RIP (Raster Image Processor) des Plattenbelichters separiert, kann eine vorherige Farbraumkonvertierung durch Color Factory entfallen.

Die Erstellung einer HTML-Datei mittels »Extract text to file« in den IPTC-Optionen ist nicht unbedingt die günstigste Methode um dies zu erreichen. FotoStation ist dazu weitaus besser in der Lage und bietet hierfür auch bessere Konfigurationsmöglichkeiten. Diese Funktion sollte dennoch in diesem Beispiel aufgezeigt werden, um diese Mittel in Color Factory zu verdeutlichen.

In der Praxis wird man kaum mit einem einzigen geradlinigen Workflow auskommen. Es werden mehrere Bearbeitungsstrecken parallel existieren. Bei hohem Datenaufkommen ist es außerdem günstiger »Express-Kanäle« mit hoher Priorität einzurichten, deren Daten bevorzugt bearbeitet werden. Oder man entwirft für jedes zu erstellende Produkt (Bilder für Zeitungen, Zeitschriften, Magazine) je einen eigenen Workflow, mit dem jede spezielle Anforderung kompromisslos erfüllt werden kann.

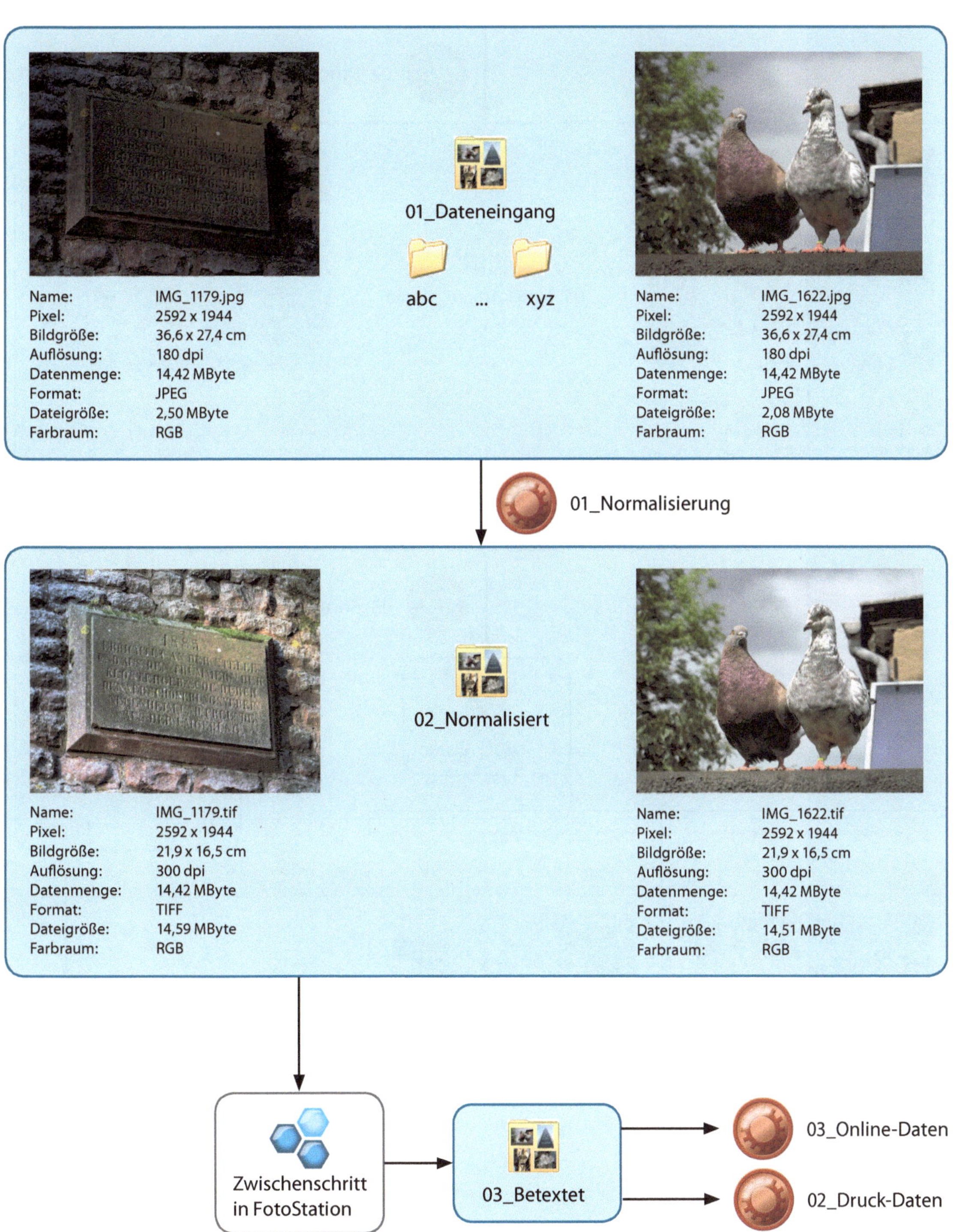

Abb. 4.38. Überblick über die Ein- und Ausgangsdaten aller Kanäle des Beispiel-Workflows

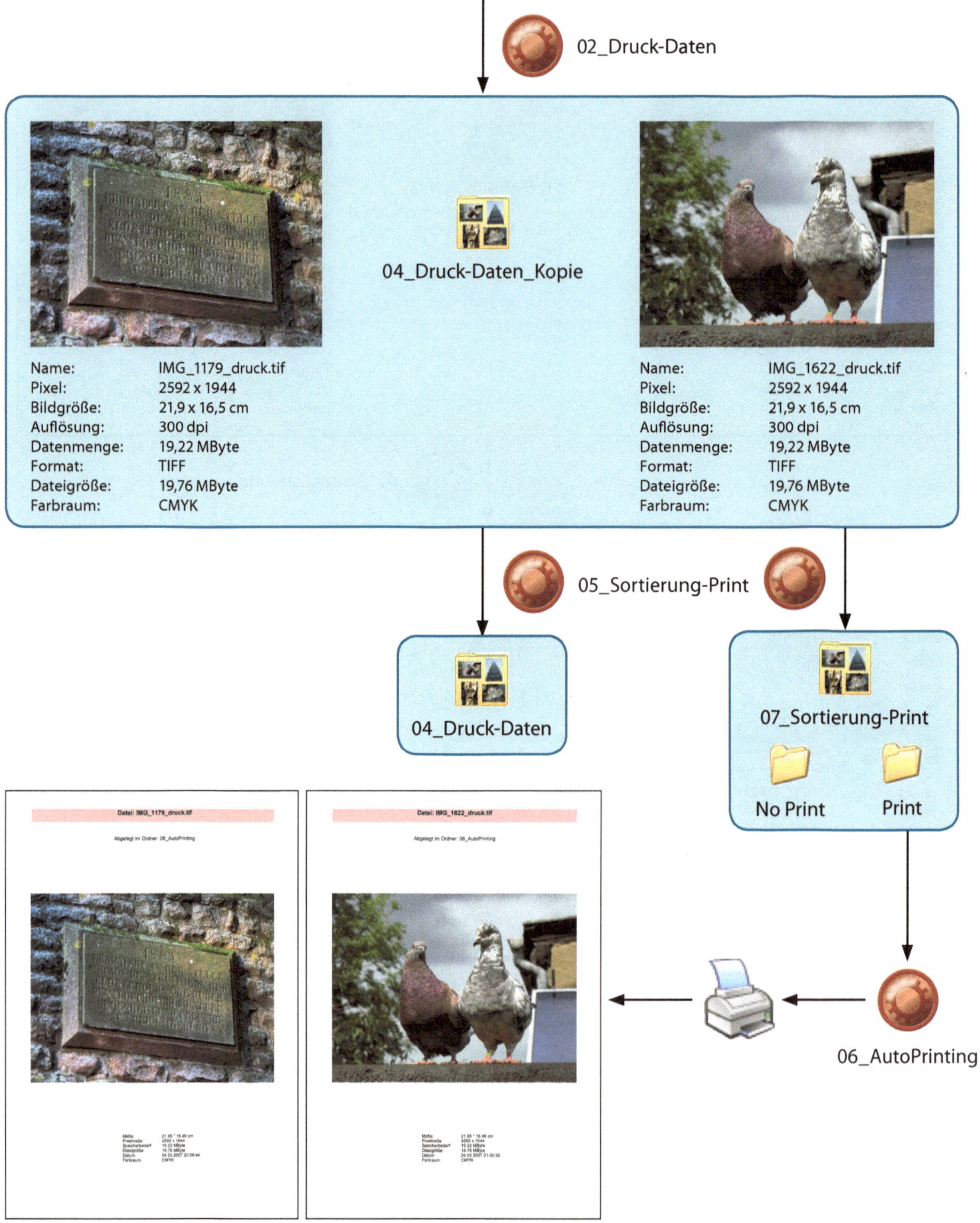

Abb. 4.38. Überblick über die Ein- und Ausgangsdaten aller Kanäle des Beispiel-Workflows *(Fortsetzung)*

03_Online-Daten

05_Online-Daten_Kopie

Name:	IMG_1179.jpg
Pixel:	622 x 467
Bildgröße:	8,8 x 6,6 cm
Auflösung:	72 dpi
Datenmenge:	851,0 KByte
Format:	JPEG
Dateigröße:	307,2 KByte
Farbraum:	RGB

Name:	IMG_1622.jpg
Pixel:	622 x 467
Bildgröße:	8,8 x 6,6 cm
Auflösung:	72 dpi
Datenmenge:	851,0 KByte
Format:	JPEG
Dateigröße:	156,0 KByte
Farbraum:	RGB

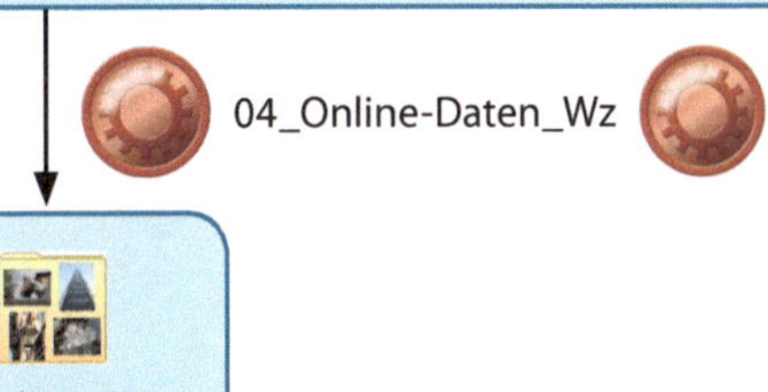

04_Online-Daten_Wz

05_Online-Daten

06_Online-Daten_Wz

Name:	IMG_1179.jpg
Pixel:	622 x 467
Bildgröße:	8,8 x 6,6 cm
Auflösung:	72 dpi
Datenmenge:	851,0 KByte
Format:	JPEG
Dateigröße:	104,2 KByte
Farbraum:	RGB

IMG_1179.htm   IMG_1622.htm

Name:	IMG_1622.jpg
Pixel:	622 x 467
Bildgröße:	8,8 x 6,6 cm
Auflösung:	72 dpi
Datenmenge:	851,0 KByte
Format:	JPEG
Dateigröße:	55,3 KByte
Farbraum:	RGB

Abb. 4.38. Überblick über die Ein- und Ausgangsdaten aller Kanäle des Beispiel-Workflows *(Fortsetzung)*

Anhang A

A.1 Funktionen der verschiedenen Programmversionen

Tabelle A.1: Die Programmversionen und ihr Funktionsumfang			
Feature	**Small Office**	**Professional**	**Enterprise**
Architecture:			
Multi Processing Channels	–	–	+
16 Bits processing	–	+	+
Channel Priority	–	–	+
File support:			
Image support	+	+	+
PDF support	–	–	$+^1$
Vector graphics and special format support	–	–	$+^2$
Movie suport	–	–	+
16 Bits output file formats	–	+	+
Text and Autorouting for Unknown file types	+	+	+
JPEG Virus scan	+	+	+
Color Processing:			
CMYK Support	–	+	+
Lino CMS Engine (Windows 2000, XP)	+	+	+
Color Management (Non-CMYK level) ICC processing	+	+	+
Digital camera ICC support	+	+	+
Image Processing:			
Advanced Unsharp Mask	+	+	+
Standard Unsharp Mask	+	+	+
Advanced Contrast enhancement	+	+	+
Standard Contrast enhancement	+	+	+
Text Processing:			
ODBC Text merge	–	+	+
Workflow:			
Job Request file support	–	+	+
Search Criteria support	–	+	+
Search Image ID (LowRes Layout Support)	–	+	+
Pixel Edit:			
Stroke Clipping path	–	+	+
Offline:			
Creating Offline thumbnails	–	–	+

[1] *Requires Adobe Acrobat installation on the server.*
[2] *May require 3rd party software installed (MS Office for Office document support etc).*

A.2 Belegung der IPTC-Felder

Von den insgesamt 256 IPTC-Feldern sind folgende 66 Felder in Color Factory definiert. Die restlichen, nicht definierten Felder werden als »unused fields« geführt und können in Eigenregie spezifiziert werden.

Feld-Nr.	Bezeichnung
#005	Object Name
#007	Edit Status
#010	Priority
#015	Category
#020	Supplemental Category
#022	Fixture Identifier
#025	Keywords
#030	Release Date
#035	Release Time
#040	Special Instructions
#045	Reference Service
#047	Reference Date
#050	Reference Number
#055	IPTC Created Date
#060	IPTC Created Time
#065	Originating Program
#070	Program Version
#075	Object Cycle
#080	Byline
#085	Byline Title
#090	City
#095	Province State
#100	Country Code
#101	Country
#103	Original Transmission Reference
#105	Headline
#110	Credit
#115	Source
#116	Copyright String
#120	Caption
#121	Local Caption
#122	Caption Writer
#150	Content Preview
#183	Codepage

#184	Job ID
#185	Master Document ID
#186	Short Document ID
#187	Unique Document ID
#188	Owner ID
#200	Custom Field 01
#201	Custom Field 02
#202	Custom Field 03
#203	Custom Field 04
#204	Custom Field 05
#205	Custom Field 06
#206	Custom Field 07
#207	Custom Field 08
#208	Custom Field 09
#209	Custom Field 10
#210	Custom Field 11
#211	Custom Field 12
#212	Custom Field 13
#213	Custom Field 14
#214	Custom Field 15
#215	Custom Field 16
#216	Custom Field 17
#217	Custom Field 18
#218	Custom Field 19
#219	Custom Field 20
#225	Classify state
#228	Similarity Index
#230	Document Notes
#231	Document History
#232	EXIF Camera Info
#237	Raw file data
#240	Padding

A.3 Belegung der EXIF-Felder

Feld-Nr.	Bezeichnung
#EXIF010D	Document Name
#EXIF010E	Image Description
#EXIF0110	Model
#EXIF9003	Date and Time
#EXIF829A	Exposure Time
#EXIF927C	MakerNote
#EXIP829D	Aperture
#EXIF9209	Flash
#EXIF9102	Quality
#EXIF920A	Zoom Length
#EXIF0131	Software
#EXIF828F	Battery Level
#EXIF8298	Copyright
#EXIF8822	Exposure Program
#EXIF8827	ISO Speed
#EXIF9201	Shutter Speed
#EXIF9202	Aperture
#EXIF9203	Brightness
#EXIF9204	Exposure Bias
#EXIF9206	Subject Distance
#EXIF9207	Metering Mode
#EXIF9208	Light Source
#EXIF920A	Focal Length
#EXIF920D	DX Frame Number

A.4 Codes für IPTC-Templates

Code	**Bedeutung**
%%INSDATE	IPTC format Date
%%INSTIME	IPTC format Time
%%INSLDATE	System format Date
%%INSLTIME	System format Time
%%INSFILENAME	File Name
%%INSFOLDER	Folder Name
%%INSPATH	Full Path
%%INSPPL	Width – Pixels per line
%%INSNOL	Height – Number of lines
%%INSCOL	Color type
%%INSQUALITY@180	Quality
%%INSRESINCH	Resolution in Pixels/Inch
%%INSRESCM	Resolution in Pixels/cm
%%INSSIZEINCH	Size in Inch
%%INSSIZECM	Size in cm
%%INSFILESIZE	File size
%%INSFDATE	IPTC format File date
%%INSLFDATE	System format File date

A.5 Erstellung von Print-Templates

Bei einem Print-Template handelt es sich um eine Text-Datei, die das Aussehen einer Druckseite beschreibt. Die Syntax der Datei wird nachfolgend erklärt. Zu diesem Zweck wird auf das bereits auf der FotoWare-Website veröffentlichte Dokument »FotoStation Print Layout Templates«* zurückgegriffen. Es enthält alle wichtigen Informationen zur Erstellung einer Druckvorlage, weswegen es weitgehend unverändert in dieses Buch übernommen wurde.

Die Basis eines Druckmusters bilden die Abschnitte PAGE_LAYOUT und LABEL_LAYOUT.

Im PAGE_LAYOUT steuern Sie Elemente, die sich außerhalb der Bildfläche befinden. Dieses umfasst Informationen wie Seitentitel, Textblöcke und Logos. Das PAGE_LAYOUT definiert die folgenden Elemente:
- Zahl der Bildflächen.
- Maßeinheit.
- Papierseitenränder.
- Logos und Designelemente.
- Linien und Rahmen.
- Seitentext wie z. B. Seitentitel und -nummer.

Im LABEL_LAYOUT legen Sie das Aussehen der Bildfläche fest, die neben den eigentlichen Bildern auch Informationen zu den jeweils gedruckten Bildern enthält. Es definiert die Größe der Bildfläche, Größe, Zahl und Anordnung des/der Bildes/Bilder, Textfelder usw. Das LABEL_LAYOUT definiert die folgenden Elemente:
- Größe des Bildfeldes.
- Bildgröße und -anordnung. Wie oft das Bild in jedem Bildfeld gedruckt werden soll.
- Textfelder.
- Linien und Rahmen innerhalb des Bildfelds.

---

* Technische Information von FotoWare: »FotoStation Print Layout Templates«
http://www.fotoware.de/products/FotoStationPro/
rsrc/Erstellung%20Druckmuster%20FS.pdf
abgerufen am 18. 01. 2007

Eine typische Druckmusterdatei könnte wie diese aussehen:

```
[PAGE_LAYOUT]
COLUMNS=2
ROWS=3
UNITISINCH=0
LEFT_MARGIN=0.5
TOP_MARGIN=1.5
COLUMN_SPACE=0.2
ROW_SPACE=0.2
USE_PRINTAREA_MARGIN=1
AUTOSCALE=1
IMAGE_FIELDS=1
IMAGE_FIELD1_NAME=LOGO.TIF
IMAGE_FIELD1_LEFT=1.5
IMAGE_FIELD1_TOP=26.2
IMAGE_FIELD1_RIGHT=5
IMAGE_FIELD1_BOTTOM=28
IMAGE_FIELD1_FRAME=1
DRAW_RECTS=1
DRAWRECT1_LEFT=1.0
DRAWRECT1_TOP=26.0
DRAWRECT1_RIGHT=20
DRAWRECT1_BOTTOM=28.2
DRAWRECT1_THICKNESS=4
DRAWRECT1_ISDOTTED=1
DRAWRECT1_RGBCOLOR=128,128,128
TEXT_FIELDS=2
TEXT_FIELD1_CONTENT=Title: # FNA - # UNA
TEXT_FIELD1_LEFT=0.0
TEXT_FIELD1_TOP=0.5
TEXT_FIELD1_RIGHT=19.0
TEXT_FIELD1_BOTTOM=1.5
TEXT_FIELD1_MULTILINE=0
TEXT_FIELD1_ALIGN=0
TEXT_FIELD1_FONT_NAME=tahoma
TEXT_FIELD1_FONT_SIZE_ITALIC_BOLD=12,1,1
TEXT_FIELD1_COLOR=64,64,64
TEXT_FIELD1_BKCOLOR=255,255,255
TEXT_FIELD2_CONTENT=Page #PCU of #PTO
TEXT_FIELD2_LEFT=0.5
```

```
TEXT_FIELD2_TOP=28.5
TEXT_FIELD2_RIGHT=5.0
TEXT_FIELD2_BOTTOM=29.5
TEXT_FIELD2_MULTILINE=0
TEXT_FIELD2_ALIGN=-1
TEXT_FIELD2_FONT_NAME=ariel
TEXT_FIELD2_FONT_SIZE_ITALIC_BOLD=8,0,0

[LABEL_LAYOUT]
WIDTH=9.0
HEIGHT=8.0
FRAME_LABEL=1
SHOW_IMAGE=1
FRAME_IMAGE=0
IMAGE_FIELDS=1
IMAGE_FIELD1_USE_REAL_SIZE=0
IMAGE_FIELD 1_AUTO_ROTATE=0
IMAGE_FIELD 1_USE_CROP=0
IMAGE_FIELD 1_LEFT=0.5
IMAGE_FIELD 1_TOP=0.5
IMAGE_FIELD 1_RIGHT=2.5
IMAGE_FIELD 1_BOTTOM=2.5
IMAGE_FIELD 1_RESOLUTION=40
TEXT_FIELDS=3
TEXT_FIELD1_CONTENT=Name: #005
TEXT_FIELD1_LEFT=3.0
TEXT_FIELD1_TOP=0.5
TEXT_FIELD1_RIGHT=8.8
TEXT_FIELD1_BOTTOM=1.0
TEXT_FIELD1_MULTILINE=0
TEXT_FIELD1_ALIGN=-1
TEXT_FIELD1_FONT_NAME=tahoma
TEXT_FIELD1_FONT_SIZE_ITALIC_BOLD=12,1,1
TEXT_FIELD1_COLOR=64,64,64
TEXT_FIELD1_BKCOLOR=255,255,255
TEXT_FIELD2_CONTENT=%%INSFILE Data: #PPL #NOL \\#COL
TEXT_FIELD2_LEFT=3.0
TEXT_FIELD2_TOP=1.5
TEXT_FIELD2_RIGHT=8.8
TEXT_FIELD2_BOTTOM=3.0
TEXT_FIELD2_MULTILINE=1
```

TEXT_FIELD2_ALIGN=-1
TEXT_FIELD2_FONT_NAME=arial
TEXT_FIELD2_FONT_SIZE_ITALIC_BOLD=10.5,1,1

Erklärung:

[PAGE_LAYOUT]
Dieser Abschnitt enthält Informationen darüber, wie die Bildfelder auf der
Seite angeordnet sind. Es enthält keine Informationen über das Layout in-
nerhalb der Bildfelder.

COLUMNS=2
ROWS=3
Anzahl der Bildfelder in jeder Richtung. Alle Werte größer als 1 sind zuläs-
sig. Ein Wert von 1 für beide Vorgaben ergibt ein seitenfüllendes Bildfeld.

UNITISINCH=0 mit diesem Wert legen Sie die Maßeinheit für die Positi-
onsangaben fest: Zentimeter (= 0) oder Zoll (= 1).

LEFT_MARGIN=0.5
TOP_MARGIN=0.5 Abstand von der oberen linken Ecke des Papierbogens. Wenn Sie für UNITISINCH »Null« eingegeben haben, ist dieses der
Abstand in Zentimeter. Beachten Sie bitte, dass alle Drucker üblicherweise
einen bedruckbaren Bereich haben, der kleiner ist, als das Papier. Ein Wert
für die Seitenränder von »Null« würde sehr wahrscheinlich dazu führen,
dass Teile des Bildfeldes außerhalb des bedruckbaren Bereichs liegen und
nicht gedruckt würden.

COLUMN_SPACE=0.2
ROW_SPACE=0.2
Abstand zwischen Zeilen und Spalten der Bildfelder.

USE_PRINTAREA_MARGIN=1
Wenn Sie diesen Wert auf »1« setzen, ist der Referenzpunkt nicht mehr
die linke obere Ecke des Papierbogens, sondern die linke obere Ecke des
bedruckbaren Bereiches.

AUTOSCALE=1
Wenn Sie diesen Wert auf »1« setzen, dehnt Autoscale die Bildfelder auf
den gesamten bedruckbaren Bereich aus. Verwenden Sie diesen Wert, um

das Druckmuster automatisch auf unterschiedliche Papierformate anpassen zu lassen. Setzen Sie den Wert auf »2«, wird das Bildfeld proportional vergrößert.

IMAGE_FIELDS=1
Anzahl der Bilder, die auf jeder Seite gedruckt werden. Dies sind üblicherweise Logos und Designelemente, mit denen die Drucke aufgewertet werden können. Diese Bilddateien müssen im PRINT-Ordner gespeichert werden, in dem auch die Druckmuster liegen.

IMAGE_FIELD1_NAME=LOGO.TIF
Name der Bilddatei im PRINT-Ordner.

IMAGE_FIELD1_LEFT=1.5
IMAGE_FIELD1_TOP=26.2
IMAGE_FIELD1_RIGHT=5
IMAGE_FIELD1_BOTTOM=28
Bildrahmen in Absolutwerten bezogen auf die Ecke des Bildfelds.

IMAGE_FIELD1_FRAME=1
Tragen Sie den Wert »1" ein, wird um das Bild ein Rahmen gezeichnet.

DRAW_RECTS=1
Anzahl der Rahmen, die auf die Seite gezeichnet werden. Verwenden Sie die Einstellungen, um Rahmen oder Linien zu definieren. Eine Linie entsteht, wenn die Werte in DRAWRECT1_RIGHT und DRAWRECT1_LEFT, bzw. in DRAWRECT1_BOTTOM und Th DRAWRECT1_TOP gleich sind. DRAW_RECTS können Sie auch in LABEL_LAYOUT verwenden.

DRAWRECT1_LEFT=1.0
DRAWRECT1_TOP=26.0
DRAWRECT1_RIGHT=20
DRAWRECT1_BOTTOM=28.2
Definition eines Rahmens, bezogen auf die Ecke des Bildfeldes.

DRAWRECT1_THICKNESS=4
Breite der Linie in dpi. Der Wert 300 würde eine Linie in der Breite von einem Zoll auf einem Drucker mit 300 dpi generieren.

DRAWRECT1_ISDOTTED=1
Durchgezogene oder gepunktete Linie.

DRAWRECT1_RGBCOLOR=128,128,128
Farbe der Linie in RGB-Werten.

TEXT_FIELDS=2
Anzahl der Textfelder auf der Seite, außerhalb der Bildfelder. Sie können
maximal 16 Textfelder definieren. Nutzen Sie diese Einstellung, um Seitentitel oder Paginierungen zu platzieren. Die Syntax der Textvariablen sind
die gleichen wie in LABEL_LAYOUT. Die Textrahmenposition bezieht
sich auf die Ecke des Papierbogens. Eine Liste der Seitentextvariablen finden Sie im Anhang A.5.2.

[LABEL_LAYOUT]
Dieser Abschnitt enthält Informationen über das Layout innerhalb des
Bildfeldes. Diese Einstellung wird für alle Bildfelder auf der Seite übernom-
men.

WIDTH=9.0
HEIGHT=8.0
Breite und Höhe des Bildfeldes.

FRAME_LABEL=1
Erzeugt einen Rahmen um den Bereich des Bildfeldes.

SHOW_IMAGE=1
Fügt ein Bild in den Bildbereich ein.

FRAME_IMAGE=1
Erzeugt einen Rahmen um das Bild.

IMAGE_FIELDS=1
Anzahl, wie oft ein Bild innerhalb eines Bildfeldes gedruckt wird. Dieses
ist ein optionaler Wert, der freigelassen werden kann, wenn das Bild nur
einmal in jedem Bildfeld gedruckt werden soll. Wenn Sie diesen Wert frei-
lassen, werden die nicht nummerierten BILD-Variablen verwendet (verwenden Sie in diesem Fall IMAGE_xxxxx anstelle von IMAGE_FIELD
1_xxxxx). Mit Hilfe dieser Option können Sie jedes Bild in unterschiedlichen Größen innerhalb der Bildflächen drucken.

IMAGE_USE_REAL_SIZE=1
IMAGE_FIELD 1_USE_REAL_SIZE=1
Verwendet die gegenwärtige Druckgröße des Bildes oder fügt das Bild so groß wie möglich in den Bildrahmen ein.

IMAGE_AUTO_ROTATE=1
IMAGE_FIELD 1_AUTO_ROTATE=1
Dreht das Bild, wenn nötig, um es so groß wie möglich drucken zu können.

IMAGE_USE_CROP=1
IMAGE_FIELD 1_USE_CROP=1
Führt einen in FotoStation eingezeichneten Beschnitt aus oder druckt das ganze Bild, wobei der Bereich außerhalb des Beschnitts heller dargestellt ist.

IMAGE_LEFT=0.5
IMAGE_TOP=0.5
IMAGE_RIGHT=2.5
IMAGE_BOTTOM=2.5
IMAGE_FIELD 1_LEFT=0.5
IMAGE_FIELD 1_TOP=0.5
IMAGE_FIELD 1_RIGHT=2.5
IMAGE_FIELD 1_BOTTOM=2.5
Bildrahmen in Absolutwerten bezogen auf die Ecke des Bildfelds.

IMAGE_RESOLUTION=40
IMAGE_FIELD1_RESOLUTION=40.
Bildauflösung Pixel/cm oder Pixel/inch abhängig von der Einstellung in UNITISINCH.

TEXT_FIELDS=2
Anzahl der Textfelder innerhalb des Bildfeldes. Inhalt des Textfeldes max. 256 Zeichen.

TEXT_FIELD1_CONTENT=Name: Text-Artschablone #005
Hier haben Sie die Möglichkeit den Text im Textfeld zu definieren. #xxx fügt den Text aus dem IPTC Feld xxx ein. Wenn der Objektname »Clinton« ist, erscheint im Druck: »Name: Clinton«.
Zusätzlich steht eine Anzahl weiterer Bildparameter zur Verfügung, die in den Text eingesetzt werden können. Sie sind im Anhang A.5.1 aufgelistet.

TEXT_FIELD1_LEFT=3.0
TEXT_FIELD1_TOP=0.5
TEXT_FIELD1_RIGHT=8.8
TEXT_FIELD1_BOTTOM=1.0
Definiert die Größe des Rahmens für dieses Textfeld. Absolutwerte von der Ecke des Bildfeldes aus.

TEXT_FIELD1_MULTILINE=1
Lässt mehrzeiligen Text zu.
TEXT_FIELD_ALIGN=-1
Ausrichtung des Textes innerhalb des Textrahmens.
–1 = linksbündig, 0 = zentriert und 1 = rechtsbündig.

TEXT_FIELD1_FONT_NAME=tahoma
Name der Schriftart.

TEXT_FIELD1_FONT_SIZE_ITALIC_BOLD=12.5,1,1.
Werte für die Formatierung der Schrift.
An erster Stelle: Zwischengrößen wie 12,5 sind zugelassen.
An zweiter Stelle: Italic (kursiv) ein(1) oder aus(0).
An dritter Stelle: Bold (fett) ein(1) oder aus(0).

TEXT_FIELD1_COLOR=64,64,64.
Farbe des Textes in RGB-Werten. Der Standardwert ist Schwarz (0.0.0).

TEXT_FIELD1_BKCOLOR=255,255,255.
Farbe des Hintergrundes in RGB-Werten. Der Standardwert ist transparent (-1, -1, -1).

TEXT_FIELD2_CONTENT=Caption: #120.
Nächstes Textfeld. Konfiguration wird mit den unter TEXT_FIELDS beschriebenen Parametern vorgenommen.

**Anhang A.5.1
Datum und Zeit**

Einsetzen ...

des IPTC-formatierten Datums von heute	%%INSDATE
des IPTC-formatierten Datums von übermorgen	%%INSDATE+2
des Windows-formatierten Datums* von heute	%%INSLDATE
der IPTC-formatierten Zeit (jetzt)	%%INSTIME
der Windows-formatierten Zeit* (jetzt)	%%INSLTIME
des Dateinamens	%%INSFILE

Bild-Parameter

Pixel pro Zeile	#PPL
Anzahl der Zeilen	#NOL
Farbe als Text-String (B/W, RGB oder CMYK)	#COL
Farbig als Zahl (0 für schwarz/weiß, 1 andere)	#ISC
Auflösung in Zoll	#RIC
Auflösung in Zentimeter	#RCM
Größe in Zoll	#SIC
Größe in Zentimeter	#SCM
Bildgröße, kByte oder MByte, unkomprimiert	#IMS
Dateigröße, kByte oder MByte	#FIS
Dateidatum	#FID

**Anhang A.5.2
Seitentext Parameter-Codes**

Gesamtseiten in diesem Druckjob	#PTO
Aktuelle Seitennummer	#PCU
Datum-String im Systemformat	#DAT
Zeit-String im Systemformat	#TIM
Ordnername (Ordnername, Verknüpfung oder Alias)	#FNA
Name des Nutzers (angemeldeter Nutzer)	#UNA
Titel der Seite	#TIT

---

* Die Formate für das Windows-formatierte Datum bzw. die Windows-formatierte
Zeit wird aus der Windows-Systemsteuerung übernommen.

Abbildungs- und Tabellenverzeichnis

Abbildungen

Tabellen

Index